여성 정치 할당제

보이지 않는 벽에 문을 내다

WOMEN'S POLITICAL QUOTAS

보이지 않는 벽에 문을 내다

여성 정치 할당제

김민정 강경희 김경미
김은희 문경희 신은영
조현옥 저

WOMEN'S POLITICAL QUOTAS

인간사랑

WOMEN'S POLITICAL QUOTAS

여성정치할당제 보이지 않는 벽에 문을 내다

CONTENTS

WOMEN'S POLITICAL QUOTAS

펴내는 글

2000년은 한국에서 여성정치할당제가 도입된 해이면서 또한 여성의 정치세력화를 전면에 내세운 전문 여성운동단체인 〈여성정치세력민주연대(여세연)〉가 출범한 해이기도 하다. 여성정치할당제를 법률에 명시하고 제도를 보완해 나가는 과정은 여성정치할당제와 같은 해에 태어난 여세연이 추진한 지속적이고 중요한 사업의 하나였다. 왜냐하면 여성정치할당제는 여세연의 설립목적인 여성의 정치참여 확대와 여성의 대표성 증진을 확실히 보장하는 가장 효과적인 제도이기 때문이다. 이런 효과는 이미 세계 여러 나라의 경험을 통해 입증되었다.

한국에서 여성정치할당제의 도입과 확대 노력은 개별 여성단체의 힘이 아니라 진보와 보수의 정치적 성향을 넘어서 여성단체 간의 연대활동을 통해서 이루어졌다. 비록 조직의 규모가 크지는 않았지만 여성 정치세력화에 특화한 독립적 여성단체로서 여세연은 지난 10년 동안 이러한 연대활동에 적극적으로 참여해 왔고 그 성과도 적지 않았다.

이제 여세연은 지금까지의 여성정치할당제 제도화를 토대로 그동안 충분히 고려되지 못했던 여성주의 관점에서의 질적인 여성 정치참여를 포함한 실질적인 여성정치세력화를 고민하고 있다. 새로운 여성 정치운동의 방향을 모색하면서 우선 지난 10년간의 여성정치할당제 제도화를 돌아보고, 오늘날 전 세계적으로 실행되고 있는 여성정치할당제를 분석하는 작업이 이루어져야 한다는 데 의견이 모아졌다. 그와 함께 여성정치할당제가 가지는 한계와 문제점을 살펴보고 할당제를 넘어서 여성의 정치참여와 세력화를 더욱 확대시킬 수 있는 방안을 모색하고 새로운 과제를 설정해 보자는 판단에서 이 책이 나오게 되었다.

이 책을 만드는 데는 실로 여러분들의 도움과 노고가 있었다.

우선 여성의 정치세력화에 지속적인 관심을 가지고 다양한 이론적 논의와 사례를 연구해 오신 김민정 교수님, 조현옥 교수님, 강경희 교수님, 문경희 교수님 및 신은영 선생님과 김은희 선생님께서 흔쾌히 옥고를 내어주시지 않았다면 이 책의 발간을 불가능했을 것이다. 책의 완성도를 위해 여러 차례 귀찮게 해드렸음에도 불구하고 항상 좋은 제언과 자료를 주신 것에 대해 깊은 감사를 드린다. 그리고 이 책을 처음부터 기획하고 협조를 아끼지 않은 여성정치세력민주연대 공동대표 오유석 교수님의 노고에도 감사한다. 무엇보다 여성의 정치참여 확대라는 대의에 기꺼이 동참하시고 흔쾌히 출판에 응해주신 도서출판 〈인간사랑〉의 도움이 없었다면 이 책은 세상이 나오지 못했을 것이다. 늦어지는 원고에도 불구하고 커다란 인내심으로 기다려 주신 데에 대해 다시금 깊은 감사를 드린다.

2011년 7월

여성정치세력민주연대 상임대표 **김경미**

제 I 부

여성정치할당제의 의미와 이론적 고찰

보이지 않는 벽에 문을 내다

여성 정치 할당제

WOMEN'S POLITICAL QUOTAS

여성정치할당제의 의미와 이론적 고찰

김민정

한국에 여성정치할당제(여성할당제 또는 할당제로 축약해서 쓰인다)가 도입된 지 10년이 되었다. 여성정치할당제 덕분에 지난 10년 동안 여성 국회의원의 비율은 5.9%에서 14%로 2배 이상 증가했고, 할당을 통해 여성의 정치참여를 확대하려는 노력—예를 들어 지역선출직 여성할당 30% 강제규정화—은 지금도 계속되고 있다. 그러나 여성정치할당제에 대한 반대 목소리도 여전히 사라지지 않고 있다. 남성에 대한 역차별이라는 전형적인 비판과 더불어 엘리트 여성만을 위한 제도라는 문제제기이다. 이런 상황에서 이 장에서는 여성정치할당제가 담지하고 있는 진정한 의미와 이론적 내용을 살펴보고자 한다.

여성정치할당제가 세계적으로 크게 확산된 것은 1990년대이다. 1930년에서 1980년 사이에 할당제를 채택하고 있던 국가는 10개국에 불과했으며, 1980년대에 12개국이 더 늘어났다. 그러나 1990년대에는 50개국 이상에서 채택되었고 2000년대에 와서는 다시 40개국이 이에 합류했으며, 2009년 현재 100개국 이상에서 여성정치할당제가 실시되고 있다(Krook 2009, 4). 1990년대에 여성정치할당제가 세계적으로 확산된 결정적 계기는 1995년 베이징에서 개최된 제4차 유엔세계여성대회인데, 여성의 정치참여 확대가 대회 의제에 포함되면서 많은 국가들이 여성정치할당제를 법제화해 나갔다.

베이징 세계여성대회에서 유엔 189개 회원국 대표들은 여성의 지위 향상을 위한 베이징 선언과 행동강령을 만장일치로 채택했다. 이 문서들은 정부의 권력구조와 정책결정 과정에 여성들이 동등하게 참여할 수 있도록 정부가 방안을 마련하도록 촉구하고 있다. 그러한 방안의 하나로 제안된 것이 바로 여성정치할당제이다. 한국을 비롯하여 할당제 실시 국가의 약 3/4이 1995년 이후 지난 15년 사이에 이 제도를 채택했다는 점에서 베이징 세계여성대회가 여성할당제의 세계적인 확산에 미친 영향이 매우 결정적이었음을 알 수 있다.

물론 여성할당제가 갑자기 세계적인 의제가 된 것은 아니다. 한편으로는 그동안 각 개별국가에서 여성들이 여성의 정치참여 확대를 위해 지속적으로 노력한 결과이며, 다른 한편으로는 1990년대에 들어오면서 민주주의의 확립과 공고화 그리고 이를 위한 기반으로서 국민의 정치참여 확대에 대한 관심이 세계적으로 확산된 덕분이다. 1990년대에 사회주의에서 민주주의로 체제 변동을 겪은 동유럽을 위시하여 라틴아메리카, 아프리카 등지에서는 민주주의의 정착과 경제위기 극복 그리고 분쟁과 갈등을 조정하기 위한 제도적 기반을 마련코자 새로운 정치질서를 구상하면서 정치참여를 확대할 수 있는 방안을 모색했다. 또한 서유럽에서는 유럽통합이 진전되면서 지방의 역할이 강화되었고, 이러한 다층적 결정구조 속에서 새롭게 나타난 시민들의 정치참여 욕구를 제도화할 필요성이 제기되었다.

이와 함께 많은 학자들은 대의민주주의가 가지고 있는 정치과정의 수단과 목적을 되짚어보면서 자유민주주의의 본질적인 의미와 내용에 대해 진지한 논의를 펼쳤다. 그 결과 정치를 모든 시민이 평등한 역할을 수행하는 중립적 영역으로 보던 시각에서 벗어나 자유민주주의적 정치 질서가 평등한 정치활동의 잠재력까지도 체계적으로 왜곡할 소지가 있다는 주장을 펴기 시작했다. 이들은 자유민주주의적 정체에 대한 대안으로 시민공화주의, 숙의민주주의, 다문화주의와 같이 '다름'과 '차이'라는 기반에서 평등성을 높일 수 있는 다양한 제도들을 제안했다. 이런 맥락에서 시민으로서 여성의 정치참여를 증진시키는 방안이 의제화되었다. 여성의 진정한 정치참여 확대는 민주주의 발전에 기여한다는 데에 합의한 뒤 학문적 논의의 방향은 여성정치할당제의 필요성과 실천의 문제를 겨냥하게 되었다. 다음에서는 여성정치할당제의 필요성에 대한 논의를 전제로 할당제를 둘러싼 찬성과 반대 의견을 살펴보고, 할당제가 기반하고 있는 평등 개념 및 할당제의 종류와 효과에 대해서 알아볼 것이다.

1. 여성정치할당제의 필요성과 찬반 논의

여성정치할당제를 시행하는 이유는 무엇인가. 왜 여성정치할당제가 필요한가. 이에 대해서는 크게 두 가지 답변이 제시되고 있다.

첫째, 정치영역에서 여성의 수를 단번에 늘리기 위해서이다. 사회와 인식의 변화에 따라 여성의 정치참여가 자연스럽게 확대되기까지는 너무나 긴 시간이 필요하며, 또 시간과 함께 저절로 이루어지는 것도 아니기 때문에 할당제를 통해서 짧은 시간 안에 여성의 정치참여를 늘리려는 것이다. 예를 들어 덴마크와 핀란드, 아일랜드, 노르웨이, 스웨덴에서 여성 의원의 비율이 20%에 도달하는 데에는 거의 60년이, 30%가 되기까지는 70년이 걸렸다(European Parliament 2008, 21). 반면에 벨기에의 경우 법적 여성할당제를 도입하여 단지 몇 번의 선거를 치르면서 여성 의원의 비율은 9.4%에서 36.7%로 급속히 증가했다.

둘째, 현재의 여성 정치인의 수를 늘리는 것과 더불어 차세대 여성 정치인의 수를 늘리려는 것이다. 정치영역에 여성이 적은 이유는 정치를 하려는 여성이 적기 때문이고, 정치를 하려는 여성이 적은 이유는 사회적 성역할 분리 문화와 함께 역할 모델이 없기 때문이다. 당장 여성 정치인의 숫자를 확대하는 것은 사회적 성역할 분리 문화를 바꿀 수 있다는 점에서 매우 필요하다. 동시에 그것은 차세대 여성들에게 역할 모델을 제시함으로써 정치가 그들의 중요한 블루 오션이 될 수 있음을 보여준다는 점에서 이중적인 중요성을 가진다.

여성정치할당제의 필요성에도 불구하고 이에 대해 찬성과 반대 의견이 극단적으로 대립하고 있다. 우선 할당제를 반대하는 사람들의 주장을 살펴보면 다음과 같다.

- 정치적 대표성은 이념과 이익에 따라 이루어지는 것이지 성에 관련된 것이 아니다.
- 할당제는 여성에게 특권을 주기 때문에 모든 사람에 대한 '기회의 평등' 및 '평등한 처우' 원칙에 위배된다.
- 할당제는 유권자의 선택 폭을 제한하기 때문에 비민주적인 제도이다.

- 할당제는 여성에게 특권을 줌으로써 더 많은 능력과 자격을 갖춘 남성에게 기회를 박탈하기 때문에 차별적이다. 할당제는 남성에 대한 역차별적인 제도이다.
- 여성들 또한 여성이라는 이유만으로 당선되는 것을 원치 않는다. 할당제는 여성이 능력보다는 여성이기 때문에 당선되었다는 의심을 주기 때문이다.
- 할당제는 정당조직 내의 후보자 선발에 대한 자율성을 제한하기 때문에 정당민주주의와 충돌한다.
- 여성할당제를 허용한다면 다른 모든 사회집단들도 할당을 요구할 것이고, 정치는 집단 간의 이익과 갈등이 대결하는 장으로 전락할 것이다.

할당제를 반대하는 가장 일반적인 주장은 무엇보다도 개인주의적 자유주의에 기반하고 있다. 성(gender)은 중요한 범주이기는 하지만 정치에서는 결정적인 요소가 아니라는 것이다. 어떤 집단이 정치에서 과소 대표되고 있다고 해서 할당제를 통해 이 집단에게 특혜를 부여하는 것은 사회가 개인이 아니라 집단으로 구성되어 있다고 보는 집단주의적 사고라고 본다. 이는 개인의 평등과 자질을 무시하기 때문에 자유민주주의 원칙에 위배된다는 것이다. 그런 식의 반대 의견은 실로 여성정치할당제를 도입한 모든 나라에서 제기되었다. 2001년에 할당제를 받아들인 프랑스의 경우 남성 의원들은 할당제가 상당히 비민주적이며 당내 민주주의와 충돌한다는 반대 의견을 견지했다. 남성 의원뿐만 아니라 여성 의원들 또한 할당제 덕분에 당선되는 것을 원치 않는다는 견해를 피력했다. 예를 들어 RPR 정당의 당대표였던 여성 의원 미셸 알리오 마리는

"여성을 위한 우회로는 필요없다"고 주장했다. 구 공산주의 국가들에서도 할당제에 대한 반대가 심하다. 이들은 할당제를 과거 소련 스타일의 '강요된 여성해방'과 동일시하고 있기 때문이다(European Parliament 2008, 23).

그러나 여성운동가와 페미니스트들은 여성정치할당제만이 현재의 남성중심적 정치현실을 바꿀 수 있는 제도적 대안이라고 주장한다. 여성정치할당제를 찬성하는 이유에는 다음과 같은 것들이 있다.

- 의회의 구성은 사회 주요 집단의 구성을 반영해야 하는데, 여성은 인구의 절반을 차지하고 있으므로 의원의 절반이 여성이어야 한다.
- 정치적 대표성은 능력과 자격의 문제가 아니라 '사람'(people)을 대표하는 것이다.
- 정치적 대표성은 권리와 정의에 관한 것이다. 여성은 시민으로서 남성과 동등한 대표권을 갖고 있다. 남성이 의석의 80% 이상을 차지하고 있다는 사실이 어떻게 정당화될 수 있는가?
- 여성에 대한 할당은 차별이 아니라 여성들이 오랫동안 정치의 공정한 배분에서 제외된 결과 현재 부딪히고 있는 현실적 장벽에 대한 보상이다.
- 여성할당은 남성 개인에 대한 차별이 아니다. 할당제는 정당이 주로 남성을 후보로 지명하는 관행을 제한하고 능력 있고 적극적인 여성 후보를 발굴하도록 강제한다. 유권자에게는 여성 후보에게 투표할 수 있는 가능성이 생기기 때문에 할당제는 유권자에게 선택의 폭을 넓혀준다.

- 할당제는 여성들이 함께 위원회나 의회에서 일할 수 있다는 것을 의미하므로 여성들이 정치에서 느끼는 스트레스를 최소화한다.
- 정치는 여성의 경험을 필요로 하며 의회는 사회의 모든 자원과 능력을 활용해야 한다.
- 여성은 남성과 동등한 능력을 갖고 있지만 남성 중심 사회에서 여성의 능력은 언제나 과소평가된다.
- 할당은 이미 공식적으로든 비공식적으로든 정당의 후보자 지명과정에서 사용되어 왔다(예를 들어 지역, 노조, 직업 등에 따라).
- 여성을 포용하는 것은 민주화 과정에 기여하며 민주주의의 정당성을 높인다.
- 할당제의 도입이 정당민주주의와 충돌할 수 있지만 그것은 일시적이다.

여성정치할당제를 찬성하는 사람들이 주로 관심을 가지는 것은 정치의 기본 속성과 민주주의이다. 여성이 정치에 과소 대표되고 있는 것을 민주주의의 중요한 결함으로 보며 정치는 자격에 관한 것이 아니라고 주장한다. 국회의원이든 지방의회의원이든 그는 우리의 대표이지 그가 반드시 어떤 특별한 자격을 갖추어야 할 필요는 없다는 민주주의 정치관에 기반하고 있다. 또한 할당제 찬성자들은 능력이나 자격을 갖춘 사람 중에 남성이 많다는 사실 자체가 이미 남녀 간의 불평등을 의미한다고 주장한다. 사회에 성역할 분리가 존재하고 있기 때문에 여성이 정치하는데 필요한 학문이나 직업을 갖지 않도록 강요하는 문화적 억압이 존재하고, 이 억압의 결과로 '정치 유자격자' 중에 여성이 적을 수밖에 없다고 본다. 그렇기 때문에 할당제가 필요하다는 의견이다. 요컨대 할당제는 자유주의가 주장하는 기회의 평등을 넘어서서 결과의 평등을 위한 제도라고 본다.

2. 평등의 두 가지 의미

할당은 우리가 일반적으로 생각하는 '평등' 개념을 수정한다. 고전적 자유주의에서 평등은 '기회의 평등' 혹은 '경쟁에서의 평등'을 의미한다. 형식적인 장애를 제거함으로써 '기회의 평등' 내지는 '경쟁에서의 평등'을 이룰 수 있다. 따라서 고전적 자유주의의 평등 개념에서 볼 때 참정권을 부여함으로써 여성의 정치참여에 대한 형식적 장애는 사라졌고 남성과 똑같은 기회가 주어진 것이다. 나머지는 여성 개인에게 달려 있다고 본다.

그러나 페미니스트들은 '결과의 평등'을 주장한다. 페미니스트들은 형식적 장애가 사라졌다고 해서 진정한 기회의 평등이 존재한다고 생각지 않는다. 직접적인 차별은 사라졌지만 은밀하게 진행되는 다양한 형태의 차별이 여전히 여성의 정치참여를 어렵게 하고 있으며 여성의 정치적 영향력을 방해하고 있다고 본다. 그래서 할당제와 다른 여러 형태의 적극적 우대조치들은 이런 보이지 않는 혹은 은밀한 차별관행을 넘어 '결과적 평등'에 도달하려는 방법이다. 형식적 평등은 진정한 평등을 이룩하는 수단이 될 수 없을 뿐만 아니라 형식적으로 평등하니 불평등은 없다는 잘못된 생각을 사람들에게 심어주기 때문에 오히려 이중적인 억압이 될 수 있다. 보이지 않는 장애가 여전히 존재한다면 평등은 결과 내지는 목표로 받아들여져야 하며, 그렇다면 할당제는 평등을 실현하는 중요한 제도가 될 수 있다.

3. 여성정치할당제의 유형

세계의 여러 국가들은 이러한 결과의 평등 개념에 입각해 다양한 형태의 여성정치할당제를 도입해 왔다. 할당제는 할당방법에 따라 여러 가지로 구분될 수 있지만 일반적으로 크게 '법적 할당제'(legislative quotas), '정당할당제'(party quotas), '의석유보제'(reserved seats)의 세 가지 유형으로 나뉜다(〈표 1〉 참조).

표 1_ 여성정치할당제의 유형과 채택 국가

할당유형	채택 국가(연도 / 할당비율)
법적 할당제	프랑스(2000/50%), 벨기에(2002/50%), 스페인(2007/40%), 포르투갈(2006/33%), 한국(2004/50%), 중국(2007/22%), 인도네시아(2003/30%), 부룬디(2005/30%), 이라크(2004/25%), 멕시코(2002/30%), 아르헨티나(1991/30%), 브라질(1997/25%), 네팔(1990/5%), 슬로베니아(2006/35%), 우즈베키스탄(2004/30%), 북한(1998/20%) 등
정당 할당제	스웨덴, 독일, 오스트리아, 그리스, 이탈리아, 네덜란드, 노르웨이, 영국, 체코, 헝가리, 폴란드, 루마니아, 우크라이나, 보츠와나, 카메룬, 가나, 남아프리카공화국, 볼리비아, 칠레, 우루과이, 필리핀, 대만, 이스라엘, 예멘, 캐나다, 호주 등
의석 유보제	대만(1947–2000/10%), 방글라데시(2004/13%), 파키스탄(2002/18%), 아프가니스탄(2004/27%), 요르단(2003/5%), 모로코(2002/9%), 케냐(1997/3%), 르완다(2003/30%), 소말리아(2004/12%), 수단(2005/13%), 탄자니아(2005/30%), 우간다(2001/30%) 등

* 출처 : Krook(2009, 227–238)의 자료를 일부 도표화

** 법적 할당제를 채택하고 있는 국가의 정당들 중 일부는 자발적으로 정당할당을 채택하고 있기 때문에 법적 할당제와 정당할당제가 서로 배타적인 것은 아니다. 예를 들어, 한국의 경우에 법적 할당제를 채택하고 있으면서 또 한나라당과 민주당이 정당할당을 채택하고 있기 때문에

정당할당제 국가에도 속한다. 위의 표에서 정당할당제 국가에는 오로지 정당할당제만을 채택하고 있는 국가만을 제시했다.

1) 법적 할당제

법적 할당제는 법에 여성할당을 규정하여 모든 정당이 이를 따르도록 강제하는 제도이다. 법적 할당제는 1990년대에 여성의 정치적 대표성이 국제기구나 여성단체들의 의제가 되면서 빠른 시일 내에 여성의 정치참여율을 높이기 위한 수단으로 채택되었고, 현재 약 45개 국가가 이 제도를 채택하고 있다. 법적 할당제는 헌법에 할당을 위한 근거조항을 두는 경우(프랑스, 르완다 등)와 헌법적 근거조항 없이 선거법으로만 할당을 규정하고 있는 경우(한국 등 대부분의 법적 할당제 채택 국가)로 나뉜다. 법적 할당제는 주로 라틴아메리카와 아프리카 등 개발도상국과 정치적 변동기에 있었던 동유럽 국가에서 발견된다. 이것은 법적 할당제가 다른 할당제도에 비해 비교적 새로운 정책수단임을 뜻한다.

법적 할당제는 적극적 우대조치를 입법화하고 평등과 대표성의 의미를 근본적으로 변화시킴으로써 정치적 정체성으로서의 '성'을 인정하여 후보 공천과정에 적용한 것이다. 정당의 공천과정에 영향을 미친다는 점에서 정당할당제와 유사하지만 의회에서 통과된 법을 기반으로 법적 강제력을 가진다는 점에서 정당할당제와 다르다. 법적 할당은 정당할당처럼 보통 25-50%의 할당을 규정하고 있다. 일반적으로 법적 할당은 할당을 시행할 주체인 정당에 대해서는 특별한 언급을 하지 않는 경우가 많다. 따라서 할당을 시행하기 위해서는 정당 간 혹은 정당 내부의 합의나 규정이 필요하다. 법적 할당은 정당의 이데올로기적 입장과는 관계없이 거의 모든 정당의 동의를 얻어 통과되고 있다.

2) 정당할당제

정당할당제는 여성할당제 가운데 가장 일반적인 형태로 할당에 대한 아무런 법적 규정이 없고 정당이 자발적으로 후보 공천에서 일정 비율을 여성에게 할당하는 방식이다. 정당할당제는 1970년대 초 이래 서유럽의 사회당 혹은 사민당 계열 정당들에서 채택되기 시작했고, 1980년대와 1990년대에는 녹색당 계열 정당과 일부 보수당 계열 정당에서도 이 제도를 받아들였다. 일부 국가에서는 정당할당제와 법적 할당제를 같이 시행하고 있다(벨기에, 코스타리카, 아르헨티나 등). 오늘날 약 50여 개 국가가 정당할당제를 채택하고 있으며, 정당들은 자발적으로 당헌에 할당을 규정하고 있다.

정당할당제는 선거과정의 어느 단계에 할당이 적용되는가에 따라 다시 예비후보할당제(aspirant quotas)와 후보할당제(candidate quotas)로 구분된다. 예비후보할당제는 정당의 예비 선출과정에 일정 비율의 여성 예비후보가 있도록 할당제를 적용하는 것으로, 실제로 이들이 해당 정당의 최종 후보가 되는가 아닌가는 정당의 선거위원회에서 결정한다. 이 제도는 세계적으로 많이 사용되고 있지는 않으며 영국, 파나마, 파라과이 등에서 실시되고 있다. 후보할당제는 정당의 최종 후보 명단에 일정 비율의 여성을 할당하는 제도로 대부분의 서유럽 국가들이 이 제도를 채택하고 있다.

정당할당제는 여성에게 일정 비율의 후보직을 할당함으로써 정당의 후보 공천과정과 기준을 변화시키고 있으며, 그 결과 정당의 관행이 바꿔고 있다. 정당할당제를 채택했다는 것은 이미 정당 내에 후보 선출과정 및 후보 선출기준 등에 있어 일종의 편견과 제약이 있음을 인정하는 것이다. 할당제를 받아들임으로써 보다 공정하고 편견 없는 공천을 하기 위한 대안적 공천방식을 채택한 것이다.

정당할당제의 경우 일반적으로 25%에서 50% 정도의 여성할당을 실시하고 있다. 흥미로운 것은 할당이 반드시 여성만을 대상으로 하는 것은 아니라는 사실이다. 여성을 지정하여 할당하는 경우도 있지만 어느 한 성이 일정 비율을 넘지 말아야 한다는 포괄적 할당규정을 갖고 있기도 하고, 각 성이 최소한 어느 정도의 비율이 되어야 한다는 규정을 가진 정당도 있다.

정당할당제는 다양한 방법으로 적용되고 있다. 비례대표제를 실시하는 국가에서는 일반적으로 후보자 명부를 작성할 때 할당을 적용하는데, 전체 명부에서 여성 비율을 총괄적으로 할당하는 경우도 있고 혹은 당선 가능이 높은 위치에 할당을 구체적으로 규정하는 경우도 있다. 다수대표제를 실시하고 있는 국가에서는 국가의 전체 선거구를 총합해서 공천될 여성 비율을 규정한다. 특별한 사안을 정하여 여성을 반드시 공천하도록 규정하기도 하는데, 예를 들어 현직의원이 은퇴하는 선거구나 분리된 선거구에 여성을 할당하도록 하는 경우이다.

3) 의석유보제

의석유보제는 의석할당제라고도 하는데 일정 비율의 의석을 여성에게 할당하는 제도로서 일종의 당선할당제이다. 일반적으로 의석유보제는 후보 공천과정에는 영향을 미치지 않고 어느 여성을 의석에 배치할 것인가를 중심으로 논의가 진행된다. 의석유보제에는 여성으로만 구성된 명부를 작성하거나 혹은 여성 후보를 위한 별도의 선거구를 두거나 각 정당의 득표율에 기초해 여성 의석을 별도로 배분하는 등 여러 가지 방식이 있다.

의석유보제는 주로 아프리카, 아시아 및 중동지역(대만, 인도, 방글라데시, 우간다 등) 등 상대적으로 민주주의가 덜 발전한 국가에서 볼 수 있다. 의석유보제가 처음 등장한 것은 1930년대이지만 주요 할당제도로 활용된 것은 1970년대에 와서이다. 의석유보제를 채택하지 않았더라면 여성의 정치참여율이 매우 낮았을 일부 국가에서 이 제도가 채택되면서 2000년대부터 이 제도의 중요성이 알려지게 되었다.

의석유보제의 특징은 후보 중에 일정 비율을 여성에게 할당하는 법적 할당제 및 정당할당제와는 달리 일정 수의 여성 당선을 보장하고자 최소한의 여성 의원 숫자를 규정하고 있다는 데에 있다. 이 제도는 최소한의 여성 당선을 보장하기 때문에 규정된 비율은 높지 않은 편인데, 보통 1-10% 범위에서 여성 의석을 할당하고 있다. 2000년부터 이 제도를 택한 국가들 중에는 30% 정도까지 여성 비율을 규정한 곳도 있다. 의석유보제는 시행의 수월성이라는 점에서 볼 때 소선거구제에 적합하지만 중선거구제에서 이 제도를 택할 경우 당선자 중 가장 많이 득표한 여성 후보 순으로 숫자를 정할 수도 있다.

의석유보제의 단점으로는 이 제도로 당선된 여성들이 자신을 공천 혹은 지명한 정당에 의존적일 가능성이 높다는 것과 여성에게 할당되는 의석이 적기 때문에 당선된 여성 의원들이 의회에서 주변화될 수 있다는 점이 꼽히고 있다.

4. 할당제의 적용과 효과

비록 국가마다 형태는 다를지라도 세계 여러 나라가 여성정치할당제를 받아들이게 된 이유는 다음과 같다.

첫째, 대부분의 국가에서 여성단체들은 여성할당제를 채택하기 위해 상당한 활동과 노력을 지속적으로 해왔고, 이러한 노력의 대가로 의회에서 할당제가 채택되었다. 여기에는 정당 내 여성 그룹, 여성 시민단체, 외국의 여성단체, 중요한 정치적 인물 주변에 있는 여성 등이 서로 연합하여 영향력을 행사했다. 여성들은 정치적 정의의 실현이라는 당위적인 이유에서 뿐만 아니라 실용적인 측면에서 할당을 주장했다. 즉 할당으로 여성의 정치참여가 확대됨으로써 여성의 권익을 향상시킬 수 있고, 동시에 사회를 위해서도 여성이라는 자원을 보다 효율적으로 활용할 수 있다고 믿었다. 단지 여성의 정치참여 확대는 자연스러운 변화를 통해서는 이루어지기 어렵기 때문에 여성정치할당이라는 특별조치가 필요하다고 보았다.

둘째, 정당 지도부가 다른 정당과의 경쟁에서 승리하기 위해 전략적으로 할당제를 받아들였다. 여러 가지 사례연구에 의하면 종종 경쟁관계에 있는 다른 정당이 할당제를 지지하기 때문에 정당 지도부는 할 수 없이 할당제를 받아들여야만 하는 상황에서 할당제를 채택했다. 일반적으로 오랜 야당생활을 끝내고 정권을 장악하려는 정당이나 지지율 하락을 만회하려는 정당들이 선도적으로 할당제를 지지하는 경향이 있다. 이것은 프랑스 사회당이나 독일 기민련, 멕시코의 제도혁명당과 민주혁명당 등의 경우에서 볼 수 있다. 또한 좌파계열의 정당들이 여성할당제에 대해 보다 우호적인데, 이는 사회적 평등을 추구한다는 좌파정당들의 보편 이념과 일치하기 때문이다.

셋째, 국제기구 및 초국가적인 분위기와 규범이 할당제를 받아들이도록 한다. 국제적인 압력으로 인해 할당제를 채택한다. 대표적인 사례가 유엔의 베이징 세계여성대회 이후 각국의 여성정치할당제 채택이다. 할당제 채택이 세계적인 추세가 됨에 따라 또 국제회의에서 지속적으로 국가 사례를 발표해야 하는 정부의 입장에서 암묵적으로 할당제 채택을 강요받았다고 할 수 있다.

그렇다면 여성정치할당제는 여성의 정치참여에 어떠한 효과를 미쳤는가. 이에 대해서는 크게 세 가지가 언급되고 있다.

① 여성 의원의 획기적인 수적 증가

할당제의 적용은 정치에 참여하는 여성의 수를 일거에 증가시킬 수 있다. 의석유보제의 경우에 이런 효과는 더욱 분명하게 나타나지만 후보할당의 경우에도 일정 비율을 후보에 할당함으로써 여성 당선자가 많아지는 효과를 보이고 있다. 한국의 경우 할당제가 실시되기 전인 15대 국회까지 여성 의원의 비율은 평균 3% 정도에 머물렀던 반면에 할당제가 적용된 2000년 이후 16대 총선에서는 5.9%, 17대 13.0%, 18대 13.7%로 할당제 이전에 비해 5배에 가까운 증가가 이루어졌다.

프랑스는 1997년 이전까지 여성 의원의 비율이 겨우 6%에 불과했으나 세계에 유래가 없는 동수법이 처음 적용된 2002년 선거에서 12.9%로 늘어났고, 2007년 하원 선거에서는 전체 후보자의 41.6%가 여성으로 1997년 선거의 23%에 비해 획기적으로 증가했다. 라틴아메리카에서는 1990년대 이후 할당제가 도입되었는데, 라틴아메리카 의회에서 여성 의원 비율은 1990년 8.2%에서 2008년 21.6%로 증가했고, 현재 북유럽에 이어 두 번째로 여성 의원 비율이 높은 지역이다. 실로 이 책에서 다루는 모든 국가 사례는 여성할당제 실시 이후에 여성 의원의 비율이 엄청나게 커졌음을 보여주고 있다.

② 여성 정치인 풀의 확대와 다양화

여성정치할당제의 주요 목적의 하나는 할당제로 여성의 정치참여가 활성화되어 장기적으로 보다 많은 젊은 여성들이 정치에 관심을 가지고 예비 정치인이 되도록 하는 데에 있다. 여성할당은 변화의 시간을 단축시키거나 혹은 변화를 유발하는 극단적 조치로서 정당은 할당제 시행 이전에 비해 일거에 다수의 여성을 공천해야 한다. 따라서 할당제 적용 초기에 정당들은 할당을 채우기에 필요한 여성 정치인이 충분치 않아 명부 작성에 어려움이 있다고 주장했다. 그러나 이런 현상은 일시적인 것으로 할당으로 인해 여성 의원의 수가 늘고 이들의 의정활동이 국민들의 지지를 받으면 받을수록 정치에 입문하는 여성들이 많아지기 때문에 점차 사라질 것이다.

프랑스의 경우에 동수법이 적용된 이후 여성 시의원들의 평균연령은 전체 의원의 평균보다 낮았고 여학생도 상당수 있었다. 또한 여성들이 그동안 접근하기 어려웠던 전통적인 정치 관련 직업 출신 이외에 무직이나 일반 개인기업 회사원, 교육자 등 일상생활과 가까운 직업 출신이 의원에 당선되는 비율이 높아졌다. 이것은 여성할당제가 정치에 대한 사회적·직업적 진입장벽을 낮추는 효과가 있음을 보여주는 것으로 차세대 여성 정치인의 풀이 확대되고 다양화된다는 청신호이다.

대만의 경우에는 건국 이래 실시된 여성 의석유보제 덕분에 입문한 여성 정치인들이 비록 처음에는 명목적인 대표성만을 가졌다고 할지라도 40년 이상의 세월 동안 안정적으로 경력을 쌓으면서 장기적으로 여성 정치인의 풀을 확대하고 세력화하는 데에 크게 기여했다. 이로 인해 여성 정치인들은 1990년대 민주화와 그 이후의 정치적 격변 속에서도 살아남았을 뿐만 아니라, 의석유보제가 폐지된 이후에도 경쟁력을 갖고 자력으로 자신들의 영역을 더욱 확대했다. 대만의 사례는 특히 여성의 고등교육 이수율, 경제발전 수준, 가부장적 유교문화 등 유사한 상황과 조건을 갖고 있는 우리에게 시사하는 바가 크다.

③ 여성 관련 법안의 제·개정 증가와 성평등의 발전

여성정치할당제의 필요성을 주장하는 근거 중 하나는 여성문제는 여성이 잘 다룰 수 있기 때문에 정치는 여성의 경험을 필요로 하며, 이를 통해 의회는 사회의 모든 자원과 능력을 효과적으로 사용할 수 있다는 것이다. 한국의 경우 비례대표 50% 여성할당으로 인해 여성 의원의 수가 획기적으로 증가했던 17대 국회에서 호주제 폐지 민법 개정 이외에 가정폭력방지법, 성매매방지법을 포함하여 여성 관련 법안이 16대 국회에 비해 2배 이상 증가했다. 프랑스에서도 남녀동수제가 가져온 중요한 사회적 변화로 평등정책의 발전과 사회적 차별의 감소를 꼽고 있다.

그러나 여성정치할당제로 인해 여성의 양적 증가는 이루었으나 질적 확대는 여전히 숙제로 남아 있다. 할당제를 통해 의회에 진출한 여성 후보가 과연 진정으로 여성을 대표하며 여성문제에 헌신하는가는 여전히 의문을 남기고 있다. 이것의 단적인 예가 스웨덴의 페미니스트 정당 FI (Feminist Initiative)의 등장이다. 페미니스트 정당은 정부와 정당에 포섭된 여성운동이 가부장적 성 위계질서에 도전하는 데 실패했다고 보았다.

이 책에서도 각 국가별 사례에 의거해 할당제의 한계가 논의되고 있지만 정치에서 여성과 남성의 동등한 참여와 공정한 경쟁을 위해서는 남성중심적인 인적 충원과 정치 엘리트 형성과정이 변해야 한다. 나아가 여성에 대한 전반적인 사회적 불평등 등 보다 근본적인 개혁이 필요하다.

5. 강제이행의무 방식

할당제가 있더라도 실시되지 않거나 혹은 명목상의 적용에 그치지 않고 본래의 목적에 맞게 제대로 실시되어 소기의 효과가 나타날 수 있도록 강제이행을 의무화하는 조항이 있다. 강제이행의무 또는 제재방식에는 ① 할당을 지키지 않은 정당에 대해 선거 후에 국고지원금을 삭감하는 방식, ② 할당을 지킨 정당에 대해 장려금을 지원하는 방식, ③ 할당을 지키지 않은 정당 명부를 관할 선거관리위원회가 아예 접수를 거부하는 방식 등 세 가지가 있다.

프랑스 하원의원 선거의 경우에 동수를 지키지 않은 명부에 대해 국고지원금을 삭감하도록 규정하고 있다. 그러나 때에 따라서는 여성할당을 지킨 정당에 대해 장려금을 지원하는 것이 지원금을 삭감하는 것보다 더 효과적일 수 있다. 한국은 지역구 의원 후보자의 30% 이상을 여성에 할당하도록 권고하고 있는데, 이를 지킨 정당에 대해 여성추천보조금을 지급하도록 정치자금법에 규정하고 있다. 장려금 지원방식은 특히 정당의 재정이 취약한 경우에 효과적인데, 정당은 장려금을 받기 위해 할당을 지킨 공천을 하게 된다. 정당지원금 삭감제도와 장려금 지원방식은 일반적으로 다수대표제에서 사용된다. 공천과정에서 할당을 강제할 수 없기 때문에 선거 이후에 정당별로 할당의 준수 여부에 따라 지원금 삭감이나 장려금 지원방식을 사용한다.

세 가지 강제이행의무 방식 중에서 가장 효과적인 것은 여성할당을 지키지 않은 정당 명부를 선거관리위원회가 접수를 거부하는 방식이다. 프랑스의 남녀동수법은 시의회 선거에서 할당을 지키지 않은 명부를 시청에서 접수를 거부하도록 규정하고 있다. 이것은 놀라운 효과를 가져와 지난 선거에서 시의회 여성 의원의 비율을 47.5%로 높이는 데 기여했다. 한국도 공직선거법에서 여성 후보자 추천 비율과 순위를 위반한 등록신청을 관할 선거구 선거관리위원회가 등록을 거부하도록 규정하고 있다.

6. 책의 구성

이 책은 지금까지 살펴본 여성정치할당제에 관한 일반론을 기초로 세 가지 유형의 할당제에 상응하는 제도를 갖고 있는 국가를 선별하여 할당제의 실제를 고찰하고자 한다. 이 책에서는 법적 할당제를 시행하고 있는 국가로서 프랑스, 한국, 멕시코, 정당할당제 시행 국가로는 스웨덴과 독일, 그리고 의석유보제 국가로 대만을 다룬다. 오늘날 대만은 더 이상 의석유보제를 채택하고 있지 않고 성별비례제를 사용하고 있지만 그렇기 때문에 오히려 의석유보제와 성별비례제의 장단점을 잘 보여줄 수 있다. 이 책에서 다루고 있는 국가들은 동일한 유형의 할당제에 속할지라도 자국의 역사적 상황과 정치문화, 정당체제, 선거제도 등에 따라 구체적인 실행내용과 제도가 상이하기 때문에 국가별로 연구의 초점이 조금씩 다르다.

프랑스에 대한 사례는 김민정 교수가 집필했는데, 오랫동안 유럽에서 여성의 정치적 대표성이 가장 뒤떨어진 국가에 속했던 프랑스가 어떻게 헌법 개정을 통해 '남녀동수법' 이라는 획기적인 여성정치할당제를 이루어냈는지, 또 이 제도의 효과가 어떻게 나타나고 있는지 보여주고 있다. 남녀동수 이슈가 등장하기 이전 프랑스 여성의 정치참여, 동수법에 대한 의회에서의 논쟁과 채택 등 역사적 과정에 대한 고찰과 더불어 동수법의 정치적 효과와 성과 및 한계를 분석한다.

한국의 사례는 조현옥 교수와 김은희 선생이 공동 집필했으며, 한국에서 여성정치할당제가 도입되는 과정에 중요한 영향을 미친 국내적 및 국제적 환경요인과 할당제의 제도화를 추동한 여성단체의 노력, 그리고 할당제의 법제도화가 진행되는 과정을 분석하고 있다. 여성할당제의 도입으로 의회에서 여성의 정치적 대표성이 획기적으로 높아졌지만 그럼에도 불구하고 할당이 비례직에만 국한된 데에서 오는 한계와 여성 정치인의 질적 확대, 민주적 공천과정과 할당의 조합문제 등 향후 한국에서 여성할당제의 개선점에 대해 논의하고 있다.

1995년 베이징 세계여성대회 이후 여성정치할당제 도입에 가장 적극적으로 참여한 지역인 라틴아메리카와 멕시코에 대한 사례는 강경희 교수가 집필했다. 오늘날 라틴아메리카는 북유럽에 이어 두 번째로 여성의원의 비율이 높은 지역이지만 여성할당제의 효과는 국가별로 상이하게 나타나고 있다. 멕시코는 1996년에 여성할당제를 선거법에 정식 조항으로 채택했고, 현재 라틴아메리카에서 가장 높은 40%의 할당비율을 법적으로 규정하고 있다. 멕시코 정당들이 여성할당제를 수용하는 과정은 결코 순탄치 않았지만 멕시코에서도 여성할당제는 여성 의원 수를 증대시키는 데 긍정적 영향을 미쳤다.

'성평등의 요새'라 불리는 스웨덴에서 여성의 정치적 대표성을 확대하려는 노력에 대해서는 문경희 교수가 집필했다. 익히 알려진 바와 같이 스웨덴 사례는 여성의 정치적 대표성 확대에 관한 국내외 논의에서 항상 모범사례로 제시되고 있다. 이 분야의 선구자답게 스웨덴은 할당제를 통한 양적 대표성 확대의 단계를 뛰어넘어 질적인 도약을 모색하며 페미니스트 정당의 창당으로 나아갔다. 문경희 교수는 스웨덴에서 선거할당제가 본격적으로 채택된 1980년대를 전후해 스웨덴에서의 할당제에 대한 논의를 세 단계로 구분하여 살펴본다. 그리고 스웨덴 최초의 페미니스트 정당인 FI의 창당배경과 활동을 분석하면서 향후 여성의 독자적인 정치세력화의 가능성을 타진한다.

독일에 대한 사례는 김경미 선생이 집필했다. 독일은 자발적 정당할당제를 채택하고 있는 만큼 독일의 주요 6개 정당을 중심으로 정당별로 여성할당제의 도입과정과 시행내용 및 효과를 살펴본다. 독일에서 할당제를 가장 잘 실천하고 있는 정당은 녹색당과 좌파당 그리고 사민당으로 보수-자유주의적 정당보다는 좌파-진보계열의 정당들이 여성할당제에 우호적이라는 일반적인 연구결과를 확인해 주고 있다. 또한 독일 연방의회와 주의회, 유럽의회 및 연방정부와 주정부에서의 여성의 정치참여 현황을 살펴보면서 할당제의 효과를 분석한다.

의석유보제를 실시했던 대만의 사례에 대해서는 신은영 선생이 집필했다. 특히 의석유보제가 대만 여성의 정치참여에 기여했는가, 1990년대 의석유보제에서 성별비례제로 변화하면서 성별비례제가 실제로 어떻게 적용되고 있으며 또 어떠한 결과를 가져왔는가를 중점적으로 다룬다. 신은영 선생의 분석에 따르면 의석유보제는 대만 여성의 정치참여율을 높이는 데 결정적인 기여를 했으며, 한국과 대만이 여러 가지 유사점을 갖고 있음에도 불구하고 대만의 여성 정치참여율이 높은 이유는 젠더 간의 보다 평등한 대표성을 보장한 선거제도에 있다.

스페인의 여성 국회의원인 아나 벨레트보는 할당제를 '두 날을 가진 칼'이라고 표현했다. 할당제는 남성들에게 의무적으로 여성을 정책결정 과정에 포함시켜야 하며 여성을 위한 자리를 만들어야 한다는 생각을 갖게 한다. 이러한 공간을 열어주는 것은 남성이기 때문에 남성들은 남성의 지배를 좀더 쉽게 받아들일 수 있는 여성을 찾아서 이 자리를 채우려고 하기 때문이다. 이 책에 담겨 있는 모든 국가 사례연구에서 나타나듯이 여성정치할당제는 여성 정치참여의 양적 증가에는 결정적인 기여를 했고 정치문화를 변화시키는 계기를 제공하고 있지만 반드시 질적 대표성을 담보하는 것은 아니다. 즉 할당제는 여전히 여성의 불평등과 불이익을 개선하는 근본적인 해결방안은 아니라는 인식이 지배적이다. 따라서 이 책의 마지막 부분에는 할당제를 넘어서 여성 정치참여의 질적인 확대와 세력화를 위한 방안을 모색해 보고자 한다.

참고문헌

European Parliament. 2008. *Electoral Gender Quota Systems and Their Implementation in Europe*. http://www.europarl.europa.eu/document/activities/cont/200903/20090310ATT51390/20090310ATT51390EN.pdf

Krook, Mona Lena. *Quotas for Women in Politics : Gender and Candidate Selection Reform Worldwide*. Oxford : Oxford University Press.

http://www.quotaproject.org/aboutQuotas.cfm

제 II 부

법적 여성정치할당제 국가

보이지 않는 벽에 문을 내다

여성 정치 할당제

WOMEN'S POLITICAL QUOTAS

프랑스

동수법의 제정과 영향

김민정

프랑스는 오랫동안 유럽에서 여성의 정치적 대표성이 가장 뒤떨어진 국가에 속했다. 1980년대에 북유럽 국가에서는 여성의 정치참여가 급속히 증가했고, 뒤이어 유럽 각국은 여성의 정치참여를 향상시키기 위해 다양한 노력을 거듭하여 여성 국회의원의 비율이 30% 정도가 되었지만 프랑스는 1997년 이전까지 겨우 6%에 그침으로써 제5공화국 초의 2% 대에서 별로 나아지지 않았다. 그러나 1999년의 헌법 개정[1]과 2000년의 선거법 개정으로 세계에 유래가 없는 동수법(La loi de Parité)을 마련하여 여성의 정치참여를 개선하기 위한 획기적인 법안을 통과시켰다. 그 결과 시의회에서 여성 의원의 비율은 21.7%(1995)에서 2001년에 47.5%로 증가했고 하원의 경우에는 2002년 선거에서 12.9%로 증가했다. 또한 2007년 하원 선거에서는 전체 후보자의 41.6%가 여성으로 1997년 선거의 23%에 비해 커다란 증가를 보였다. 그렇다면 1980년대까지 여성의 정치참여 확대에 별다른 관심을 보이지 않았던 프랑스가 어떻게 갑자기 헌법 개정과 동수법을 제정하면서 여성 정치참여를 확대하는 기틀을 마련했는가. 이 글은 이런 의문에 답하기 위해서 동수법을 위한 헌법 개정이 이루어지기까지의 전개과정을 살펴보고 동수법 통과 이후 프랑스 여성 정치의 변화를 알아보고자 한다.

동수법은 2000년에 개정된 프랑스 선거법을 말하는데, 이 선거법 264조, 300조, 346조, 370조, 331-2조에는 "명부식 선거의 경우에 각 후보 명부에서 각 성의 후보자 수 차이가 한 명을 초과할 수 없으며, 소선거구 다수대표제의 경우에는 지역에서 공천된 남녀 후보는 동수여야 한다"고 규정되어 있어서 붙여진 이름이다(김민정 외 2001, 60-61). 프랑스는 이미 1982년에 지방의회 선거법에 지방의회 후보 공천시 한 성이 75%를 넘을 수 없다는 막연한 할당규정을 가지고 있었지만 헌법위원회의 위헌판정으로 이 조항이 폐기된 경험을 가지고 있다. 따라서 동수법안이 헌법위원회의 위헌판정을 받지 않기 위해서는 우선 헌법을 개정해야만 했다. 이에 1999년에 사회당 정부는 먼저 헌법을 개정하여 국가와 정당이 여성의 정치참여 확대를 위해서 적극적인 조치를 취할 수 있다고 헌법에 명시했고, 이어서 2000년에 선거법을 개정하여 각급 선거에서 후보 공천시 여성이 남성과 동수가 되어야 한다는 규정을 만들었다.[2] 따라서 이 글은 프랑스 헌법 개정과 동수법 제정 그리고 동수법의 내용과 효과 및 한계를 살펴보고자 한다.

1. 동수를 위한 헌법 개정 통과과정[3]

1) 동수법 이전 프랑스 여성의 정치참여(1992년 이전)

프랑스는 정치영역에서 여성의 참여가 상당히 저조한 국가 가운데 하나이다. 여성이 투표권을 얻은 1944년 이래로 50년이 지나는 동안에도 이 사실은 변하지 않았다. 1960년대에 오면서 사회가 급격히 변했지만 이러한 변화도 여성이 정치적 직위에 참여하지 못하는 상황은 바꾸지 못했다. 여성의 고등교육 수혜율이 높아졌고 노동참가율도 향상되고 남성과 동등한 시민권도 부여되었지만 여성의 정치적 지위를 향상시키지는 못했다. 자연적인 진보나 훈련만으로 여성의 정치참여가 향상되기를 기대하는 것은 불가능해 보였다(Allwood · Wadia 2000, 226). 따라서 여성이 정치현장에 있어야 한다면 적극적인 조치가 취해져야 한다는 주장이 점차 정당성을 얻게 되었다.

1970년까지 프랑스가 여성의 정치참여 확대에 관심이 없었던 배경에는 프랑스 페미니즘의 성격이 일정 부분 영향을 미쳤다(김민정 1998). 프랑스 페미니즘이 가지는 급진적이고 근본주의적인 성격 때문에 프랑스에서는 제2기 여성운동 기간 동안 여성의 정치참여 문제보다는 사회적 · 문화적인 남녀차별에 주목해 왔고 여성의 경제적 자유와 성적 · 문화적인 자유에 집중해 왔다(Touraine 1982). 따라서 공공영역과 권력에 대한 참여문제는 오랫동안 프랑스 페미니스트들의 관심 밖에 있었다. 심지어 반(反)의회주의를 표방하는 여성단체들도 있었고(Duby · Perrot 1991, 180-186), 정치참여에 관심을 보인 단체들은 남성들의 간택을 기대하는 '개혁주의자' 라는 비난을 받아야 했다. 또한 공산주의 여성단체들은 정치참여에 관심을 둔 여성단체들을 저임금과 성적 학대 및 차별을 당하고 있는 일반 여성 근로자들에 대한 관심은 제쳐둔 채 자신들의 정치적 성공만을 생각하는 부르주아 페미니즘으로 매도했다(Jenson 1990).

1970년대 후반이 지나면서 여성 정치인과 페미니스트 그리고 좌파 및 환경주의 계열의 정당들은 여성의 정치적 대표성을 높이는 것에 관심을 가지기 시작했다. 투표권을 획득한 이래 프랑스 여성의 정치적 대표성은 거의 증가하지 않았지만 여성의 투표율은 남성과 거의 차이가 없었다. 여성들을 정치적 공직에서 배제시키는 것은 여성들의 의지가 부족해서라기보다는 여성들에게 어떤 장애가 있기 때문이라고 생각했다. 따라서 여성들이 장애를 극복하고 정치로 진입할 수 있도록 도와주는 조치들이 필요하다는 주장이 설득력을 갖게 되었다. 처음에는 정당이 여성에게 할당을 주어 공천하거나 정당명부에 여성을 일정 비율 포함시켜 달라는 주장이 제기되었다. 여성할당을 도입한 유일한 정당은 사회당이었다. 사회당은 여성 당원 수에 비례하는 만큼의 여성을 당 지도부에 할당하도록 강령에 규정했다. 이 비율은 1974년의 10%에서 1979년에 20%, 1990년에는 30%로 늘어났다(Jenson · Sineau 1995, 359). 그러나 이 규정은 현실에서 지켜지지 않았고 1990년에 당 지도부에서 여성의 비율은 18.5%에 불과했다.

정치영역에서 할당문제가 논의되기 시작한 것은 1979년에 가족 · 여성사안부 장관이었던 모니크 플러띠에가 할당 도입을 처음 제안하면서이다. 그녀는 1979년 시의회 선거에서 2,500명 이상의 인구가 거주하는 시에 대해 최소 20%의 여성할당을 도입하자고 주장했고, 레이몽 바르 총리는 1980년에 이 제안을 법안으로 입안했다. 여성할당이 양성 간의 평등을 보장하는 헌법정신에 위배될 수 있다는 헌법 전문가들의 조언에 따라 법안에는 각 정당 명부에서 '어느 한 성' 이라도 최소한 20%가 되어야 한다고 명시했다. 이 법안은 의회에서 430 대 3의 절대다수로 통과되었지만 상원에서 토론이 진행되기 이전에 의회 회기가 끝나버렸다.

할당을 도입하려는 두 번째 시도는 지젤 알리미가 제안한 시의회 선거법 개정안이었다. 이 개정안은 476 대 4(기권 3)로 의회에서 통과되었지만 1982년에 헌법위원회의 위헌판정으로 폐기되었다. 이때까지 프랑스 사회는 할당을 극단적 페미니스트들의 억지전략으로 치부했고, 헌법에 제시된 남녀평등 정신, 국민은 그 무엇으로도 나눌 수 없는 존재라는 사상, 그리고 대표는 보편성을 가진다는 공화주의 원칙에 어긋나는 것으로 생각했다(Sineau 1997a, 121-124).

이 즈음 〈무지개〉(Arc en ciel)라는 좌파계열의 한 단체가 동수를 실천하고자 시도했다. 무지개는 1986년부터 1990년 사이에 극좌파와 좌파 환경주의자들을 규합한 운동단체였는데 조직 내부의 각 정책결정 과정에서 동수를 적용했다. 이 단체는 〈대안 적록파〉(Alternative Rouge et Verte)에 의해 계승되었다. 1988년에 녹색당(Verts)은 강령에 동수원칙을 받아들이고 모든 당 고위직과 후보 공천에 동수를 적용했다. 녹색당은 1989년의 유럽의회 선거에서 남녀가 번갈아 있는 남녀동수 명부를 제출했다(Allwood · Wadia 2000, 24). 그러나 이러한 시도들은 사회 전반으로 확대되지 못한 채 일반인들의 관심 밖에 놓여 있었으며, 따라서 정치인들의 관심도 끌지 못했다.

2) 동수 이슈의 등장(1992-1994)

여성의 정치참여 확대문제가 프랑스에서 관심을 끌게 된 것은 외부 변화에 대한 반응에서였다. 첫 번째 변수는 여성의 정치참여 확대를 여성의 지위향상을 위한 필요조건으로 보고 있는 유엔의 '여성차별철폐조약'(CEDAW)이다. 1979년에 체결된 이 조약은 제7조와 8조에서 정치 및 공적 영역에서 여성에 대한 차별을 철폐하도록 규정하고, 이를 위해 회원국들이 헌법이나 법률에 남녀평등 원칙을 포함시킬 뿐만 아니라 여성의 공직참여 확대를 위해 적절한 조치를 취해줄 것을 요구했다.

다른 한편 유럽에서는 유럽평의회가 여성의 정치참여 확대가 가지는 의미를 조명하고 동수 개념을 의제로 내놓았다. 유럽평의회는 1980년대에 '동수민주주의'(parity democracy) 개념을 도입하면서 민주주의와 남녀평등을 연결시켜 남녀의 수적 평등이 민주주의를 진정한 민주주의로 만든다고 주장했다(Council of Europe 2000, 77). 1989년 11월에 스트라스부르그에서 '동등 대표의 민주주의 원칙-유럽이사회의 40년 활동'을 주제로 세미나를 열면서 동수민주주의 개념을 처음으로 논의대상으로 제시했다. 이 회의에 이어 전문가단체는 동수민주주의를 연구하여 1995년에 「평등과 민주주의 : 유토피아인가 도전인가」라는 보고서를 내놓았다.

유럽연합이 이 문제에 관심을 가지면서 프랑스는 프랑스 여성의 정치참여 수준이 유럽연합 회원국 가운데 최하위에 속할 뿐만 아니라, 이것은 민주주의에 심각한 장애가 된다는 점을 인식하기 시작했다.[4] 1992년부터 프랑스에서 동수운동이 시작되었는데, 이 해에는 유럽 차원에서 몇 가지 중요한 사건이 일어났다. 우선 여성의 정치참여 확대를 위한

〈유럽전문가네트워크〉가 만들어졌다. 유럽연합집행위원회는 성평등 정책을 위해 여러 가지 입법을 해왔지만 1990년대까지는 주로 노동시장에서의 남녀평등에 초점을 맞추었다. 그 과정에서 입법과 함께 회원국들이 성평등 원칙을 현실적으로 실현할 수 있는 방안들을 내놓으면서 행동계획을 수립했다(김민정 2003, 246-247). 이 중 제3차 행동계획(1991-1995)은 정치와 공직에서의 남녀평등 문제를 거론하면서 공직과 정치에서 여성의 참여를 확대하는 것은 여성의 사회적 지위 향상뿐만 아니라 노동시장에서의 평등한 기회 부여를 위해서도 반드시 필요한 과제라는 인식을 분명히 했다(Commission européenne 1997, 3). 집행위원회는 제3차 행동계획을 발표하고 회원국 국내 및 유럽 차원에서 여성의 정치참여 확대를 촉진하기 위해 적절한 조언을 해주는 유럽전문가네트워크를 만들었다.[5]

이 네트워크는 각 회원국에서 파견한 1명의 전문가와 위원장 1명을 포함하여 모두 13명으로 구성되었다.[6] 초대 프랑스 대표는 프랑소와즈 가스파르인데, 국회의원과 유럽의회 의원을 역임한 정치인이면서 여성문제에 관해 많은 책을 펴낸 여성문제 전문가였다. 유럽전문가네트워크는 유럽집행위원회에 자문을 주기도 하고 현실적인 정책을 개발하는 일을 담당했다. 이 네트워크는 유럽연합 회원국들의 여성 정치참여 수준을 통계 수치화하여 정기적으로 발표했고, 또 회원국에게도 자국의 여성 정치참여 현황을 각 수준별로 발표하게 했다. 이를 통해서 프랑스가 유럽에서 여성 정치참여 수준이 가장 낮은 국가군에 속한다는 것이 명백하게 드러났고, 프랑스 사회로 하여금 이 문제에 대해 민감하게 만들었다.

유럽전문가네트워크는 1992년 11월에 아테네에서 "권력에서의 여성"(Femmes au pouvoir)을 주제로 회의를 개최했는데, 이는 회원국 여성부 장관들의 첫 번째 정상회담이었다고 할 수 있다. 이 회담은 정책결정 영역에서 여성의 참여 확대라는 제3차 행동계획의 새로운 목표를 알리고 이 문제가 공적 논의의 장으로 나올 수 있게 하는 데 중요한 역할을 했다. 여기에는 500명 이상이 참석해 여성의 정치참여 활성화를 위한 전략을 논의했고, 취재기자들은 이를 각 회원국에 알렸다(Commission européenne 1997, 17). 특별히 관심을 끌었던 것은 여성의 정치참여 활성화를 위해서 취한 조치들에 대한 소개와 다양한 분야에서의 개혁을 통해 여성의 정치참여를 활성화시킨 사례에 대한 발표들이었다. 마지막으로 교육, 미디어, 여성운동, 남성의 역할 등 각 분야에서 여성의 정치참여를 활성화하기 위한 다양한 전략들이 논의되었다. 프랑스에서는 시몬느 베이유 전 장관과 에디트 크레송 당시 총리가 참여하여 프랑스 대표로 아테네 선언문에 서명했다. 그 선언문은 "민주주의는 국가의 대표와 행정에 있어서 동수를 필요로" 한다고 결론짓고 있다.

유럽에서의 변화는 프랑스에도 변화를 가져와서 1992년에 동수와 관련된 중요한 사건이 발생했다. 우선 동수를 옹호하고 동수를 위한 지지운동을 전개하기 위해 프랑소와즈 가스파르와 클로드 세르방-쉬라이버, 안느 르 갈이 『여성 시민이여, 권력으로!』라는 책을 출판했다. 그들에 따르면 동수운동의 목적은 헌법에 "선출된 지방의회와 중앙의회에서 남녀는 동수여야 한다"는 조문을 넣는 데에 있다(Gaspard · Servan-Schribe · Le Gall 1992, 35).

또한 1992년에 〈빠리테〉(Parité)와 〈빠리테 2000〉이라는 단체가 만들어졌다. 1993년 3월까지 동수를 강제할 수 있는 헌법 제정을 요구할 목적으로 많은 단체들이 새로 만들어졌다. 이 가운데는 〈그녀들도 또한〉(Elles aussi)과 〈여성의회〉(Assemblée des femmes) 등이 있다. 단체들은 정보를 교환하고 시위를 조직하며 자주 모여서 의견을 나누기 위해 네트워크를 형성했다. 이 네트워크는 1993년 3월 8일 '세계 여성의 날'에 하원에서 원탁회의를 열었고, 한 달 뒤 발라뒤르 정부 출범 첫날 하원 밖에서 시위를 벌였다. 이들은 「빠리테 앵포」(Parité Info)라는 소식지를 발간하여 1997년 12월까지 동수 캠페인과 운동상황을 알렸다.

아테네 선언 이후 프랑소와즈 가스파르 유럽전문가네트워크 프랑스 대표는 1993년에 파리에서 동수 관련 단체들을 소집하여 회의를 열고 1993년에 있을 지방의회 선거에 여성들을 많이 내보내기 위해 노력할 것을 다짐했다(Commission européenne 1997, 70). 이를 기반으로 「577인 선언」이 나왔다. 1993년 11월에는 577명이 서명하여 정치제도에 동수를 도입해달라는 주장을 르몽드에 게재했다. 여기에는 289명의 여성과 288명의 남성이 서명했는데 577명은 프랑스 국회의원 수이다. 실제 서명한 사람은 원래 계획했던 577명을 넘었지만 상징적으로 「577인 선언」으로 이름 붙였다.

유럽전문가네트워크는 1994년에 브뤼셀에서 유럽의회 선거를 준비하기 위해 세미나를 열었다. 세미나에는 유럽의회 선거에서 보다 많은 여성을 당선시키기 위해 "81%의 로미오와 19%의 줄리엣이 있는 세상을 상상할 수 있습니까?"라는 홍보물이 제시되었다(Commission européenne 1997, 19). 이를 바탕으로 유럽집행부는 유럽의회 선거에서 여성의 당선을 높이기 위한 지원사업 공모를 냈다. 74개의 사업신청서가 제출되었고 회원국별로 하나의 사업이 채택되어 모두 15개의 사업이 유럽집행부의 재정지원을 받았다. 총예산은 2만 에퀴(ECU)로 기본적으로 사업주체가 개별 사업예산의 최소 30%를 지불하도록 했다. 프랑스의 경우 〈유럽여성로비〉(Lobby européen des femmes) 프랑스 지부가 제출한 사업이 채택되었는데, 이것은 프랑스 정당의 지도부와 주요 정치기관 및 언론에 '여성과 함께 하는 유럽' 이라는 탄원서를 내는 것이었다(Commission européenne 1997, 24). 탄원서를 통한 캠페인은 대성공을 거두어 그 결과 사회당과 공산당, 녹색당의 명부가 남녀동수로 구성되었고 1994년 유럽의회 선거에서 여성 당선자는 30%에 달했다. 이는 1989년의 22.2%에 비하면 7.8% 증가한 것이다.

1994년에 〈내일은 동수〉(Demain la Parité)라는 새로운 네트워크가 만들어졌다. 유럽전문가네트워크는 '프랑스의 특수성' 에 관한 연구를 통해 세 가지 문제점을 지적했다. ① 정치적 · 공적 영역에 여성이 거의 없다는 것, ② 정당들이 모호한 내용의 보편주의를 내걸고 여성의 정치참여에 반대한다는 것, ③ 여성단체가 많이 있지만 정치문제에는 별로 관심이 없다는 것 등이다(Commission européenne 1997, 71). 이러한 상황에서 여성의 정치참여를 활성화하기 위해서는 여성들의 참여가 절대적으로 필요하며, 이를 위해서는 새로운 연계조직이 필요하다는 취지에서 유럽전문가네트워크 프랑스 대표였던 프랑소와즈 가스파르의 주도로 내일은 동수라는 단체가 탄생했다. 이 단체는 남녀동수 실현을 유일한 목표로 삼고 이후 연구, 세미나, 집회, 캠페인 등을 통해 프랑스 사회에 동수 이슈를 퍼뜨렸다.[7]

3) 동수법안의 의회 제출 : 논쟁의 사회적 확대(1994-1996)

1994년에 여성의 대표성을 향상시킬 수 있는 조치와 동수 도입을 제안하는 법안들이 의회에 제출되었다. 1994년 3월 23일과 24일에 제출된 최초의 두 법안은 〈시민운동〉(Mouvement des citoyens : MDC)[8]의 발의로 제안되었다. 1994년 3월 23일의 첫 번째 법안은 공직 진출에서 남녀평등을 보장하는 내용을 담고 있었다. 이 법안은 헌법 개정을 요구했으며, 의회에서 통과되고 상원에서 통과되지 않을 경우 국민투표에 붙일 것까지 제안했다. 이어서 1994년 3월 24일에 제출된 법안은 첫 번째 법안과 같은 의원들이 같은 목적으로 발의했는데, 다만 선거형태에 따라 동수를 다르게 적용하는 방법을 담고 있다. 즉 소선거구 다수대표제에서는 각 정당이 여성과 남성 후보의 동수를 선택할 수 있으며, 명부식 선거에서는 남녀가 교대로 배치될 것을 요구했다(Le Monde 2001, 119).

1994년에 공산당은 남녀가 공직에 동등하게 대표되는 것을 목적으로 하는 법안을 제출했다. 이 법안은 모든 선거에서 비례대표제를 도입하자고 요구했다. 1995년 1월 18일에 공산당은 두 번째 법안을 제출했고, 1996년 11월에는 헌법 제3조에 "공직에서의 남녀동수는 민주주의 발전의 조건이다"라는 조항 삽입을 요구하는 법안을 제출했다. 1996년 6월 24일에 UDF(프랑스민주동맹) 소속 의원 니콜 아멜린느와 질 드 로비엔은 헌법 제3조에 "선거시 후보 명부에서 같은 성의 후보 비율을 법으로 제한할 수 있다"라는 구절을 삽입하도록 요구하는 법안을 제출했다. UDF의 법안은 동수보다는 할당을 그것도 비례대표선거에만 적용하도록 요구함으로써 시민운동이나 공산당이 제출한 법안보다 제한적인 성격을 가졌다. 마지막으로 녹색당은 당시에 한 명의 의원도 갖고 있지 않았지만 "의회는 남녀동수 원칙에 의한 직접선거로 구성된다"는 조항을 헌법에 삽입할 것을 요구했다.

한 설문조사에 의하면 1994년에 프랑스인들은 다른 어떤 유럽 국가보다도 여성의 정치참여 확대에 대해 긍정적인 생각을 갖고 있었다. "후보 공천에 더 많은 여성이 있으면 좋겠다고 생각하느냐"는 질문에 프랑스 남성의 46.6%, 여성은 55.3%가 '그렇다' 고 동의했다. 이 수치는 유럽 평균에 비해 남성은 10% 가까이 높으며 여성은 1% 낮다. 이러한 결과는 프랑스인이 여성의 정치참여에 대해 특별히 우호적이었다기보다는 프랑스의 여성 정치참여 수준이 유럽 국가들 가운데 최하위 집단에 속해 있었기 때문이라고 볼 수 있다. 이 집단에 속하는 그리스도 여성의 정치참여 확대에 대해 상당히 긍정적인 태도(남성 70.3%, 여성 88.7%)를 보이고 있는데, 이것 역시 같은 맥락에서 해석될 수 있을 것이다. 1996년에 실시된 같은 조사에서는 이 비율(남성 76%, 여성 77%)이 급격히 상승했는데, 이는 동수 이슈가 사회화되는 과정에서 국민 여론이 크게 변화되고 있음을 뜻한다.

표 1_ 후보 공천시 여성이 더 많으면 좋다고 생각하는가?(1994)

	B	DK	WD	D	OD	GR	E	F	IRL	I	L	NL	P	UK	UE
남성 예	31.8	28.2	21.9	24.5	33.9	70.3	43.3	**46.6**	35.2	35.9	30.0	27.8	47.0	41.2	37.3
아니오	45.8	54.8	50.6	46.7	32.1	22.5	30.2	**31.7**	37.1	33.5	62.4	37.2	24.6	30.9	36.0
모름	20.8	16.5	27.2	28.5	33.5	7.2	26.6	**21.7**	27.7	30.6	7.7	35.0	28.4	25.5	26.2
여성 예	55.5	39.1	50.7	52.7	60.4	88.7	68.4	**55.3**	52.3	55.3	37.7	36.9	69.0	57.5	56.6
아니오	27.1	48.0	29.9	27.2	21.9	8.4	17.2	**30.5**	26.4	21.3	55.7	38.5	14.8	25.7	25.4
모름	16.5	12.6	19.2	19.9	22.6	3.0	14.5	**14.2**	21.5	23.4	6.6	24.6	16.2	15.9	17.7

표 2_ 동수를 위한 헌법 개정에 찬성하는가?[9](1994)

	전체		남성	여성
	찬성	반대		
동수를 위한 헌법 개정	77%	19%	76%	77%

1994년에서 1996년 동안 동수에 대한 유럽 차원의 캠페인과 다양한 행사 및 간접적인 압력과 더불어 프랑스 내에서 동수문제를 둘러싸고 여러 논의가 이루어지면서 동수에 대한 반대도 광범위하게 나타났다. 동수에 대한 반대 논리는 크게 세 분야에서 진행되었다(Sineau 1997a, 121-124). 무엇보다도 법률가들이 가장 중요한 반대집단을 형성했다. 이들은 동수는 프랑스 공화주의의 법적 토대에 어긋나는 주장이라는 차원에서 반대했는데, 주권은 불가분이기 때문에 어떤 형태로든지 국민을 나누는 것은 헌법의 기본정신에 위배된다는 것이다.[11] 또한 기본적으로 동수는 법이 규정하고 있는 비차별을 왜곡할 우려가 있으며, 공동체주의에 심각한 위협을 가할 수 있다고 경계했다.[12] 이들의 논리는 사회의 모든 동수 반대자들에게 이론적 기반을 제공했다.

두 번째로 중요한 반대집단은 정치인들이었다. 사실 동수법이 통과되면 가장 직접적인 영향을 받는 집단은 기존의 의회의원과 같은 정치인이기 때문에 이들의 반대가 매우 심했다. 특히 우파 정치인들이 강하게 반대했는데, 기본적으로 능력지상주의를 신봉하는 RPR에 반대자가 많았다. RPR은 당내 여성들을 특별히 차별하지는 않았지만 여성 후보가 적은 것은 자격 있는 여성이 적기 때문이라는 인식을 근본적으로 갖고 있었다. 1985년에 시락은 한 연설에서 여성을 여성이기 때문에 특별히 차별하지도 않지만 그렇다고 특별하게 취급하지도 않음을 분명히 밝혔다(Le Monde 2001, 54). 심지어 RPR의 당수였던 여성 정치인 미쉘 알리오 마리는 동수를 위한 헌법 개정에 반대하면서 이는 여성에 대한 '모욕적인 처사' 라고 주장했다(*Le Monde* 1999년 12월 8일자). RPR은 남성과의 공정한 경쟁에서 승리하는 여성에게는 후보 자격을 주지만 특별조치를 통해 여성을 위한 우회로를 만들지는 않겠다는 점을 분명히 했다.

동수에 대한 마지막 반대집단은 일군의 페미니스트들이었다. 이들은 동수법의 도입을 '성본질주의'(essentialism)의 도입으로 보고 동수제도가 여성을 사회적으로 배제시키고 있는 성분리를 영속화하고 제도화하는 수단으로 활용될 수 있음을 경고했다.[13]

한편 유럽 차원에서도 동수를 위한 중요한 진척이 나타났는데, 1995년 3월 더블린에서 개최된 제3차 유럽전문가네트워크 세미나에서 동수의 중요성에 대한 토론이 벌어졌다. "정책결정 과정의 평형을 위한 전략"을 주제로 열린 이 회의는 참석자들의 보다 활발한 참여를 위해 참여인원을 전문가 120명으로 제한하고 워크숍 형태로 진행했다. 여기에는 남녀평등 관련 정부부처 담당공무원, 여성단체 대표, 정당의 여성 관련 조직 대표 그리고 유럽의회 여성 의원, 유럽의회 여성권리위원회위원 등이 참석했다(Commission européenne 1997, 20).

1995년 3월 27일에 유럽이사회는 '정책결정 과정에서 남녀의 동등한 참여에 관한 결의안'을 채택했다(95/C 168/02). 이 결의안은 회원국들이 정책결정 과정에서 여성의 참여를 확대하는 것을 성평등 정책의 일차적인 목표의 하나로 책정하고 총체적인 전략을 마련하여 자국 실정에 맞는 것을 택해 추진하도록 요구했다(Commission européenne 1998, 110). 이 결의안은 비록 구속력을 갖지는 못했지만 회원국들에게 이 문제에 관해 주의를 환기시키고 통과된 결의내용에 관심을 가지도록 촉구했다. 이러한 사실이 국내에 알려지면서 결의안은 여성단체와 동수 지지자들이 정부에 동수를 요구하는 정당성의 근거가 되었다.

1996년에 유럽집행위원회는 「정책결정 과정에서 성평등을 이루기 위한 방법」이라는 매뉴얼을 만들어 모든 회원국에 배포했다. 이 안내책자는 정부와 정당, 여성단체 및 각 행정단위체에서 정책결정 분야에 여성의 참여를 진작할 수 있는 구체적인 방법들을 소개하고 있다. 또한 유럽이사회도 1996년 12월에 '정책결정에서 남녀의 평등한 참여에 관한 권고' (96/694/CE)를 제시했다(Commission européenne 1998, 77). 여기에서는 유럽연합이 제시한 여러 조치 가운데 자국에 적절한 것을 적용하도록 회원국에 권고하고 있으며, 성역할에 대한 고정적인 시각에서 벗어나 남녀가 직장과 가족 및 사회적 책임을 공유하고 모든 정책결정 과정에서 평등하게 참여하도록 국가 차원에서 노력해 줄 것을 촉구했다.

1996년 5월에 유럽 차원에서 또 하나 중요한 회의가 소집되었다. 당시 유럽이사회 의장국이었던 이탈리아가 로마에서 개최한 "유럽에서의 여성"이라는 행사의 마지막에 열린 회의로 "사회와 정치의 부활을 위한 여성"이라는 주제를 다루었다(Commission européenne 1997, 22). 회의의 목적은 그동안 유럽전문가네트워크의 활동과 결론을 소개하면서 정치에서 여성의 참여 확대방안을 논의하는 것에 있었다. 여기에는 각 분야의 책임 있는 공직 여성들과 여성 정치인, 사회과학 전문가, 기자 등 300여 명이 초대되었다. 이 회의에서 「로마헌장」이 채택되었고 유럽집행위원회 기회평등분과의 '1996-2000년 제4차 행동계획' 도 채택되었다. 14개 회원국 여성 장관들이 참석하여 「로마헌장」에 조인했으며, 시민사회의 각 분야에서 여성의 낮은 대표성을 강조하고 사회와 정치의 부활을 강력히 요청했다. 이를 기반으로 '1996-2000년 제4차 행동계획' 이 마련되었다. 행동계획에서는 유럽 차원의 정치, 행정, 사법, 시민사회, 보건, 교육, 재정 등 각 분야에서 여성의 참여를 증진시켜야 한다고 전제하고 각 분야별로 참여 확대방안을 수록했다. 그리고 이를 주관하는 기관과 감시하고 지켜보는 기관의 필요성을 역설했다. 이 방안은 프랑스에서 1995년 대통령 선거 이후 설치된 〈동수감시소〉[14](observatoire de la parité)로 연결된다.

〈동수감시소〉의 회의 모습

4) 1997년 총선과 동수의 선거쟁점화(1997-1998)

1995년의 대통령 선거에서 거의 모든 정당과 대통령 후보들은 의회 내 여성의 수를 늘리는 데에 찬성하는 것처럼 보이는 것이 유리하다고 판단했다. 앞의 〈표 1〉과 〈표 2〉에서 보듯이 1994년에 50% 정도의 프랑스인이 여성의 정치참여 확대에 긍정적인 반응을 보였다면 1996년에 이 비율은 70%로 늘어났기 때문에 정치인들은 이에 찬성하는 것이 표를 얻는 데에 유리하다고 판단했다.[15] 아를레트 라귀에를 제외한 모든 후보가 대선 후보 선언에서 동수에 대해 이야기했다. 르팽만이 프랑스 국민의 개인성을 근거로 이에 반대했다. 로베르 위와 도미니크 보아네는 동수를 강제하는 법을 지지했고, 발라뒤르는 헌법을 개정하여 명부에서 여성에 30%를 할당하는 법안을 주장했다. 조스팽은 동수로 옮길 의도가 있음을 표명했고, 시락은 "여성의 대표성과 관련해 분명한 목표를 세워야 한다. 나의 생각에 그것은 동수밖에 없다"고 말했다(*Le Monde* 2001, 98). 또한 시락은 할당 이외에도 정당의 여성 후보들에게 공적 자금으로 선거지원하거나 동수감시소 혹은 다른 가능한 대안들을 고려하는 위원회의 설치도 제안했다. 이러한 제안 중에서 시락이 대통령에 당선된 후 실행한 것은 동수감시소의 설치에 불과하다. 총리 산하에 설치된 동수감시소는 모든 분야에서 동수와 관련된 보고를 하게 되어 있었다. 1997년에 동수감시소가 총리에게 보고서를 제출했는데, 이 보고서는 여성의 정치참여를 진작하기 위한 다양한 방안을 제안하고 있다. 그 중에는 여성 당선자의 수를 늘린 정당에게 재정적 인센티브를 주는 것과 보궐선거에서 여성공천, 국민투표에 의한 헌법 개정 등이 포함되어 있었다(L'observatoire de la parité 1997).

1998년으로 예정되어 있었으나 1997년에 갑자기 실시된 총선에서 당시의 집권여당이던 RPR은 여성을 많이 공천하지 않았다. 반면 사회당은 유권자의 변화를 정확히 읽고 여성 후보자의 수를 대폭 늘렸다. 선거기간에 동수문제는 미디어의 집중적인 관심을 받았으며, 동수 지지자들과 여성 정치인들은 동수가 이번 선거의 주요 이슈가 될 것으로 예상했다. 1996년 6월 6일에 『엑스프레스』지는 '동수선언'을 발표했는데, 다양한 정치적 스펙트럼에 속한 여성 정치인 10명이 선언문에 서명했고 동수의 전격적인 도입을 요구했다. 정당의 자발적 할당을 포함하여 겸직제한, 정당의 자발적 노력과 국고지원의 연계, 국가와 정부의 책임 있는 공직에 여성 임명, 국민투표를 통한 헌법 개정의 가능성까지 포함하여 단계별로 동수에 접근하게 했다.

사회당은 1996년 9월에 165개 선거구에 여성 후보를 공천했다. 이는 전체 사회당 후보의 27.8%에 달하는 것이었다. 유권자들은 사회당의 독자적인 행보를 환영했다. 여성 후보들은 정당의 지지도를 높였을 뿐만 아니라, 비록 남성 후보보다 덜 알려져 있었고 힘든 지역에 출마했지만 남성 후보보다 선전하여 사회당은 1997년 총선에서 의회 다수당이 되었다. 1997년 선거는 여성의 대표성에 있어 하나의 분수령이 되었다. 여성

표 3_ 1997년 총선시 정당별 여성 후보 공천현황

정당명	여성 후보 수	여성 후보 비율	여성/남성 당선자 수	여성/남성 당선자 비율
극좌파	224	32.3%	–	–
공산당	144	26.8%	3/36	8.3%
사회당	165	27.8%	41/251	16.3%
녹색당	335	27.7%	3/32	9.3%
RPR	22	7.7%	5/140	3.5%
UDF	24	8.9%	7/113	6.1%
FN	67	12.1%	–	–

* 출처 : http://www.assemblee-nationale.fr/connaissance/elections-1997.asp

국회의원의 비율이 6%에서 10.94%로 증가했는데, 이는 사회당 덕분이었다고 해도 과언이 아니다.

1998년 지역의회 선거에서 아무런 법적 강제조치 없이도 여성 후보의 수는 놀랄 정도로 증가했다. 여성 후보의 비율은 1992년의 27%에서 1998년에 37%로 늘어났고, 당선된 여성 의원은 13%에서 26%로 두 배 증가했다. 각 정당의 여성 후보 비율을 보면 공산당이 43%, 사회당이 39%, 녹색당이 35%, RPR이 34%, UDF가 32%였다. 그러나 사회당만이 당선에 유리한 명부 위치에 여성을 공천했고, 그래서 당선자 가운데 여성의 비율은 35%에 달했다. 녹색당 당선자 중 여성은 34%였고 RPR은 27%, 공산당은 26%, UDF는 23%였다. 그러나 시의회 선거결과는 상당히 달랐다. 여성 후보의 비율은 15%(1994년 13%)에 불과했으며 당선자는 8%(1994년 5%)에 그쳤다.[16]

1997년 총선은 여성들에게 커다란 희망을 주었다. 유권자로서 여성들의 선호는 정치에 상당한 영향을 미쳤고, 정치인들은 이러한 여성들의

변화에 민감하게 반응한다는 것을 인식하게 되었다. 특히 당시의 프랑스 상황이 정치인들로 하여금 유권자의 변화에 더욱 민감하게 했다. 동거정부가 구성된 1997년의 선거결과는 대통령의 정당에게는 상당한 정치적 제약을, 총리의 정당에게는 상당한 정치적 기회를 주었기 때문에 여론의 향방에 따라서 정치의 심각한 변화가 가능하다는 것을 체험적으로 알게 된 것이다. 이런 과정에서 프랑스 국민의 동수에 대한 지지는 정치권에 상당한 압력으로 작용했다고 할 수 있다.

5) 동수를 위한 헌법 개정 통과(1999)

좌파 총리와 우파 대통령의 동거정부로 인해 프랑스 국내정치는 경쟁적인 정치환경에 놓이게 되었고, '정치적 모더나이저'(*Le Monde* 1998년 4월 27일자)라는 명칭을 둘러싼 치열한 전투를 낳았다. 정치적 근대화를 위해 중요한 요소는 겸직 폐지, 상원의원 선거방식 개혁(비례대표 확대와 선거구 조정), 정치에서 여성의 수 확대였다(*Le Monde* 2001, 119). 당시 조스팽 총리는 여성의 수적 증가를 위해 적극적으로 개입하겠다는 선거공약을 내걸었고, 시락 대통령은 1998년 12월 랜느에서 행한 연설에서 여성의 공직 진출을 도울 수 있는 헌법 개혁을 원한다고 밝혔다. 여성의 정치참여를 지지하는 것처럼 보이려는 와중에 조스팽과 시락은 동일한 목표를 추구하게 되었고, 타협점을 찾게 되어 의회를 통해 이를 실현하고자 했다.

1998년 6월에 조스팽과 시락은 헌법 제34조 수정안에 동의했다. 이 수정안은 "법을 통해 남성과 여성이 직업적·정치적·사회적 책임에 동등하게 접근할 수 있는 조치를 규정할 수 있다"고 되어 있었다. 그러나 각료회의는 사회적 · 직업적 평등은 이미 헌법 전문에 보장되어 있다는 이유로 위의 수정안에 반대했고, 대신에 헌법 제3조를 수정하여 공직의 임명과 선출에 한정할 것을 제안했다. 법무부장관이 제출한 수정안에는 "법을 통해 남성과 여성의 정치적 공직에 대한 동등한 접근을 유리하게 할 수 있다"고 되어 있다. 이 수정안의 목적은 1982년에 헌법위원회가 할당을 규정한 법을 위헌이라고 판정했던 것과 같은 판정이 차후 동수법에도 내려지지 않도록 저지하려는 데에 있었다. 국회의원과 동수 지지자들의 반대가 있었지만 수정안은 주요 정당과 여론의 광범위한 지지를 받았다. 헌법 수정안은 국회 법사위원회의 수정을 거쳐 만장일치로 국회를 통과했다. 그와 함께 프랑스 헌법 제3조에 "법을 통해 정치적 공직에 대해 남녀의 동등한 접근이 조직될 수 있는 조건이 결정"된다는 문구가 삽입되었다.[17] 1999년 2월에 실시된 여론조사에서 응답자의 75%가 수정안에 찬성을 표했고 22%가 반대, 3%는 모른다고 응답했다.

표 4_ 동수를 위한 헌법 개정을 지지하는가?(1999)

	전체	남	여
전적으로 지지한다	46%	45%	46%
약간 지지한다	29%	24%	29%
지지하지 않는다	14%	13%	15%
전적으로 반대한다	8%	10%	6%
모르겠다	3%	2%	4%

* 출처 : http://www.ifop.com/europe/sondages/opinionf/partie1.asp

개헌은 국회와 상원을 통과해야 하는 것은 물론이고 베르사유에서 상하 양원 합동회의에서 3/5 이상의 찬성을 얻어야 한다. 헌법 수정안에 대해 총리와 대통령이 타협했음에도 불구하고 이 합동회의에서의 통과가 가장 어려웠다. 상원에서는 일차로 정부의 수정안을 거부했다가 조항을 약간 바꾼 수정안을 가지고 재심을 거쳐 마침내 베르사유 상하 양원 합동회의에서 741 대 42로 통과되었다.

동수의 논법은 좌파와 우파 모든 정치인들에게 광범위하게 받아들여졌던 것이다. 여론은 동수로 인해 직접적인 영향을 받은 정치인들보다 훨씬 더 우호적이었다. 〈IFOP/사회사안부〉가 1994년에 실시한 여론조사에 의하면 국민의 62%가 헌법에 동수를 삽입하는 것에 대해 우호적이었다.[18] 1996년에는 77%가 우호적이었고(〈표 4〉 참조) 국민투표를 통한 개헌에는 82%가 찬성했다. 1999년에도 국민의 75%가 헌법 개정에 찬성하고 있었다.

이와 같은 대중들의 놀라운 지지와는 대조적으로 의원들은 약간 주저하고 있었다. 르몽드가 실시한 1997년 여론조사에 의하면 의원 중 312명이 헌법에 동수를 포함시키거나 정당 내의 강제할당, 그리고 이러한 사안에 대해 국민투표를 실시하는 것에 반대하고 있었다(*Le Monde* 1997년 10월 24일). RPR 의원의 대다수가 반대했고 UDF 의원 중에서도 38%가 반대했다. 조사에 응답한 사회당 의원 38명 중에서 33명이 동수를 지지했지만 개헌에는 대다수가 반대했다. 공산당의 경우 모든 의원이 동수와 개헌에 찬성했고 국민투표에만 반대했다. 또한 32명의 여성 의원 중에서 20명 이상이 세 개의 제안에 다 반대했고 4명의 사회당 의원만이 3개의 제안을 모두 지지했다. 요컨대 의원들의 근본적인 반대에도 불구하고 동수를 위한 헌법 개정이 통과될 수 있었던 것은 여론의 광범위한 지지 때문이었다. 1994년에는 단지 50%에 그쳤던 여론의 지지가 80%까지 증가할 수 있었던 것은 유럽연합의 다양한 논의와 결의 및 권고 등이 국민의 신념을 바꾸어 놓았고, 이 과정에서 여성운동 단체들의 지속적이면서 끊임없는 노력이 상당한 효력을 발휘했다고 할 수 있다.

2. 프랑스 동수법의 내용

1) 선거법에 규정된 동수

2000년의 선거법 개정으로 프랑스는 선거법에 동수를 명시하고 있다. 명부식으로 치러지는 상원의원 선거, 시의회의원 선거와 지역의회의원 선거, 유럽의회의원 선거 그리고 소선거구 다수대표제로 치러지는 하원의원 선거에서 할당이 적용된다. 선거법에는 명부식 선거의 경우 각 후보 명부에서 각 성 후보의 수 차이가 한 명을 초과할 수 없다고 규정되어 있다(선거법 제264조, 제300조, 제346조, 제370조, 제331-2조, 유럽의회 선거법 제9조). 또한 명부식으로 진행되는 상원의원 선거의 경우에 각 명부에서 남녀 후보가 번갈아 공천되도록 규정하고 있으며, 유럽의회 선거에도 동일한 규정이 적용된다. 그러나 지방의회 선거는 각 명부를 6명 단위로 묶은 그룹으로 나누어 그 내에서 동수가 되도록 규정하고 있다.

할당방법은 콤뮨별로 콤뮨의 크기에 따라 정해진 의석 수만큼의 명부를 작성하는데, 각 명부를 6명씩 나누어 그 안에서 남녀 후보가 동수가 되는 방법을 사용하고 있다.[19] 이 6명 내에서 남녀 후보의 순번은 정해져 있지 않고 정당에서 자유롭게 선택할 수 있다. 6명으로 그룹을 나누고 남는 순번에 대해서는 남녀의 숫자 차이가 1명 이하가 되도록 명부를 작성하도록 법으로 규정하고 있다. 예를 들어 시의회 의석 수가 39,

29, 27인 세 개의 선거구가 있다고 하면 각각의 선거에서 명부작성은 다음과 같다.

표 5_ 동수법에 의한 명부작성 방법(시의회 명부에서 남녀 후보의 구성)

		각 시의회의 의석 수		
		39	29	27
후보의 순번	1번–6번	3F, 3H	3F, 3H	3F, 3H
	7번–12번	3F, 3H	3F, 3H	3F, 3H
	13번–18번	3F, 3H	3F, 3H	3F, 3H
	19번–24번	3F, 3H	3F, 3H	3F, 3H
	25번–30번	3F, 3H	5명이 남음 3F, 2H 혹은 2F, 3H로 할 수 있음	3명이 남음 2F, 1H 혹은 1F, 2H로 할 수 있음
	30번–36번	3F, 3H		
	37번–42번	3명이 남음 2F, 1H 혹은 1F, 2H로 할 수 있음		

*F는 여성, H는 남성

할당 적용의 예외가 되는 선거는 소선거구제로 진행되는 상원의원 선거와 도의회의원 선거, 3,500명 이하의 주민이 거주하는 콤뮨의 시의회 선거이다. 이들 경우에는 할당을 적용하는 데에 어려움이 있기 때문으로 보인다. 소선거구제는 각 선거구별로 진행되기 때문에 통제에 어려움이 있고, 3,500명 이하의 주민이 사는 콤뮨의 시의회 선거는 다른 명부의 후보를 적을 수 있는 개방형 명부식이기 때문에 정당과 정치단체에서 작성한 동수의 명부가 별 의미가 없을 수 있다.

2) 강제이행의무 조항

프랑스 개정 선거법의 특징 중 하나는 강제이행의무 조항이 포함되어 있다는 점이다. 강제이행의무 조항은 명부식과 소선거구제 둘 다에 함께 적용되는 조항과 다르게 적용되는 조항이 있다. 우선 같이 적용되는 조항을 보면 모든 선거에서 후보 등록을 할 경우에 이름과 생년월일, 주소지와 더불어 반드시 성을 명기하도록 함으로써 남녀 후보 수를 쉽게 산출하도록 했다. 다르게 적용되는 조항으로는 명부식에 있어 정당과 정치단체가 작성한 후보 명부가 법을 지키지 않은 경우 선거관리위원회에 접수가 되지 않는다. 남녀 후보자 수의 차이가 1명을 초과하는 명부는 선거 참여가 원천적으로 봉쇄된다. 한편 하원의원 선거의 후보자는 선거구별로 접수하는데, 이에 대한 통제는 정치자금법(1988년 3월 11일에 제정된 정치생활의 재정적 투명성에 관한 법률)에 의거하여 국고정당지원금에 대한 삭감으로 이루어진다.

다음의 〈표 6〉은 동수법이 적용·실시된 첫 번째 하원의원 선거에서 각 정당별로 삭감된 지원금을 보여주고 있다. 대정당들은 여성 후보를 공천하느니 차라리 국고지원금의 삭감을 선택했고, 중소정당들은 국고지원금을 삭감받지 않기 위해 여성 후보를 많이 공천했다. 사실상 당선율이 높은 대정당에서 여성을 많이 공천하지 않고 당선율이 저조한 소정당에서 여성을 많이 공천하고 있다는 점에서 결국 여성 당선자의 숫자는 적을 수밖에 없다.

동수법이 통과되기 전에는 정당의 공천과정에서 할당이 이루어졌다. 공산당은 제2차 세계대전 이래로 할당을 채택하지 않았고, 또 당의 정책

표 6_ 여성 후보 공천과 국고지원금(2002)

	유효 득표 수	유효 득표 수에 따른 국고지원금 (삭감 이전)	여성 후보 비율	여성 후보 비율	삭감율	삭감 이후의 지원금
UMP	8,685,432	12,941,293.68€	19.58%	30.42%	3,936,741.54€	900,4552.14€
MNR	280,131	417,395.19€	41.43%	8.57%	35,770.77€	381,624.42€
FN	2,879,068	4,289,811.32€	48.42%	1.58%	67,779.02€	4,222,032.30€
LO	304,081	453,080.69€	50.18%			453,080.69€
PCF	1,237,588	1,844,006.12€	43.58%	6.42%	118,385.19€	1,725,620.93€
Les Verts	1,176,644	1,753,199.56€	48.91%	1.09%	19,109.88€	1,734,089.69€
ASPRG	6,613,030	9,853,414.70€	34.58%	15.42%	1,519,396.55€	8,334,018.15€
LCR	326,745	486,850.05€	49.43%			486,850.05€
Pôle Républicain	311,992	464,868.08€	44.69%	5.31%	24,684.50€	440,183.59€
CPNT	421,443	627,950.07€	45.68%	4.32%	27,127.44€	600,822.63€
Les Bleus	68,148	101,540.52€	42.40%	7.60%	7,717.08€	93,823.44€
MPF	252,091	375,615.59€	46.62%	3.38%	12,695.81€	362,919.78€
MEI	99,887	148,831.63€	1) 40.39%	9.61%	14,302.72€	134,528.91€
UDF	1,393,416	2,076,189.84€	19.91%	30.09%	624,725.52€	1 451,464.32€
Parti des Travailleurs	42,532	63,372.68€	46.11%	3.89%	2,465.20€	60,907.48€
Le Trèfle	94,836	141,305.64€	47.80%	2.20%	3,108.72€	138,196.92€
Regions & euples solidaires	64,373	95,915.77€	43.75%	6.25%	5,994.74€	89,921.04€
Nouvelles donne	19,275	28,719.75€	35.29%	14.71%	4,224.68€	24,495.08€
CAP21	48,222	71,850.78€	40.21%	9.79%	7,034.19€	64,816.59€
Parti Fédéraliste	9,871	14,707.79€	35.16%	14.84%	2,182.64€	12,525.15€
Droit de chasse	57,980	86,390.20€	46.07%	3.93%	3,395.13€	82,995.07€

Initiative Répulicaine	16,293	24,276.57€	35.71%	14.29%	3,469.12€	20,807.45€
RPF	101,064	150,585.36€	20.24%	29.76%	44,814.20€	105,771.16€
RCF	20,401	30,397.49€	20.27%	29.73%	9,037.17€	21,360.32€
Concordant Citoryen	11,513	17,154.37€	27.78%	22.22%	3,811.70€	13,342.67€
SEGA	37,854	56,402.46€	42.03%	7.97%	4,495.28€	51,907.18€
MHAN	19,423	28,940.27€	52.31%			28,940.27€
GIP	5,552	8,272.48€	22.58%	27.42%	2,268.31€	6,004.17€
Energie	28,671	42,719.79€	12.07%	37.93%	16,203.62€	26,516.17€
Recnouveau Ecologique	15,413	22,965.37€	48.08%	1.92%	440.94€	22,524.44€
CEI	8,888	13,243.12€	52.83%			13,243.12€
CNIP	14,403	21,460.47€	43.33%	6.67%	1,431.41€	20,029.06€
해외영토 전체	298,354	444,547.46€	15.94%	p.m.		444,547.46€
전체	24,964,614	37,197,274.86€	38.28%	12.76%	6,522,813.04€	30,674,461.82€

* 출처 : Observatoire de la parité(2003)

결정 과정에 여성의 참여를 확대하려는 적극적인 시도도 하지 않았지만 많은 여성을 후보에 공천했을 뿐만 아니라 당내 대의원에도 여성이 많이 있다. 그러나 공산당이 점차 유권자의 지지를 잃음에 따라 공산당의 이런 노력은 의회에서 의미 있는 변화를 가져오는 데 기여하지 못했다.[20] 1988년에 공산당 소속 하원의원은 25명(전체의 4%)에 불과했으며 그 중 여성 의원은 한 명뿐이다.

사회당은 여성에 대한 할당제를 도입한 유일한 정당이다. 사회당 강령은 여성 정당원 수에 비례하여 당 지도부에 여성을 할당하도록 규정하고 있다. 1974년에는 10%, 1979년에는 20%, 1990년에는 30%로 정해졌다.[21] 후보자에게도 할당이 적용되지만 오로지 비례대표에만 해당되었다. 그러나 이러한 규정이 그대로 지켜지지는 않았다. 1990년대에 들어오면서 사회당은 여성할당에 적극적인 관심을 보였다. 그것은 사회당의 지지가 하락하는 것과 시기적으로 일치한다. 보다 많은 여성들의 지지를 얻기 위하여 사회당은 모든 선출직의 1/3을 여성으로 채운다는 공약을 내세웠고 1997년 총선에서 이를 이행했다. 이것은 1997년 전체 여성 의원 수가 이전의 36명에 비해 2배 많아진 63명으로 급등하는 데에 큰 기여를 했고, 사회당으로서는 정권 획득이라는 소기의 목적을 달성하는 데 성공했다. 이처럼 동수법이 통과되기 이전에 할당은 정당 자체의 문제로서 정당이 선거정치 속에서 자신의 이념이나 정치적 입지에 따라 할당을 선택했다.

동수법이 통과된 이후에 정당의 공천과정에 대한 특별한 주문은 없다. 다만 동수감시소는 수상에게 제출하는 보고서에 법적 의무는 아니지만 권고사항으로 가능한 한 모든 경우에 정당이 전체적으로 남녀동수를 실천해 줄 것과 후보 명부에서 여성을 1위로 해줄 것, 콤뮨 간 기구 및 법에서 정하지 않은 경우에도 남녀동수를 임명할 것, 시행과 제도적인 어려움으로 인해 법적으로 동수할당에서 제외된 선거에서도 가급적 동수를 지켜줄 것을 요청하고 있다(Observatoire de la parité 2003, 11).

선거법은 정치자금법[22]에 의해 각 정당에 지원되는 국고지원금 가운데 첫 번째 부분, 즉 최근 하원의원 선거에서의 유효득표율에 따른 배분방식에 의한 지원금에서 삭감되는 조건을 명시하고 있다. 하원의원 후보자의 과반수를 여성으로 공천하지 않은 정당은 당해에 국고지원 정당지원금을 배분할 때 남녀 후보자 수의 차이가 전체 후보자 수의 2%를 넘을 경우 지원받을 지원금에서 전체 후보자 수에 대한 이 차이의 백분율의 1/2에 해당하는 비율만큼 삭감한다.

2002년 하원의원 선거에서 여당인 UMP는 여성 후보를 19.58% 공천했다. 따라서 UMP가 얻은 유효득표가 8,685,432표이기 때문에 약 1,200만 유로를 지원받을 수 있었지만 여성 후보 공천 과반수 비율을 지키지 않았기 때문에 50% 공천에서 모자라는 30.42%의 지원금 삭감을 받아야 했다. 따라서 1,200만 유로의 30.42%인 300만 유로가 삭감된 900만 유로 정도의 지원을 받았다. ASPRG(통합사회당)는 600만 표를 얻어서 900만 유로의 지원을 받을 수 있었지만 여성 후보 공천율이 34.58%에 불과해 공천이 안 된 15.42%를 지원금에서 삭감받아 최종적으로 800만 유로를 지원받았다. 그러나 여성 후보를 50% 이상 공천한 공산당은 유효득표가 100만 표밖에 되지 않아 당선자가 적었기 때문에 자연히 여성 당선자도 적을 수밖에 없었다. 프랑스의 강제이행의무 조항은 국고정당지원금을 통해 국회의원 선거에서 남녀동수의 강제이행을 촉구했지만 큰 성과는 없었다고 할 수 있다.

3. 프랑스 동수법의 정치적 효과

1) 여성 의원 수의 증가

프랑스에서 2000년에 남녀동수제가 도입된 뒤 이 법의 적용을 받는 첫 선거가 2001년에 실시된 시의회 선거였다. 이 선거는 할당제의 도입이 여성 의원의 비율을 얼마나 획기적으로 증가시켰는지를 잘 보여준다. 전체적으로 2001년 이전에 시의회의 여성 의원 비율은 21.7%였으나 할당제가 도입되고 난 뒤 33%로 증가했다. 남녀 후보 동수법은 3,500명 이하의 주민이 거주하는 시에 대해서는 법적용을 예외로 하고 있기 때문에 작은 시의 경우에는 여성 의원이 과반수에 이르지 못했지만 법적용을 받는 지역은 거의 과반수에 도달하고 있다. 법적용을 받지 않는 지역이라고 하더라도 이전의 21.5%보다 상당히 증가된 30.05%를 보이고 있어서 비록 법에 의해 여성 후보를 동수로 공천하지 않았다고 하더라도 과거보다 많은 여성 후보가 공천되었음을 알 수 있다. 또한 3,500명 이하의 소도시는 대부분이 농촌지역인데, 여기에 30% 정도의 여성 시의원이 존재한다는 것은 여성 정치인의 풀을 형성한다는 점에서 매우 중요한 의미를 가진다. 일반적으로 프랑스에서는 시의회 활동을 거쳐 상위단위의 정치로 진입하는 것을 볼 수 있는데, 농촌지역의 시의회에 여성 의원이 많다는 것은 앞으로 상위단위에도 보다 많은 여성 정치인 후보가 있을 수 있음을 뜻한다.

표 7_ 프랑스 시의회 여성 의원 비율의 변화

	1983	1989	1995	2001	남녀동수법 적용
평균	14.0%	17.2	21.7	33%	
3,500명 이하	12.9	16.3	21.0	30.05%	적용 안 됨
3,500–9,000명	21.0	21.4	25.1	47.4	적용
9,000–30,000명	22.0	23.0	26.3	47.3	적용
30,000명 이상	22.8	23.6	26.9	48	적용

* 출처 : 프랑스 내무부 자료(2001)
http://www.interieur.gouv.fr/elections/dossier_presse/election_municipale.htm

1983년 이후 프랑스 시의회 여성 의원의 비율 변화를 보면, 1995년까지 상당히 완만한 증가속도를 보였지만 2001년에 이르러 급속히 증가하고 있다. 심지어 남녀동수의 적용을 받지 않는 3,500명 이하의 시에서도 여성 의원의 비율은 적용지역보다는 낮지만 1995년에 비해서 큰 증가를 보이고 있다.

할당의 적용을 받지 않는 경우에도 할당제의 간접적인 영향으로 여성 수가 증가하고 있음을 알 수 있는데, 이는 시집행부의 여성 비율에서도 나타난다. 시의회의 집행부는 시장을 위한 보좌진으로 시장이 시의원 중에서 임명하며, 시집행부 구성에는 남녀동수가 적용되지 않는다. 전체적으로 남녀동수의 적용을 받는 시의원에 비해 여성의 비율이 높지는 않지만 남녀동수제가 도입되기 이전의 시집행부와 비교하면 여성이 많이 늘어났다. 3,500명에서 9,000명의 주민을 가진 소도시의 경우에 시집행부는 시의회 여성 의원의 비율보다 약간 높은 정도의 여성 보좌진을 두고 있고, 대도시의 구(arrondissement)집행부에도 많은 여성 의원을 보좌진으로 임명하고 있다. 마리에트 시노에 의하면 남녀동수제는 여성을 보좌진으로 훈련시키는 효과가 있다(Genisson 2002, 134). 특히 프랑스처럼 시의회에서의 활동이 향후 정치경력의 중요한 출발이라는 점을 염두에 둔다면 여성 보좌진은 장래에 시장이 되기 위한 중요한 정치적 경험이 된다. 이러한 점에서 시집행부에서 여성 의원의 확대는 프랑스 여성 정치 발전의 중요한 단계이다.

할당 적용을 받지 않는 소도시와 시집행부에서의 여성 참여를 보면 의무적으로 할당을 이행해야 하는 영역은 물론이거니와 그렇지 않은 영역에서도 할당제가 커다란 영향을 미치고 있음을 알 수 있다. 이와 더불어 할당이 적용되지 않는 다른 선거에도 상당한 영향을 미치고 있다. 칸톤(canton) 선거는 할당 적용을 받지 않는데, 지난 2001년 시의회 선거와

표 8_ 시집행부에서의 여성 비율 변화

<table>
<tr><th rowspan="2"></th><th colspan="2">시집행부의 여성 의원 비율</th><th colspan="2">여성 시장 비율</th><th colspan="2">여성 시의원 비율</th></tr>
<tr><th>1995</th><th>2001</th><th>1995</th><th>2001</th><th>1995</th><th>2001</th></tr>
<tr><td>3,500명 이하</td><td>21.0%</td><td>30.05%</td><td>2%</td><td>3%</td><td>23.6%</td><td>25.2%</td></tr>
<tr><td>3,500명–9,000명</td><td>25.1%</td><td>47.4%</td><td rowspan="4">7%</td><td rowspan="4">8.5%</td><td>29%</td><td>47.7%</td></tr>
<tr><td>9,000명–300,000명</td><td>26.3%</td><td>47.35</td><td>27.6%</td><td>41.2%</td></tr>
<tr><td>30,000명–100,000명</td><td rowspan="2">26.9%</td><td rowspan="2">48%</td><td>21.5%</td><td>36.3%</td></tr>
<tr><td>1,000,000명이상</td><td>31.6%</td><td>45.9%</td></tr>
</table>

* 출처 : 프랑스 내무부 자료(2001)
http://www.interieur.gouv.fr/elections/dossier_presse/election_municipale.htm

동시에 실시된 칸톤 선거결과를 보면 여성 비율이 약간 증가했다. 2001년에 해산된 의회에서는 여성 의원의 비율이 6.3%였는데 새로 구성된 의회에서는 9.8%로 약간 상승했다. 또한 상원은 다른 어떤 선거보다도 여성 의원의 선출이 낮아서 1998년에 5.9%에 불과했는데, 동수법이 통과된 이후 동수법의 적용을 받지 않음에도 불구하고 여성 의원은 10% 이상으로 증가했고, 지속적인 증가를 보이고 있다. 하원의 경우에는 동수법의 적용을 받지만 소선거구 다수대표제의 특성상 강제할 수 없다는 이유로 여성 의원의 수가 시의회에서처럼 급속히 증가하지는 않았지만 꾸준히 증가추세에 있다. 요컨대 동수법이 적용되는 선거에서는 당연히 여성 의원이 증가하고 있고 동수법의 적용을 받지 않는 선거에서도 여성 의원은 증가하고 있어서 동수법이 포괄적인 효과를 갖고 있음을 알 수 있다.

다음의 〈그림 1〉은 동수법이 적용되는 선거와 부분적으로 적용되는 선거에서 여성 의원의 증가추세를 보여주고 있다. 동수법이 적용된 각급

그림 1_ 동수법이 적용된 선거와 부분적으로 적용된 선거에서의 여성 의원 비율

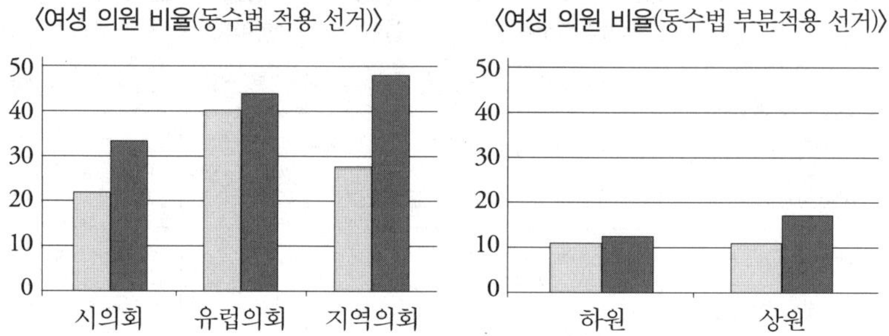

선거에서 여성 의원의 비율은 적용 전에 비해 확실히 늘었다. 흐린 막대가 2000년 이전이고 진한 막대가 2000년 이후인데, 지역의회의 경우에 30%에도 미치지 못하던 여성 의원 비율이 동수법의 적용 이후 50%에 이르게 되었다. 반면에 부분적으로 적용되는 하원과 상원의원 선거에서는 여성 의원이 약간 늘었는데, 적용 이전의 11% (1997년)에서 적용 이후인 2002년에는 12.3%, 2007년에는 13.2%로 증가했다. 동수가 완전히 적용된 선거보다 증가율은 낮지만 조금씩이나마 증가추세를 보이고 있다. 상원의원의 경우에도 11%에서 18%로 증가했다.

〈그림 2〉는 동수가 전혀 적용되지 않은 영역에서 여성 비율의 증가를 보여주고 있다. 동수가 전혀 적용되지 않는 영역에서 여성 비율은 대체로 증가했지만 증가하지 않은 부분도 있다. 도의회(Conseil general) 의장직에서 여성의 비율은 증가했지만 지역의회(Conseil regional) 의장직에서는 오히려 감소했다. 여성 시장이 많아졌고 부의장직에서는 여성이 많이 증가했지만 정부 장관직에서는 감소했다. 〈그림 3〉은 각종 선거에서 여성 의원 비율의 변화를 나타내고 있는데, 전체적으로 증가추세에 있음을 알 수 있다. 동수가 직접적으로 영향을 준 선거도 있지만 간접적으로도 영

그림 2_ 동수가 적용되지 않은 영역

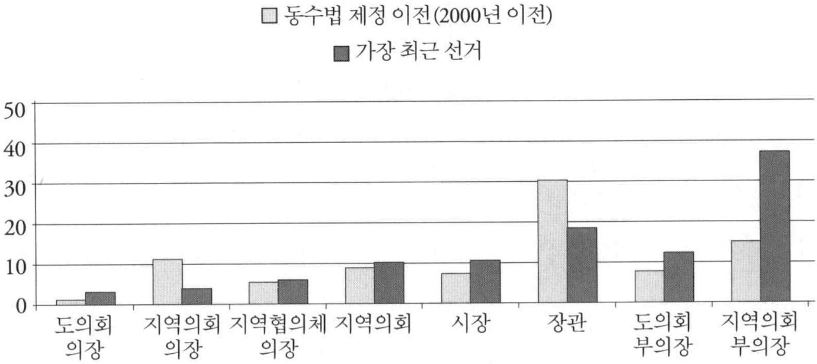

그림 3_ 프랑스 여성 의원 비율의 변화

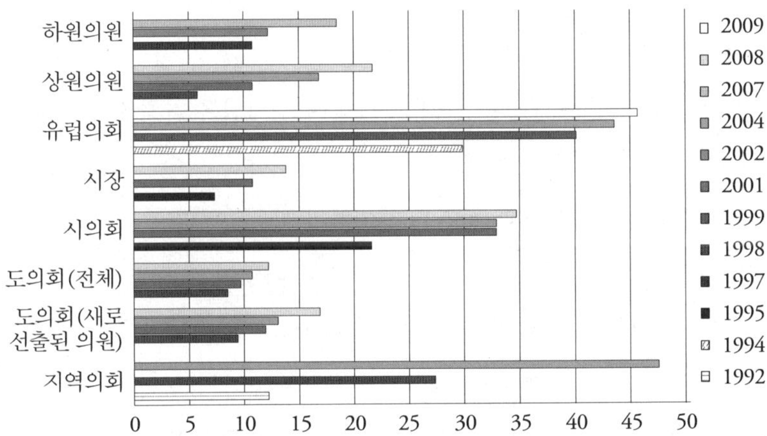

향을 미치고 있다.

2) 여성 의원의 성향 변화

남녀동수제를 적용하기 전에 비해 여성 의원의 수가 대폭 증가한 것과 더불어 여성 의원 자체에서도 중요한 변화가 일어났다. 2001년에 당선된 여성 의원들의 성향을 분석해 보면 연령과 전직에 있어 큰 변화가 있음을 알 수 있다. 여성 의원의 연령별 비율을 보면 남성 의원과 큰 차이를 보인다. 전체 시의회 의원의 평균 나이가 57세인 데 비해 여성 의원의 평균 나이는 46세이다. 젊은 시의원이 많은데 학생도 상당비율을 차지하고 있다. 여학생은 699명인 데 비해 남학생은 355명에 불과했다(*Le Monde* 2001, 5, 29). 여성 의원의 비율이 높아지면서 젊은 여성 당선자가 많아지고 특히 여학생도 많이 당선되었다는 것은 시의회가 이전에 비해서 훨씬 젊어졌음을 의미한다. 여성 의원의 연령비를 살펴보면 50%에 가까운 여성 의원이 35세에서 49세 사이의 젊은 층으로 나타났다.

프랑스 정치의 특징 가운데 하나는 정치인이 되는 특별한 직업군이 있다는 점이다. 또한 프랑스는 한 정치인이 여러 직위를 겸직해 온 오랜 정치적 관행을 갖고 있다. 여성들은 정치를 하기에 유리한 직업에 접근하는 것이 어려웠고, 그 결과 정치에 참여하기 힘들었다(김민정 1998). 2001년 시의회에서는 이러한 전통적인 정치 관련 직업이 후퇴하고 직업 없는 여성이나 사기업 회사원 여성이 시의회 의원으로 많이 등장했다. 즉 2001년의 시의회는 정치적이라고 알려진 직업보다는 일상생활과 가까운 직업 출신 의원으로 구성되어 있다. 남녀 의원을 비교할 때 사기업 회사원이 많아졌다는 것은 비슷하지만 무직으로 표시된 범주에 여성 의원이 훨씬 많은 점이 눈에 띈다. 무직인 여성 의원은 전체의 21.89%인 데 반해 남성 의원 중 무직은 8.5%에 지나지 않았다.

프랑스 시의원은 지역의원과 도의원, 나아가 유럽의원, 하원의원 등의 선출직에 도전하는 첫 번째 정치적 경력이 된다는 점을 고려하면(김원홍 외 2003) 시의원의 직업배경이 달라지고 있다는 것은 앞으로 프랑스

표 9_ 여성 의원의 연령별 비율

연령	18-24세	25-34세	35-49세	50-64세	65세 이상
비율	2.6%	11.4%	44.9%	36.9%	4.1%

* 출처 : 프랑스 내무부 자료(2001)
http://www.interieur.gouv.fr/elections/dossier_presse/election_municipale.htm

표 10_ 여성 의원의 직업별 비율

	남성 의원 비율	여성 의원 비율
농업	3.38%	1.16%
산업 및 상업	7.94%	4.27%
사기업 회사원	36.65%	33.95%
자유직	2.65%	6.02%
교육자	10.68%	13.67%
공무원	6.02%	6.49%
공기업 회사원	4.17%	1.68%
무직	8.51%	21.89%
은퇴 및 연금	19.94%	10.82%
전체	100%	100%

* 출처 : 프랑스 내무부 자료(2001)

여성 정치인, 나아가 정치인들의 성향이 달라질 것이라는 추측을 가능하게 한다.[23]

3) 의정활동의 변화

흔히 정치는 남성적인 세계라고 한다. 그것은 정치가 남성의 일로 인식되어 왔다는 데에 원인이 있기도 하지만 남성이 많기 때문에 남성적인 언어와 방식, 남성적인 우선순위가 작용하는 것으로 이해할 수 있다. 그렇다면 의회 내에 여성 의원이 늘어나면 어떠한 변화가 생기는가. 다수의 여성 의원들은 할당제가 적용되기 이전과 이후 시의회에 변화가 있었다는 응답을 했다. 186명의 시의회 여성 의원 가운데 초선이 아닌 의원은 모두 61명이었는데 이들을 대상으로 과거의 의회와 현재의 의회 간의 차이점을 물어보았다. 61명 중 40명은 '변화가 있다', 21명은 '별다른 변화가 없다'고 응답했다. '변화가 있다'는 응답자들이 말한 변화내용은 다음과 같다.

표 11_ 2001년 시의회의 변화

긍정적인 변화
- 의회 내에서 이전보다 더 많은 토론을 하게 되었다
- 공동체의 모든 일에 이전보다 많은 여성이 참여하게 되었다
- 여성 의원들은 남성 의원들보다 선거구민의 의견에 더 귀를 기울인다
- 여성들이 더욱 협력한다
- 시의회가 더욱 진지해지고 끊임없이 일하고 있다
- 여성들은 훈련(교육)을 더 원한다
- 여성들은 정책결정 과정에서 자신들의 역할이 중요하다고 인식하고 있으며 그것을 표현한다
- 좀더 개방적이고 인간적이 되었다

부정적인 변화
- 시장 보좌진에 선출되기가 어려워졌다.

* 출처 : Elle aussi (2004)

'변화가 없었다'는 의견에는 다음과 같은 응답이 있었다.

- 원래부터 동수는 아니지만 여성들이 두각을 나타냈다
- 여성들이 당선되었다면 다른 사람이 없었기 때문이다
- 이미 이전에도 동수였기 때문에 별다른 변화가 없다
- 1977년부터 여성들이 항상 있었다

* 출처 : Elle aussi (2004)

'변화가 없었다'는 의견 역시 남녀 수의 변화가 의회에 아무런 변화를 가져오지 않았다기보다는 남녀 수에 있어서 이전과 별다른 변화가 없었던 시의회의 경우에 변화가 없었다는 응답으로 해석할 수 있다. 이런 점에서 의회 내 성비 변화는 여성 시의원들이 느낄 정도로 커다란 변화를 가져온 것으로 이해할 수 있다. 한 남성 시의원은 면담에서 여성 의원들이 남성 의원들에 비해서 더 진지하게 의원직에 임하며, 의원직에 필요한 여러 가지 지식을 얻기 위해 교육을 요구한다고 응답했다.[24] 또한 한국 지방의회 여성 의원들을 대상으로 한 설문에서도 나타난 것처럼(김민정 2003) 여성 의원은 남성 의원보다 시민들의 의견을 더 잘 청취하고 개별적인 접촉을 선호하는 경향을 보인다. 이와 같은 맥락에서 여성 의원들이 보다 개방적이라고 할 수 있다. 남성 시의원 역시 여성 의원들이 남성 의원들보다 훨씬 개방적이며 인간적이라는 점을 인정했다.[25] 그는 또한 "남성들은 머리로 일하는 데 반해 여성들은 가슴으로 일한다"고 언급하면서 여성들은 계산하고 이해타산을 따지기보다 진지하게 인간적으로 문제에 접근한다고 말했다. 이렇게 볼 때 의회 내에서 남녀 성비의 변화는 의원들의 의정활동 방법을 변화시킨다고 할 수 있다.

한편 여성 의원의 수가 늘어남에 따라 시의회 의정활동에서 나타난 중요한 변화 중에는 회의시간 변경이 있다. 미쉘 사방(Michelle Sabban) 일드프랑스 도의회 부의장은 면담에서 시의회에 여성 의원이 늘어남에 따라 회의시간이 변경된 것이 가장 중요한 변화라고 말했다.[26] 특히 젊은 여성 의원과 돌봐야 할 아이를 가진 여성 의원이 많아짐에 따라[27] 밤보다는 낮 시간에 회의를 소집하기를 원하고 있다. 시의회 회의는 일반적으로 한 달에 한 번 밤 8시에 열렸으나 많은 시의회가 회의 시간을 낮으로 조정하고 있다. 과거에 정치가 남성중심적이고 양육할 어린이를 가진 여

표 12_ 의원직을 수행하는 데 있어서 가장 큰 어려움

	응답자
가정생활과 의원직의 병행	99명(53.2%)
회의시간 조정의 어려움	14명(7.5%)
시의원으로서 인정받는 것	38명(20.4%)
경제적인 어려움	8명(4.3%)
기타	27명(14.5%)

성들이 하기에 어려운 직업이었던 이유에는 회의 및 활동시간도 포함되어 있었다. 여성들이 의회에 보다 많이 진입하게 됨에 따라 이러한 어려움들을 스스로 해소해 나가고 있음을 알 수 있다. 그러나 여전히 여성들이 의원직을 수행하는 데 있어 가장 큰 어려움은 가정생활과 의원직을 병행하는 문제라고 지적하고 있다.

4) 주민의 만족도[28]

할당제의 정치적 효과를 보기 위해 할당제에 따라 구성된 시의회에 대한 주민들의 만족도를 살펴보았다. 주민들은 여성 의원에 대해 대체로 만족하고 있는 것으로 나타났다. 전체 응답자 100명 가운데 1명만이 '덜 만족' 한다고 응답했으며, 무응답을 제외한 전원이 여성 의원들의 의회 활동에 전적으로 혹은 약간 만족하고 있었다. 남녀 의원들이 일하는 방식에서 젠더 차이가 있다고 응답한 주민도 67%에 이른다. 나아가 여성 의원이 남성 의원보다 의정활동을 더 잘한다고 응답한 사람도 39%에 이르러 그렇지 않다고 응답한 사람(17%)보다 많았다.

이렇게 볼 때 시의회가 구성되고 4년이 지난 2005년 시점에서 주민들은 여성 의원에 대해 상당히 만족하고 있으며, 남성 의원보다 일을 더 잘한다고 생각하는 주민도 상당수 있음을 알 수 있다. 할당제에 대한 반대 논리로 자주 거론되는 의정활동의 질이 저하될 수도 있다는 주장과는 반대로 프랑스 시의회의 경우를 살펴보았을 때 주민들은 전혀 그렇게 생각하지 않고 있다. 할당제로 이전과는 달리 경험이 적고 정치와 연결되는 직업에 종사하지 않는 여성들이 의회에 많이 진입했지만 이들은 경험이 많고 정치와 연결되는 직업에 종사한 남성들보다 결코 의정활동에 뒤떨어지지 않는다고 주민들은 생각하고 있다.

다른 한편 남녀동수제가 적용된 시의회의 활동을 보면서 주민들은 남녀동수제에 대해 어떻게 생각하는지 알아보았다. 남녀동수제는 처음 프랑스에서 도입될 때 상당히 많은 논란을 불러일으켰다(Mossuz-Lavau 1998). 논쟁적이었던 법안이 통과되어 처음 적용된 것이 2001년 시의회 선거였기 때문에 남녀동수제에 대한 주민들의 생각을 통해 시의회에 대한 생각을 읽을 수 있을 것이다. 즉 동수공천이 적용된 시의회에 만족하고 있다면 동수공천제에 대해 긍정적인 시각을 갖고 있는 것으로 추측할 수 있다. 상당히 많은 응답자들이 남녀동수제 적용을 확대하는 것에 찬성하고 있으며(89%), 남녀동수제 자체에 대해서도 86%가 찬성의사를 표시했다. 따라서 상당수의 주민이 남녀동수제에 찬성하고 있으며, 나아가 확대를 원하고 있다고 볼 수 있다. 이는 할당제로 인해 의정활동의 질이 저하되고 따라서 국민들이 할당제에 반대할 것이라는 할당제 반대주장이 경험적으로 맞지 않음을 보여주는 좋은 사례이다.

다음으로 던진 질문은 남녀동수제가 사회적으로 어떤 효과를 가져왔는지에 관한 것이었다. 가장 많은 응답자가 사회에서의 차별이 줄어들

표 13_ 여성 의원들에 대한 주민들의 만족도

(전체 응답자 수, 괄호 안은 여성 응답자 수)

	전적으로 동의	약간 동의	약간 반대	전적으로 반대	무응답
여성 의원이 남성 의원보다 일을 잘한다고 생각하십니까?	13(11)	26(11)	15(7)	5(2)	41(20)
여성 의원이 남성 의원과 다르게 일한다고 생각하십니까?	23(13)	44(27)	13(7)	2(0)	18(4)
여성 의원들의 의정활동에 만족하십니까?	17(11)	51(26)	1(0)	0(0)	30(14)
남녀동수제의 적용이 확대되어야 한다고 생각하십니까?	53(24)	36(22)	7(3)	0(0)	4(2)
남녀동수제 자체에 동의하십니까?	50(24)	36(19)	9(5)	0(0)	5(3)

* 출처 : 설문조사(2005)[29]

었다고 답했다. 즉 남녀동수제는 사회적 차별을 줄이는 효과를 가져왔다는 것이다. 의원들에게 보다 쉽게 접근할 수 있게 되었다는 응답이 17%에 이르렀는데, 이는 앞에서 지적되었던 여성 의원들의 차별성, 즉 주민들과 보다 진지하게 접촉한다는 것과 같은 맥락에서 이해될 수 있다. 주민들 역시 여성 의원이 남성 의원보다 주민들이 접촉하기에 더 용이하다고 인식하고 있다. 또한 의회 내에서의 평등정책의 발전도 중요한 사회적 변화로 지적되었다. 이것은 이번 연구에서 볼 수 없었던 의정활동의 결과에 대한 연구와 더불어 분석되어야 하지만[30] 어쨌든 주민들은 남녀동수제로 인해서 평등정책이 발전하게 되었다고 생각했다.

표 14_ 남녀동수제가 가져온 사회적 변화

질문 : 남녀동수제의 적용으로 나타난 가장 중요한 사회적 변화는 무엇이라고 생각하십니까?	응답자
의원들에게 보다 쉽게 접근할 수 있다	17명
평등정책이 발전하게 되었다	23명
사회적 차별이 줄어들었다	30명
여성에 대한 긍정적인 평가가 이루어졌다	18명
무응답	12명

* 출처 : 설문조사(2005)

4. 동수를 넘어서 : 동수법의 성과와 한계

프랑스에서 동수법이 시행된 지 10년이 흘렀다. 동수법의 제정과정에서 알 수 있었던 것은 보수적이고 완고한 프랑스 정치인들도 시민단체의 끊임없는 노력과 유럽연합의 압력, 유권자의 요구 앞에서 의견을 바꾸었다는 점이다. 무엇보다도 유럽연합의 압력을 적절히 활용한 시민단체의 노력과 이를 통한 유권자의 요구가 동수법 제정에 큰 원동력이 되었다. 동수법 제정으로 프랑스의 여성 정치는 진일보할 수 있었다. 기본적으로 선거 후보에 남녀를 동수 공천하라는 동수법은 후보뿐만 아니라 선거결과에도 큰 영향력을 미쳐 많은 여성 의원이 당선되었다. 그 결과 동수법 이후 각급 선거에서 여성 의원의 비율은 전반적으로 급격히 상승했다.

할당제가 논의될 때 이를 둘러싼 많은 논쟁이 있었다. 할당제를 찬성하는 입장에서는 기회의 평등보다는 결과적 평등이 더 중요하다는 논리를 폈고, 할당제에 반대하는 입장에서는 정치적으로 덜 훈련되고 능력이 부족한 여성들이 의회에 들어옴으로써 정치의 질이 저하될 수 있다고 주장했다. 일반적으로 할당제에 대해 정치권에서는 할당을 채울 만큼 여성이 없다고 주장하지만 프랑스의 사례는 새로운 정치인 풀이 형성되어 여성들이 충원되었음을 보여준다. 정치적이라고 알려진 직업보다는 일반 직업영역에서 여성들이 충원되었다. 또한 할당제가 적용된 이후 여성 의원 수가 증가함에 따라 의회는 상당히 여성화되었다고 할 수 있다. 이러한 여성화는 정책결정 방식, 주민접촉 방식 등 의정활동에서 변화를 가져왔다. 여성 의원은 남성 의원에 비해 주민들과 직접 접촉하여 그들의 이야기에 보다 많이 귀를 기울이고 보다 진지하게 의원직을 수행하며, 이를 위해서 보다 많은 훈련을 원하고 있는 것으로 나타났다. 그리고 주민들은 여성화된 시의회에 대해서 상당히 만족하고 있으며 할당제의 확대를 원하고 있는 것으로 나타났다.

이렇게 볼 때 할당제에 대한 반대논리로 작용했던 의정활동의 질 저하는 최소한 프랑스에 대해서는 맞지 않는다. 물론 의정활동의 결과인 정책에 대한 연구가 병행되어야 하겠지만 이를 제외하고는 의정활동의 긍정적인 변화, 주민들의 높은 만족도, 새로운 정치인의 등장 등 긍정적인 방향으로 의회활동이 변화되고 있다. 물론 이것은 프랑스 시의회에 한정된 것이며, 또한 주민 만족도를 보기 위한 설문조사도 상당히 제한적이었기 때문에 일반화하기에는 어려움이 있다. 그럼에도 불구하고 할당제가 남성에 비해 경험이 적고 정치에 적합하지 않은 많은 여성들을 정치에 끌어들임으로써 정치의 질을 저하시킬 수 있다는 지금까지의 막연한 주장에 대해 반증의 가능성을 제시하고 있다는 점에서 의미가 있다.

물론 동수법이 프랑스 여성 정치의 최종목표는 아니다. 동수법으로 여성의 정치참여에 대한 관심을 불러일으킬 수 있었고, 실제로 극히 저조했던 여성 의원의 비율을 어느 정도 높일 수는 있었다. 그러나 프랑스 하원에서 여성 의원 비율은 여전히 20%에 미치지 못하고 있으며, 동수법이 적용되지 않는 상원, 도의회, 시의회(3,500명 이하 포함) 등에서 여성 의원의 비율은 매우 낮다. 시장과 임명직까지 포함한다면 프랑스 여성 정치의 동수는 앞으로도 갈 길이 많이 남아 있다. 특히 프랑스에는 3,500명 이하의 군소도시가 대다수인데도 불구하고 동수법이 3,500명 이상의 도시에만 적용되고 있다는 것은 큰 문제로 지적되고 있다. 따라서 동수법이 적용되지 않는 선거와 임명직에서 여성 참여를 늘리기 위해 동수법의 확대적용에 대한 논의가 진행되어야 한다. 또한 하원의원 선거의 경우 정당별 국고지원금 삭감이라는 규정만으로는 정당들을 강제하기 어렵기 때문에 정당 내에서의 할당문제가 심각하게 논의되어야 할 것이다.

다른 한편으로 프랑스 페미니스트들 사이에는 동수법이 프랑스 페미니즘의 함정일 수도 있다는 평가가 나오고 있다. 이들은 동수법이 성취되면서 할 만큼 다 했다는 분위기가 지배하게 되었고, 사회에 여전히 남아 있는 여성의 본질적인 문제에 대해서는 더 이상 논의하지 않으려 한다고 주장한다. 정치가 보는 여성관, 사회 저변에 남아 있는 남녀차별적인 요소, 사회적 성역할 분리, 고용에서의 차별 등 다른 본질적인 문제에 대해 함구한 채 정치적인 동수에만 집착하는 여성문제는 본질에서 벗어났다는 비판이 나오고 있다. 이제는 동수를 넘어서서 프랑스 사회 저변에 아직까지 남아 있는 여성문제에 눈을 돌려야 한다는 것이다. 혹여 정치적으로 동수가 된다고 하더라도 이것이 곧바로 여성의 사회적 지위 향상과 차별의 해소를 의미하는 것은 아니다. 따라서 동수에 지나치게 매

몰되면 다른 근본적인 문제에 대해 관심을 가질 여력을 상실하게 된다. 이 시점에서 동수는 여성의 사회적 지위 향상을 위해서 중요한 한 걸음이지만 전부는 아니라는 점을 명백히 해야 할 것이다.

참고문헌

김민정. 1998. "프랑스 여성의 정치참여 현황과 문제점." 『한국정치학회보』 32집 1호.

김민정. 2003. "글로벌 거버넌스의 여성정책-유럽연합을 중심으로." 『유럽연구』 제18권(겨울).

김민정. 2006. "할당제의 정치적 효과-프랑스 시의회를 중심으로." 『21세기정치학회보』 16집 1호.

김민정 외. 2001. 『여성의 정치적 대표성 확보를 위한 정치관계법 및 제도 개선 방안』. 여성부.

김원홍 · 김민정 · 이현출. 2003. 『지방의회 여성 의원의 국회진출 활성화 방안 연구』. 국회여성위원회 정책보고서.

Allwood, Gill & Khursheed Wadia. 2000. *Women and Politics in France 1958–2000*. London : Routledge.

Commission européenne. 1996. *Guide. Comment créer uné quilibre entre les femmes et les hommes dans la prise de décision politique*. Brussels.

Commission européenne. 1997. *Les femmes dans la prise de décision. Panorama d'activité*. Brussels.

Commission européenne. 1998. *Egalité des chances entre les femmes et les hommes. Textes communautaires*. Brussels.

Council of Europe. 2000. *Positive in the field of Equality between Women and Men*. Strasbourg.

Duby, Georges & Michelle Perrot. 1991. *Histoire des femmes*. Paris : Plon.

Elles aussi. 2004. *Bilan 3 ans après la parité*. Paris.

Gaspard, Françoise & Claude Servan-Schreiber & Anne Le Gall. 1992. *Au pouvoir citoyennes! Liberté, Egalité, Parité*. Paris : Seuil.

Genisson, Catherine. 2002. *La parité entre les femmes et les hommes : une avancée décis-*

ive pour la démocratie. Paris : Observatoire de la parité.
INRA. 1994. *Eurobarometer. 41.0 & 41.1. Les femmes et l'élection du parlement européen.* décembre.
Jenson, Jane. 1990. "Representation of Difference : The Varieties of French Feminism." *New Left* No. 180 (march/april).
Jenson, Jane & Mariette Sineau. 1995. *Mitterand et les Françaises. Un rendez-vous manqué*. Paris : Presse de Sciences Po.
Le Monde. 2001. *Les femmes et la politique. Du droit de vote à la parité*. Paris : Le Monde.
Mossuz-Lavau, Janine. 1998. *Femmes/Hommes pour la parité*. Paris : Presses de Sciences Po.
Observatoire de la parité. 1997. *La parité en Politique*.
Observatoire de la parité. 2003. *Pourquoi la parité en politique reste-t-elle un enjeu pour la démocratie françise?*
Randall, Vicky 저 · 김민정 외 역. 2000. 『여성과 정치』. 서울 : 풀빛.
Sineau, Mariette. 1997a. "La Parité a la francaise : Un contre-modele de l'égalité républicaine?" Armelle Le Bras-Chopard, Janine Mossuz-Lavau dir., *Les Femmes et la Politique*, Paris : L'Harmattan.
Sineau, Mariette. 1997b. "Les femmes politiques sous la Ve République." *Pouvoirs et Femmes en Politique*. Paris : Seuil.
Touraine, Alain. 1982. *Mouvements sociaux d'aujourd'hui. Acteurs et analyses*. Paris : Les Editions ouvrières.
L' Express. 1996/06/06.
Figaro. 1995/03/09.
Le Monde. 1997/10/24.
Le Monde. 1998/04/27.
http://www.assemblee-nationale.fr/connaissance/elections-1997.asp
http://www.ifop.com/en chiffre par l'IFOP-Les femmes dans la Politique.htm
http://www.ifop.com/europe/sondages/opinionf/partie1.asp
http://www.ifop.fr/resume_1994.htm
http://www.interi eur.gouv.fr/elections/dossier_presse/election_municipale.htm
http://www.int-evry.fr/demain-la-parite/reseaudlp.htm

주

1 1999년에 이루어진 헌법 개정은 1958년 제5공화국 헌법의 제3조와 제4조를 수정한 것이다. 원래 제3조에 "법으로 선거직에 남녀가 동등하게 접근할 수 있도록 돕는다"라는 항을 삽입했고 제4조는 원래 정당에 관한 조항이었는데 이를 수정하여 "정당은 법이 정한 조건 하에서 제3조 마지막 항을 위해서 노력한다"로 되어 있다.

2 동수 후보공천제의 예외가 되는 선거가 있는데, 그것은 상원의원 선거, 도의회의원 선거, 3,500명 이하의 주민으로 구성된 콤뮨의 시의회 선거이다. 명부식 선거제도의 경우 동수를 포함하지 않은 명부에 대해서 선거관리위원회가 접수를 거부하게 되어 있으며, 소선거구 다수대표제의 선거, 즉 하원의원 선거에서는 후보 신고 시 이름, 생년월일, 주소지와 더불어 반드시 성을 명기하도록 되어 있어서 남녀 후보 수의 산출을 용이하도록 규정했다. 하원의원 선거에서 정당이 동수 후보공천을 지키기 않았을 경우, 그 해의 정당에 대한 국고지원금에서 남녀 후보 수의 차이가 전체 후보자 수의 2%를 넘을 경우 지원받을 지원금에서 전체 후보자 수에 대한 차이의 백분율의 1/2에 해당하는 비율만큼 삭감하도록 규정하고 있다(김민정 외 2001, 67).

3 2장은 본인이 2004년 발표한 "EU의 성평등정책이 회원국의 국내정책에 미친 영향–프랑스 동수를 위한 헌법 개정을 중심으로", 『21세기 정치학회보』 14집 1호(2004) 논문을 보완 · 수정하였다.

4 1993년 기준으로 가장 많은 여성 의원을 가진 국가는 스웨덴이었고 여성 의원 비율은 40.4%에 달했다. 다음으로 핀란드(33.5%), 덴마크(33%), 네덜란드(28.4%), 독일(25.6%)과 오스트리아(25.5%) 순이었다. 스페인, 벨기에, 아일랜드, 이탈리아, 룩셈부르크가 10%를 약간 넘었고 10%가 안 되는 국가는 그리스, 영국, 프랑스, 포르투갈뿐이었다. 프랑스는 최하위 그룹에 속해 있었다.

5 유럽남녀평등전문가 네트워크는 모두 9개가 있는데 그 중 하나가 공직 및 정책결정기관에 여성의 참여확대를 위한 전문가 네트워크이다.

6 유럽전문가 네트워크가 만들어질 당시(1992년)에 회원국이 모두 12개국이었기 때문에 13명으로 구성되었지만 곧이어 새로운 회원국이 생기면서 전문가 네트워크의 규모도 커졌다. 현재 16명으로 구성되어 있다.

7 http://www.int-evry.fr/demain-la-parite/reseaudlp.htm

8 일종의 사회주의 계열의 정당으로서 쉐벤느망이 당수로 있다. 1994년 유럽의회 선거에서 동수로 된 명부를 제출했다.

9 프랑스에서는 1982년의 할당 시도가 무산으로 돌아가자 할당제와 같은 적극적 조치를 실시하기 위해서는 헌법 개정이 없이는 불가능하다고 인식하게 되었다. 따라서 헌법 개정을 해서라도 할당제를 도입해야 할 것인가 아니면 문화적인 변화와 같은 소극적인 방법으로 여성의 참여를 증진할 것인가가 논의의 주요 초점이 되었다. 따라서 "동수를 위한 헌법 개정에 찬성하는가"라는 질문은 여성의 정치참여 확대를 위한 적극적 조치가 필요하다고 생각하는가의 프랑스적 표현으로 해석할 수 있다.

10 L'Express와 여론조사단체 L'IFOP의 공동조사 1996년 6월 6-12일 사이에 실시된 조사결과이다.

11 이미 1982년 지방의회 선거법에서 한 성이라도 20%는 대표되어야 한다는 조항을 위헌처리하는 과정에서 이 보편성에 대한 침해 논란이 사회화되어 있었다. 그러나 1984년 '여성차별철폐조약'을 프랑스에서 인준하는 과정에서 많은 프랑스 페미니스트들은 프랑스에서 여성을 위한 적극적 조치에 대해 더 이상의 위헌논란은 불가능할 것으로 예측했다. 왜냐하면 이 조약의 제4조 1항에 '적극적 조치의 합법성' 규정이 포함되어 있기 때문에 이 조약을 인준하는 것은 이 조항에도 찬성한다는 것을 의미하며, 따라서 적극적 조치의 위헌성은 이치에 맞지 않는다고 생각했기 때문이다(*L'Express* 1996년 6월 6일자). 그러나 1994년부터 동수법안이 상정되면서 법률가들 사이에는 여전히 공화주의의 보편성에 기댄 반대 논리가 지배적이었다.

12 전 헌법위원회 위원장이었던 노베르 바댕터는 『피가로』(*Figaro*)지와의 인터뷰에서 사회를 남성과 여성으로 나누는 것은 공동체에 대한 위협이라고 분명하게 말했다(*Figaro* 1995년 3월 9일).

13 유럽 페미니즘의 한 분파인 급진주의 계열의 페미니스트들은 할당을 포함해서 여성의 정치참여 확대를 주장하는 것이 가부장적인 남성 지배구조에 편입하여 오히려 남성 지배구조를 영속화시키려는 음모에 동참하는 것이라고 비난했다(Randall 2000, 345).

14 〈동수감시소〉는 1995년에 설치된 총리 직속의 자문 및 감시기구로서 동수에 관한 정부의 시책에 대해 연구하여 자문하고 또한 정부의 이런 시책이 잘 시행되고 있는지 감시 및 평가하는 기구이다.

15 동수가 프랑스에서 성공을 거둘 수 있었던 것은 동수의 대중적 인기 때문이었다. 우선 동수는 대중들에게 아무런 해를 끼치지 않는다. 즉 이것은 국민들의 공적 이익과 상충되지 않는다. 둘째, 이 시기는 국회의원과 유권자의 관계가 점점 소원해지고 있는 시점이었는데, 국민들 사이에는 여성이 남성보다 일상적인 생활에 더 가깝기 때문에 여성들이 일상적인 문제를 더 잘 해결할 것이라는 생각이 광범위하게 퍼져 있었다. 즉 동수는 국민의 의견에 반응하는 정치 엘리트에 대한 요구를 의미한다고 해석할 수 있다(Allwood · Wadia 2000, 228).

16 마리에트 시노는 이런 차이를 선거제도의 차이로 해석했다. 지역의회 선거는 비례대표제이지만 선거는 다수대표제로 치러진다. 이 선거는 중앙당에 대해 지역유지들의 입김이 강하게 작용한다. 따라서 시노는 정당을 강제하는 법이 없다면 다수대표제는 여성에게 불리한 제도일 수밖에 없다고 주장한다(Sineau 1997b, 49).

17 이 수정안은 총리와 대통령 사이의 협상과 타협의 산물이다. 시락은 수정안이 할당제 반대파들에게 받아들여지기 위해서는 '동수'라는 단어가 없어야 한다고 주장했고, 반면에 조스팽은 우호적이라는 단어 대신에 보장하다라는 단어를 넣기를 원했다. 그래서 동수라는 단어도 보장이라는 단어도 없이 문구가 만들어졌다. 동거기간 동안 총리와 대통령 사이의 타협은 가장 중요한 일이었다.

18 http://www.ifop.fr/resume_1994.htm

19 http://www.interieur.gouv.fr/elections/dossier_presse/election_municipale.htm

20 이것은 1960-1970년대 프랑스 여성 정치의 아이러니라고 할 수 있는데, 여성들은 자신들에게 호의적인 공산당에 대해서는 별 지지를 보이지 않았고 오히려 우파 지지성향을 보였다. 프랑스 여성 정치의 저조는 한편으로 이런 여성 유권자들의 투표성향에 기인하는 것으로 평가될 수 있다(김민정 1998, 311).

21 이렇게 규정되어 있지만 실제로는 지켜지지 않았다. 1990년의 집행부의 여성 비율은 18.5%였다(Jenson 1995, 359).

22 정당에 대한 국고지원금은 두 가지로 나누어서 지원된다. 하나는 최근의 하

원의원 선거결과에서 얻은 유효 득표율에 따라 차등 배분된다. 이 경우 전국에서 50개 이상의 선거구에 후보를 낸 정당 가운데 전국적 득표율을 합산하여 이에 따라 국고지원금이 배분된다(제9조). 두 번째로는 현재 하원의회의 의석비율에 따라 배분되며 기준 시점은 11월이다.

23 2004년에 〈그녀들도 또한〉(Elles aussi)이 시의회 여성 의원을 대상으로 한 설문조사에 의하면 전체 응답자 186명 가운데 29명만이 지역의회, 도의회, 상원의원 선거에 출마했다고 응답했다. 여성 의원들이 다른 선거에 적게 출마한 이유 가운데 하나는 2001년에 선출된 시의회 여성 의원 가운데에는 전체적으로 초선이 많았기 때문에 2004년에 다시 새로운 선거에 출마하기에는 아직 좀 이른 감이 있었다고 해석할 수 있다(Elles aussi 2004).

24 파리 12구 시의회 의원인 Jean-Pierre Guis와의 면담(2005년 4월 21일)

25 Jean-Pierre Guis와의 면담내용

26 Michelle Sabban과의 면담내용(2005년 4월 23일)

27 설문조사에 따르면 응답자 186명의 여성 의원 가운데 83명의 여성 의원이 양육해야 할 어린이가 있다고 대답했는데, 한 명의 어린이가 있는 의원은 35명, 두 명의 어린이가 있는 경우도 35명, 세 명 이상의 어린이를 가진 의원도 13명이나 되었다. 이러한 구성은 프랑스의 전형적인 가족구성과 일치한다. 전체 프랑스 가족의 대다수가 한 명 혹은 두 명의 어린이를 가지고 있으며, 세 명 이상의 어린이를 가진 가족도 상당수 있다.

28 김민정(2006) 참고.

29 본 설문조사는 2005년 저자가 남녀동수제의 정치적 효과를 알아보기 위하여 파리 시민 100명을 직접 설문조사한 내용을 정리한 것이다.

30 프랑스 시의회의 경우 정책발의자와 회의록에 대한 열람이 불가능하여 남녀의원별 정책발의 비교 및 의회발언의 비교가 어렵다.

한국

제도적 강제와 구체적 실천의 간극[1]

조현옥 · 김은희

세계적으로 여성의 정치참여에 중요한 제도적 기반인 여성정치할당제는 한국에서도 역시 여성 정치참여에 중요한 역할을 했다. 한국은 1995년 '여성발전기본법'에 잠정적 우대조치를 규정하고 2000년 2월 '정치관계법'을 개정하면서 처음으로 여성 후보 공천할당을 '정당법'에 명시했다. 그 이후 제도 개선과정을 거치면서 현재는 비례대표 50% 여성할당 강제 및 남녀교호순번제, 지역선출직 30% 여성할당 권고를 '공직선거법'에 명시하고 있으며, 2010년 3월에는 지방의회의원 선거에 대해 제한적으로 선출직 할당을 강제화하는 여성의무공천제를 규정했다.

1948년 건국정부의 설립과 함께 여성에게 참정권이 자동적으로 부여된 한국 사회에서 여성의 정치의식이나 정치참여 확대운동은 미미했고, 정치는 주로 남성의 영역으로 인식되어 왔다. 그나마 소수였던 여성 정치인들마저 여성을 정치적으로 대표하기보다는 구색 맞추기 또는 소수 여성들의 개인적인 활동으로 치부되었다. 또한 1970년대와 1980년대를 관통한 독재상황과 권위주의 정권의 억압으로 인해 진보개혁을 지향하는 사회운동 세력은 독재 타도를 위한 반정부활동을 중심주제로 설정할 수밖에 없었고, 여성운동도 이러한 민주화 운동과 궤를 같이 하면서 여성의 정치적 대표성 확대는 중심의제에서 빠져 있었다.

따라서 여성들이 정치참여의 중요성과 정치적 대표성의 획득이 여성의 권익향상에 결정적인 영향을 미친다는 사실을 인식하고 이에 대한 활동을 전개한 것은 한국 사회가 민주화된 이후라고 볼 수 있다. 이와 함께 1990년대 지방자치제의 부활은 여성운동에 정치참여 확대라는 새로운 과제를 부여했다. 그러나 지방의회에서 여성의 정치적 대표성 역시 2% 대라는 저조한 현실에서 여성의 참여 확대를 위한 기본장치로 할당제 도입은 필수요건이 되었다.

한국에서 할당제는 단순한 여성 참여를 넘어 민주화의 한 과정이며 젠더 정치학(gender politics)의 실현이라는 의미를 지닌다. 여성정치할당제의 목적은 정치영역에서 단순히 여성의 수적 대표성을 확보하는 것뿐만 아니라, 여성이 시민으로서 보다 주체적이고 적극적인 참정권 또는 시민권을 확보하여 사회에 대한 책임과 권리를 행사할 수 있는 진정한 시민으로 거듭나게 함으로써 여성의 실질적인 힘의 증진, 즉 세력화를 이루는 것이다(윤혜린 2006, 11). 여기에는 단지 여성들만의 권익증진을 위한 것이 아니라 평등한 기회와 참여를 통한 성숙한 민주사회 발전을 이룩하려는 사회적 의지가 내포되어 있다.

2010년을 맞이하면서 한국은 여성정치할당제를 도입한 지 10년이 되었다. 할당제를 중심으로 한 다양한 조치 덕분에 한국에서 여성 정치인은 획기적인 증가세를 보였다. 15대까지의 국회의원 중 여성 비율이 평균 3% 정도에 머물렀다면 2000년 16대 총선에서는 5.9%, 17대 13.0%, 18대 13.7%로 이전에 비해 5배에 가까운 비율 증가를 이루어냈다. 지방의회의 경우에도 1998년 당시 2%대에 그쳤던 여성 의원 비율이 2010년 6.2% 지방선거에서는 19%에 이르는 급격한 확대를 보였다. 이러한 여성 의원들의 증가를 통해 의회문화, 나아가서는 정치문화의 개선에 대한 가능성도 보였으며, 여성 의원들의 활발한 의정활동을 통해 정치문화가 향상될 수 있다는 기대감도 높였다.

그러나 절대적으로 여성 참여가 미약한 한국의 상황에서 할당제는 주로 여성들의 양적인 정치참여 확대라는 선상에서 논의되고 실행될 수밖에 없었고, 큰 틀에서의 선거제도 개선과 병행되지 못해 제도화 보완 작업 역시 답보상태에 머물러 있다. 즉 할당제가 목표하는 여성의 실질적인 시민권과 참정권 확보, 이를 통한 여성의 정치세력화에는 아직 다 가가지 못하고 있는 실정이다. 이는 제도적인 차원뿐만 아니라 한국의 정치상황, 선거제도 등이 연계되어 있는 문제이기도 하다. 다음에서는 한국에서 여성정치할당제가 도입된 과정과 법적 제도화, 할당제를 도입하기 위한 운동영역에서의 다양한 활동과 논쟁점들, 그리고 여전히 남아 있는 문제점들을 살펴보고자 한다.

1. 한국에서의 여성정치할당제 도입과정

한국에서 여성정치할당제는 여성의 정치참여 확대를 위해 도입되었으나 여성 의제로서만이 아니라 민주화를 위한 사회발전의 과정으로서 받아들여졌고, 유엔을 비롯한 국제사회의 압박 또한 중요하게 작용했다. 이처럼 할당제에 영향을 미친 변수로는 국내적 · 국제적 요인을 들 수 있고, 이러한 환경 속에서 할당제를 법제화 시킨 주체세력으로는 여성운동계와 정치권을 들 수 있다.

1) 국내 및 국제 환경

한국에서 할당제에 대한 관심은 민주화와 함께 시작되었다. 1987년 6월 항쟁 이후 한국 사회는 민주화 과정을 겪으면서 다양한 의견들이 표출되기 시작했고, 그 중 여성의 평등한 권리, 특히 정치적 대표성을 확보하여 여성이 의사결정 과정에 평등하게 참여해야 한다는 인식이 싹트기 시작했다. 이러한 인식은 여성운동권과 정당을 비롯한 제도권에서 여성의 정치참여 및 이를 위한 제도적 장치 등에 관심을 갖게 했다. 명목뿐이긴 하나 13대 대선에서 민정당의 노태우 후보가 여성의 공직진출 확대 등을 공약으로 내걸었고, 14대 대선에서는 각 당의 후보들이 모두 여성의 정치참여 확대를 공약으로 내걸게 된다. 그 중 김대중 후보는 '여성할당제의 도입과 공직선거 및 공공기관에 여성의 참여기회 확대' 등을 공약으로 제시하여 할당제를 구체적으로 명시했다.

이후 1995년의 지방선거에서 민자당은 광역의회 비례대표직의 70% 여성할당을 공약으로 내걸고 실제로 57%의 여성 후보를 공천했다. 민주당은 당헌당규에 대의원 20% 여성할당, 부총재 1인, 인사위원회에 여성 포함, 공직선거 20% 이상 할당 등을 제시하고 비례대표직에 여성 후보 50% 할당을 공약했으나 실제로는 30%를 할당했다. 15대 총선에서도 국무위원과 비례대표직에 대한 할당이 공약으로 제시되었으며, 16대 총선을 앞두고 여야는 합의를 통해 정당법 제31조에 국회 및 광역의회 비례대표 여성 공천 할당 30%를 명시했다.

이러한 변화는 이미 정치권에서 여성의 참여를 매우 중요한 의제로 인식했다는 징표로 볼 수 있다. 시민사회 역시 정부에 대한 저항이라는 큰 담론으로 규정지어졌던 권위주의 시대의 시민운동에서 다양한 담론을 논의하는 새로운 시민운동으로 변화했으며, 여성운동 역시 참여의 정치라는 틀 속에서 여성의 정치참여를 새로운 눈으로 바라보게 되었다. 즉 정치적 조건의 변화와 시민사회의 변화가 서로 맞물려 여성의 정치참여와 이를 위한 제도적 조건인 할당제 논의가 급속도로 확산되었다고 할 수 있다.

국내적 요인과 함께 할당제 추진에 동인이 되었던 변수로 국제적 요인을 들 수 있다. 서구 선진국을 중심으로 이미 1960년대부터 여성의 정치적 대표성에 대한 관심이 고조되면서 1970년대와 1980년대에는 여성정치할당제가 북유럽과 독일 등의 국가에 도입되기 시작했다. 유엔에서도 여성의 정치적 대표성을 주요 의제로 상정하여 1995년 베이징 세계여성대회에서는 20개 의제 중 하나로 여성의 대표성 증진을 설정하고, 성 주류화(gender-mainstreaming)에 도달하기 위한 주요 과제로 여성의 정치적 대표성 확대를 제안하여 각국에 여성의 정치적 대표성을 증진시킬 것을 요구했다.

1995년 베이징 세계여성대회는 한국에도 매우 중요한 영향을 미쳐 그 후 국내 여성운동은 베이징 행동강령이 정한 의제들을 중요한 과제로 삼고 활동했다. 베이징 세계여성대회는 정치영역에서 여성이 남성과 동등한 지위를 가지는 것을 가로막는 요소로 여성을 정치에서 배제시키는 제도적 · 문화적 메커니즘을 지적하며 여성의 참여 확대를 위해서는 이 메커니즘의 개선이 중요하다는 점을 강조했다. 따라서 모든 의사결정 과정에 남녀의 평등한 참여를 상정하여 젠더 균형을 위해 개별국가 및 국제기구의 정부와 공공 행정직에 특별한 여성 채용목표를 정하고 시행할 것을 권고하는 내용이 20개 의제 중 하나로 채택되었다(조현옥 2004). 이러한 베이징 세계여성대회의 젠더 균형에 대한 주장과 의제 채택은 여성의 동등한 참여를 주장하는 국내 여성단체들의 주장과 활동에 정당성을 실어주는 중요한 역할을 하게 된다.

이는 후발 민주국가에서 할당제를 도입하는 과정으로, 시민사회에서 전개되던 여성할당제가 국제사회로부터 그 정당성을 얻게 되고 또 초국가적 사회의 여성운동과 연합하여 각 국가의 정부에 할당제 도입의 압력을 가하게 된다(문경희 2007, 282). 즉 새롭게 출발하는 민주정부는 여성할당제를 평등하고 민주적인 근대적 이미지를 창출하는 데 주요한 도구로 활용하게 되어 할당제 도입에 적극적인 태도를 보인다는 것이다. 전지구적 차원에서 민주적 가치와 규범으로 인정받고 있는 할당제를 도입함으로써 정부는 국제사회에서 민주국가로서의 합법성을 인정받게 되고 국내적으로는 민주주의와 젠더 평등을 지지하는 세력의 지지를 얻게 되는 이중의 목적을 이룰 수 있게 되는 것이다.

한국의 경우 할당제 도입은 이 과정을 그대로 밟았다. 1997년에 출범한 국민의 정부는 여성문제 해결을 주요 의제의 하나로 삼으면서 민주정부의 정당성을 표방했고, 여성운동도 민주화 이전에 보였던 '참여 전반에 대한 저항'에서 '참여의 정치'로 노선을 전환해 여성의 정치참여를 주요 과제로 받아들이게 된다. 이를 통해 여성의 정치세력화와 이의 기반을 위한 할당제는 한국 사회에서 매우 급속하게 이루어졌다.

2) 여성정치할당제 제도화를 추동한 여성운동

민주화를 지향하는 국내의 정치사회적 조건과 여성의 정치적 대표성을 강조하는 국제적 여건이 맞물리면서 한국에서 여성정치할당제를 도입하고 정착시키는 데 가장 중요한 주체세력은 여성운동이었다. 1987년 민주화 이후 합법적인 시민운동을 기반으로 하는 시민사회가 형성되면서 여성운동은 여성의 권익향상이라는 본연의 주제를 의제화하기 시작했고, 제2참정권 운동이라 할 수 있는 여성의 정치적 대표성 또한 매우 중요한 의제로 부각되었다.

할당제에 대한 관심은 1994년 8월에 한국여성단체연합(여연), 한국여성단체협의회(여협), 한국여성유권자연맹, 대한 YWCA 등 54개 단체가 〈여성할당제 도입을 위한 여성연대〉를 구성하면서 본격화되었다. 물론 이 이전에도 여협이 1980년대부터 전국 여성대회에서 국회의원 선거와 지방선거에 여성의 의회진출을 보장해 주어야 한다는 건의를 한 바 있고, 여성 정치참여를 주요 과제로 하는 여성단체들이 설립되면서 제도적으로 여성의 참여를 보장하는 방법을 강구하기 위해 공청회, 청문회 등을 개최했다. 이들은 여성에게 10-20%를 할당하라는 내용의 할당제 도입을 촉구했다. 그러나 개별적이고 간헐적인 활동이어서 크게 구속력을 갖지는 못했다(김원홍 외 2001, 26).

여성할당제 도입을 위한 여성연대는 국회 여성특별위원회 초청간담회를 개최하여 여성의 정치참여 확대와 할당제 도입에 관한 방안을 통해 다양한 논의를 이끌어냈으며, 1995년 지방선거에서 여성 공천 20%, 광역의회 비례직 의원의 10% 후보 추천을 각 정당에 요구했다. 1996년의 15대 총선에서는 지역구 후보의 30%, 전국구의 50% 할당을 주장했다(한국여성유권자연맹 2000, 337). 이들은 여성할당제의 도입을 위해 국회 등에 청원, 토론회 등의 활동을 벌였으며, 2000년 총선을 앞둔 정치개혁특위에서 여성할당제가 전격적으로 수용되어 입법화되었다. 1998년 지방선거를 앞두고 한국여성유권자연맹, 한국여성정치문화연구소, 한국여성정치연구소, 한국여성정치연맹 등 여성정치 관련 단체들이 연대해 결성한 〈여성정치 네트워크〉 역시 정치관계법에 여성 대표성 확보를 위한 공청회를 개최하고 정당에 공천할당제를 도입하도록 압박하는 활동을 했다(김원홍 외 2001, 28).

이처럼 대부분 선거를 앞두고 할당제 도입을 위한 여성들의 활동이 적극화되었으나 정작 개혁적인 정치관계법이 제정된 2000년 총선을 앞두고 여성들의 활동은 활성화되지 못했다. 그 이유는 2000년 16대 총선에서 시민단체들의 연대체인 〈총선연대〉가 낙천낙선운동에 집중하면서 큰 돌풍을 일으킴으로써 당선운동인 여성 참여 확대운동은 선거공간에서 비중이 줄어들 수밖에 없었고, 부분적으로 낙선운동과 갈등적인 측면이 드러나기도 했다. 진보성향의 여성운동 단체들도 이 총선연대에 합류하여 주축을 이루면서 여성참여 확대운동은 활성화되지 못했으나, 그 당시 창립되었던 여성정치세력민주연대(여세연)와 기존의 정치 관련 여성단체였던 한국여성유권자연맹 등 단체들은 여전히 여성 참여 확대운동을 전개했다.

2002년 지방선거를 앞두고는 한국여성정치연맹, 한국여성유권자연맹, 여성정치세력민주연대 등 정치 관련 세 단체들의 연대체인 〈여성정치연대〉가 결성되어 각 당의 정치개혁특위 위원장들과 "정치관계법에서 여성 관련 법규들이 어떻게 개정되어야 할 것인가"를 주제로 토론회를 열어 비례대표에 여성 50% 할당 규정과 지역공천에 30% 할당 규정을 논의한 후 원칙적인 합의를 이끌어냈으며, 이러한 내용을 골자로 하는 청원서를 제출했다. 그러한 활동의 결과 정치관계법에 비례대표직에 할당제를 도입하고 50% 교호순번제로 시행하도록 강제 규정화하여 최소

여성할당 법제화를 제안하는 토론회(여세연, 2000)

한 비례대표직을 통한 여성 참여는 공고하게 했다. 그리고 선출직 할당제 30% 권고규정의 이행을 촉진하기 위한 보완장치로 선출직 30% 여성공천을 달성한 정당에 대해 국가보조금을 지급하도록 하는 여성 후보추천보조금 관련 조항도 명시하도록 했다. 이 외에도 정치관계법 개정안 청원서 내용에는 비례대표 의석 확대, 비례대표 및 지역구 여성할당 의무화 등의 안을 담고 있었으며,[2] 이 안을 국회의 정개특위에 제출하고 위원장을 면담했다(여성정치세력민주연대 2010, 54).

여성단체들의 선거대비 활동은 2004년 총선을 앞두고 보다 본격화되었다. 2004년 총선을 앞두고 2003년 결성된 〈17대 총선을 위한 여성연대(총선여성연대)〉는 321개 여성단체의 연대체로 전국의 여성단체를 대부분 묶는 거대한 연대조직이었다. 총선여성연대는 주요 활동을 2004년 총선에서 여성 참여 확대를 위한 제도개선 사업에 두고 정치관계법 개정안 제출부터 준비했다. 개정안 내용은 ① 비례대표 의석을 최소한 선출직과 1 : 2의 비율로 확대, ② 국회의원 비례대표 50%, 지역구 30% 여성 공천 할당 의무조항(남녀순번, 교호순번제 채택), ③ 이를 지키지 않은 정당에 대해서 국고보조금 삭감 등의 제재조치, ④ 비례대표 50% 여성 공천 할당을 이행하지 못한 정당은 선관위에 접수 불허, ⑤ 각 당 공천심사위원회에 30% 여성할당 등의 내용을 골자로 하고 있다(여성정치세력민주연대 2010, 55-56). 총선여성연대는 이 개정안을 2003년 11월 19일 국회정치개혁특별위원회에 제출하고 개정안에 관한 설명회와 위원장 면담을 했다. 앞서 11월 12일에는 정치관계법 개정안 공개토론회를 개최했으며, 정치관계법 개정안 입법화를 위해 국회의원에게 공개서한을 보내고 찬성한 의원을 공개 발표했다. 위의 총선여성연대의 안은 각 당 지도부와 당시 정치관계법 개정을 논의하던 국회 내의 정치개혁특별위원회, 시민사회 인사들이 포함된 〈범정치개혁협의회(범개협)〉에도 제출되어 이후 여성 참여 관련 제도개선 활동의 주요 근간이 되었다. 또 공개적인 활동뿐만 아니라 각 당 대표부와의 협상, 시위 등을 통해 할당제의 제도보완 작업뿐 아니라 당시 46석이던 비례대표 의석을 감소시키려는 선거구 획정위원회의 결정에 반발하여 시위와 각 당 지도부 면담 등을 통해 오히려 비례의석을 56석으로 10석 증가시키도록 하여 여성 의원 확대에 큰 기여를 했다.

2006년 지방선거를 앞두고도 8개 단체가 당시 국회에 설치되어 있던 정치개혁협의회에 의견서를 제출했다. 의견서에는 비례대표직의 확대(선출직과 비례직의 비율을 2 : 1까지), 선출직 30% 할당 강제조항화, 여성추천 보조금의 보완 등을 내용으로 담고 있었다. 또 정당공천제가 실시되지 않아 전혀 제도적 보완을 할 수 없던 기초의회의 경우 남녀동반선출제 실시를 요구하여 지방의회 선거제도를 근본적으로 변화시켜 주민대표로서의 기초의회, 남녀가 균등하게 참여하는 기초의회를 지향하고자 했다.

이러한 활동과 함께 각 당의 지도부를 면담하여 정당이 위의 요구안을 실행하도록 주장하는 한편 각 당이 당헌 · 당규를 통해 강제력을 갖춘 여성할당을 자발적으로 시행할 것을 요구했다. 그러나 민주노동당을 제외한 각 당은 당내 여성 공천에 대한 강제규정을 당헌·당규에 명시하지 못했다. 민주노동당의 경우 당헌에 여성할당을 명시하고 2006년 선거에서 이를 실천하기 위해 각 지역별로 20% 이상의 여성 후보를 추천하지 않으면 전체 후보 추천 자체를 중앙당에서 받지 않는다는 규정을 마련하여 여성할당을 실천했다. 그리고 2010년 지방선거를 앞두고 지역구 30% 여성할당을 당헌·당규를 통해 강제화하고 이를 실행하는 모습을 보였다.

공직선거법 개정과정에서 새롭게 기초의회에도 정당공천 및 비례대표제가 도입되었는데, 여성들의 적극적인 요구에도 불구하고 새로 도입된 기초의회 비례대표에 대해서 50% 여성할당 및 홀수순번 부여 관련 조항이 포함되기는 하였으나 강행 규정화되지 못했다. 결국 이러한 문제를 해결하기 위해 다시 공직선거법 개정을 추진했고, 2010년 지방선거부터 개정된 조항이 적용될 수 있었다.

당시 2005년에 구성되었던 정치개혁특별협의회에는 여성단체뿐만 아니라 참여연대, YMCA의 대표가 참여하여 정치관계법 개정에 대한 논의를 했다. 가장 논란이 되었던 기초의회의 정당공천을 놓고는 시민단체들 간에 이견이 있었으나 여성단체들은 기본적으로 정당공천제와 비례대표제 도입에 대해 찬성했다. 그리고 비례대표직을 20%까지 확보하는 의견을 제시했으나 이는 달성하지 못했다.

2008년 18대 총선을 앞두고 여성계를 비롯한 시민사회는 이전에 비해 그다지 활발한 모습을 보이지 못했다. 가장 큰 이유는 2007년 12월 대선을 치른지 얼마 안 되어 여성계가 총선에 적극 참여할 수 있는 동력을 잃은 상태였기 때문이다. 또한 비례대표 의석의 50% 할당 등 일정 부분 제도적 기반이 마련되어 있던 상황도 여성운동이 적극화되지 못한 이유로 꼽힌다.

그러나 여성 정치참여 확대를 위한 여성단체들의 활동이 전혀 없었던 것은 아니다. 당시 여성정치세력민주연대는 1월 31일 단독으로 18대 총선 여성 정치참여 확대를 위한 여성 관련 선거제도 개선 논의에 관한 의견서를 제출하여 ① 비례대표 의석 수 확대, ② 선출직 30% 할당규정의 강제화, ③ 여성 추천 보조금 제도의 개선을 촉구했다. 정치관계법 특별위원회가 구성되어 활동을 시작하면서 여성단체들도 활동을 시작하여 의견서를 제출했다(2008. 2. 15). 의견서의 핵심 내용은 선거구획정위원회에 의해 비례대표 의석이 축소되는 것에 대한 반대였다. 2월 18일에는 여성정치세력민주연대와 21세기여성포럼 공동주최로 '17대 여성 의원 의정활동 평가토론회'를 개최하여 여성 지역구 공천확대를 위한 여성단체들의 활동이 필요하다는 점을 집중적으로 논의했다. 토론회 후 발표된 성명서에서 다루어진 내용은 비례대표 축소 반대, 선출직 공천 확대 등 제도개선에 관한 내용들이었다. 여성정치세력민주연대는 이러한 연대활동에서 실무를 맡아 중심적으로 활동했다. 기자회견은 2월 21일 국회본청에서 가졌으며 여성정치세력민주연대, 의회를사랑하는사람들, 한국여성단체연합, 한국여성유권자연맹, 한국여성정치연구소, 21세기여성포럼이 참여했고 내용은 위의 의견서를 확인하는 것이었다.

2010년 지방선거를 앞두고 다시 관련 여성단체들이 모여 〈2010지방선거 남녀동수범여성연대(남녀동수연대)〉를 결성했다. 한국여성단체협의회, 한국여성단체연합 등 보수와 진보를 아우르는 연대체로 적극적으로 '남녀동수 실현'를 주장하면서 이를 실현하기 위한 활동을 벌였다. 각종 토론회와 정개특위 위원장 면담, 제안서 및 성명서 전달 등의 제도개선 압박활동을 전개하고 국회정치개혁특별위원회에 여성 의원들이 충원될 수 있도록 했다.[3] 할당제 확립을 위한 남녀동수연대의 활동은 각 당의 여성위원회, 여성 관련 기구들의 활동과도 연계하여 공직선거법에 지방의회의원 지역구 여성의무공천제를 명시하는 성과를 얻어냈다.

국회의사당 앞에서 지방선거 여성할당제를 요구하는 집회 모습

이처럼 한국에서 할당제를 도입하는 데 가장 커다란 역할을 한 주체로 여성단체들을 꼽을 수 있다. 여성단체들의 할당제 도입을 위한 활동을 정리해 보면 다음과 같다. 첫째, 할당제 도입운동은 한국 사회에서 민주화가 진행되고 특히 지방자치제가 재개된 1990년 이후에 시작되었다.

표 1_ 할당제 도입을 위한 여성단체들의 활동 추이

시기	중심단체	주요 활동
1990년대 이전	한국여성단체협의회 등	여성할당제 건의
1994년	할당제 도입을 위한 여성연대(54개 여성단체 참여)	• 국회여성특별위원회 초청간담회 • 1995년 지방선거에 여성 공천 20%, 광역의원 비례대표 10% 도입 및 여성 50% 공천 촉구 • 15대, 16대 총선에서 비례대표직 여성 30% 할당 촉구
1998년	여성정치네트워크(여성유권자연맹, 여성정치문화연구소 등)	• 정치관계법에 여성 대표성 확보를 위한 공청회 개최 및 정당에 공천할당제 도입 촉구
2000년	한국여성유권자연맹, 여성정치세력민주연대	• 여성 후보 추천운동 • 정치관계법 개정 건의
2002년	여성정치연대(여성정치세력민주연대, 한국여성유권자연맹, 한국여성정치연맹)	• 각 당 정치개혁특위위원장과 토론회 개최 및 원칙합의 도출 • 비례직 50%, 지역선출직 30% 할당 등 정치관계법안 국회정개특위에 제출 및 위원장 면담
2004년	총선여성연대(여성단체연합, 여성단체협의회 등 전국 321개 여성단체 연대체)	• 정치관계법 개정안 범개협에 제출 • 비례대표 의석 감소에 대한 반대활동 및 증가운동
2006년	여성단체연합, 여성단체협의회 등 8개 단체	• 정치개혁협의회에 의견서 제출 • 기초의회에 남녀동반선출제 요구 등
2010년	남녀동수연대(여성단체연합, 여성단체협의회, 여성정치세력민주연대 등 400여 개 단체 참여)	• 지방선거에서의 남녀동수 제도화 작업 • 제도개선토론회 및 정개특위위원장 면담 • 제안서 작성 및 성명서 전달

둘째, 여성단체들의 활동은 국회의원 선거, 지방선거를 앞두고 전개되었으며, 특히 정치권과의 연계 속에서 진행되었다. 셋째, 여성단체들의 할당제 도입을 위한 활동은 개별활동이기보다는 연대활동을 통해서 이루

어졌다. 또 여성단체들의 연대는 정치적 지향을 넘어 보수와 진보가 함께 모이는 연대체였다. 그 이유는 여성 참여가 척박한 한국의 현실에서 할당제 도입은 여성단체의 정치적 성향을 넘어 동의할 수 있는 의제였고, 정치관계법을 개정해야 하는 작업은 개별단체가 수행하기에는 역부족이어서 역량을 모으기 위한 방편이었다. 또한 여성단체들의 활동은 정당과 의회 내 여성들과의 연계를 통해서 효율적으로 진행되었다. 이미 할당제 등을 통해 정당과 의회 내에 진입해 있던 여성 의원들과의 연계 속에서 할당제 도입과 보완을 위한 여성운동은 매 선거 전 정치관계법 개정작업에서 여성 관련 사안들을 제안하고 통과되도록 역할을 할 수 있었다.

2. 여성정치할당제의 법제도화

한국에서 여성정치할당제는 정당 내에서 자발적으로 실시하는 방식보다는 법으로 제도화하여 강제적으로 실행하는 법적 할당제를 채택하고 있다. 그 이유는 정당정치가 안정화되지 않은 상황에서 각 정당이 자발적으로 실시하도록 할 경우 강제력이 약하여 그 영향력이 강하지 않으며, 장기적이고 안정적으로 성과를 기대하기 어렵기 때문이다. 주로 여성 참여 확대운동의 역사가 긴 북유럽이나 서유럽이 정당할당제를 채택하고 있으며, 할당제의 빠른 효과를 보려는 국가에서는 강제적으로 시행할 수 있는 할당제의 법제도화를 선호한다. 한국의 경우도 후자인 구속력이 강한 법률로 여성할당제를 규정하고 있는 셈이다.

한국의 할당제는 전체 의석 수에 대한 할당이 아닌 후보할당제를 도입하고 있다. 즉 각 당이 최종 후보를 선정할 때 총 후보 중에 여성이 일정 비율을 차지하도록 규정하는 방식으로, 이 제도는 주로 비례대표제를 도입한 국가에서 채택하고 있다. 한국의 경우 비례직에 대한 할당제와 지역선출직에 대한 할당제를 병행하고 있으나 지역할당의 경우 기본적으로 강제규정이 아닌 권고사항으로 되어 있어서 주로 비례직을 중심으로 실시되었다. 최근 도입된 지방의회 선출직 여성의무공천제는 선출직에 대한 강제조항이라는 점에서 그 의의가 강조되고 있다. 이 밖에 2004년 17대 총선을 앞두고 여성 특별의석 할당제의 일종인 여성전용선거구제가 논의되기는 했으나 위헌 등의 이유와 여성단체의 반대로 채택되지는 않았다.

현재 정치관계법에 규정된 할당제 관련 규정은 공직선거법에 비례대표 50% 할당과 지역선출직 30% 할당 권고 조항이 있고, 기초 및 광역을 포함한 지방의회 선거에서 비례대표 여성할당 관련 수리불허 및 등록무효 조항이 있으며, 지역선출직 할당제의 실행력을 높이기 위한 여성 추천 보조금 조항이 정치자금법에 규정되어 있다. 그 외에 할당제와 직접 관련되어 있지는 않지만 여성 참여 확대를 위한 기본조항으로 정당에 대한 국가보조금 중 10%를 여성 정치 발전비로 활용하도록 정치자금법에 규정하고 있다.

할당제 입법과정을 연도별로 자세히 살펴보면 다음과 같다. 2000년 총선을 앞두고 개정된 정치관계법에서 가장 주목할 점은 비례직에 여성을 30% 할당하도록 최초로 규정했다는 점이다. 물론 이 조항은 강제조항도 아니고 교호순번제가 적용되지 않아 당선 가능 번호 내에 여성 후보를 배치하지 않은 정당이 다수여서 결과적으로 비례직에서도 여성 후보의 당선율이 30%에 미치지 못했다. 실제로 16대 총선 비례대표 공천

표 2_ 정치관계법에 규정된 할당제 관련 법조항

▶ 비례대표 50% 할당 및 지역선출직 30% 할당 권고 조항

■ 비례대표 선거의 경우 50/100, 지역구 선거의 경우 30/100을 여성으로 추천 ■ 비례대표 선거의 경우 매 홀수에 여성 추천 ■ (부분적) 지방의회의원 지역선출직 할당 강제 조항 신설	'공직선거법' 第47조 (정당의 후보자 추천) ③ 정당이 비례대표 국회의원 선거 및 비례대표 지방의회의원 선거에 후보자를 추천하는 때에는 그 후보자 중 100분의 50 이상을 여성으로 추천하되, 그 후보자 명부의 순위의 매 홀수에는 여성을 추천하여야 한다. (개정 2005.8.4) ④ 정당이 임기만료에 따른 지역구 국회의원 선거 및 지역구 지방의회의원 선거에 후보자를 추천하는 때에는 각각 전국 지역구 총수의 100분의 30 이상을 여성으로 추천하도록 노력하여야 한다. (신설 2005.8.4) ⑤ 정당이 임기만료에 따른 지역구 지방의회의원 선거에 후보자를 추천하는 때에는 지역구 시·도의원 선거 또는 지역구 자치구·시·군의원 선거 중 어느 하나의 선거에 국회의원 지역구(군지역을 제외하며, 자치구의 일부 지역이 다른 자치구 또는 군지역과 합하여 하나의 국회의원 지역구로 된 경우에는 그 자치구의 일부 지역도 제외한다)마다 1명 이상을 여성으로 추천하여야 한다. (신설 2010.1.25, 2010.3.12)

▶ 여성할당 관련 수리불허 및 등록무효 조항

■ 기초+광역을 포함한 지방의회의원 선거로 대상 확대	'공직선거법' 第49조(후보자 등록 등) ⑧ 관할 선거구 선거관리위원회는 후보자 등록 신청이 있는 때에는 즉시 이를 수리하여야 하되, 등록신청서·정당의 추천서와 본인승낙서·선거권자의 추천장·기탁금 및 제4항 제2호 내지 제5호의 규정에 의한 서류를 갖추지 아니하거나 제47조 제3항의 규정에 따른 여성 후보자 추천의 비율과 순위(비례대표 지방의회의원 선거에 한한다)를 위반한 등록 신청은 이를 수리할 수 없다. 다만, 후보자의 피선거권에 관한 증명서류가 첨부되지 아니한 경우에는 이를 수리하되, 당해 선거구 선거관리위원회가 그 사항을 조사하여야 하며, 그 조사를 의뢰받은 기관 또는 단체는 지체없이 그 사실을 확인하여 당해 선거구 선거관리위원회에 회보하여야 한다. (개정 2006.10.4)

■ 광역에서 기초+광역을 포함한 지방의회의원 선거로 해당 선거가 바뀜 ■ 여성 지역선출직 할당 강제 조항을 지키지 않은 경우 등록무효 조항 신설 (단 후보자의 50% 이상을 추천할 경우에 한함)	第52조 (등록무효) ① 후보자 등록 후에 다음 각 호의 어느 하나에 해당하는 사유가 있는 때에는 그 후보자의 등록은 무효로 한다. (개정 2006.10.4) 2. 제47조(정당의 후보자 추천) 제1항 본문의 규정에 위반하여 선거구별로 선거할 정수범위를 넘어 추천하거나, 비례대표 지방의회의원 선거에 있어 같은 조 제3항의 규정에 의한 여성 후보자 추천의 비율과 순위를 위반하거나, 제48조(선거권자의 후보자 추천) 제2항의 규정에 의한 추천인 수에 미달한 것이 발견된 때 ② 제47조 제5항을 위반하여 등록된 것이 발견된 때에는 그 정당이 추천한 해당 국회의원 지역구의 지역구 시·도의원 후보자 및 지역구 자치구·시·군의원 후보자의 등록은 모두 무효로 한다. 다만, 제47조 제5항에 따라 여성 후보자를 추천하여야 하는 지역에서 해당 정당이 추천한 지역구 시·도의원 후보자의 수와 지역구 자치구·시·군의원 후보자의 수를 합한 수가 그 지역구시·도의원 정수와 지역구 자치구·시·군의원 정수를 합한 수의 100분의 50에 해당하는 수(1 미만의 단수는 1로 본다)에 미달하는 경우와 그 여성 후보자의 등록이 무효로 된 경우에는 그러하지 아니하다. (신설 2010.3.12, 종전 제2항은 제3항으로 이동, 2010.3.12)

▶ 여성추천보조금 조항

■ 여성추천보조금 해당 선거 전체로 확대	**'정치자금법'** 第26조 (공직후보자 여성추천보조금) ① 국가는 임기만료에 의한 지역구 국회의원 선거, 지역구 시·도의회의원 선거 및 지역구 자치구·시·군의회의원 선거에서 여성 후보자를 추천하는 정당에 지급하기 위한 보조금(이하 "여성추천보조금"이라 한다)으로 최근 실시한 임기만료에 의한 국회의원 선거의 선거권자 총수에 100원을 곱한 금액을 임기만료에 의한 국회의원 선거, 시·도의회의원 선거 또는 자치구·시·군의회의원 선거가 있는 연도의 예산에 계상하여야 한다. (개정 2006.4.28) ② 여성추천보조금은 제1항의 규정에 의한 선거에서 여성 후보자를 추천한 정당에 대하여 다음 각 호의 기준에 따라 배분·지급한다. 이 경우 지역구 시·도

	의회의원 선거와 지역구 자치구·시·군의회의원 선거에서의 여성추천보조금은 제1항의 규정에 의하여 당해연도의 예산에 계상된 여성추천보조금의 100분의 50을 각 선거의 여성추천보조금 총액으로 한다. (개정 2006.4.28) 1. 여성 후보자를 전국 지역구 총수의 100분의 30이상 추천한 정당이 있는 경우 여성추천보조금 총액의 100분의 50은 지급 당시 정당별 국회의석 수의 비율에 따라, 그 잔여분은 최근 실시한 임기만료에 의한 국회의원 선거에서의 득표 수의 비율(비례대표 전국선거구 및 지역구에서 당해 정당이 득표한 득표 수 비율의 평균을 말한다. 이하 "국회의원 선거의 득표 수 비율"이라 한다) 에 따라 배분·지급한다. 2. 여성 후보자를 전국 지역구 총수의 100분의 30이상 추천한 정당이 없는 경우 가. 여성 후보자를 전국 지역구 총수의 100분의 15 이상 100분의 30 미만을 추천한 정당–여성추천보조금 총액의 100분의 50을 제1호의 기준에 따라 배분·지급한다. 나. 여성 후보자를 전국 지역구 총수의 100분의 5 이상 100분의 15 미만을 추천한 정당–여성추천보조금 총액의 100분의 30을 제1호의 기준에 따라 배분·지급한다. 이 경우 하나의 정당에 배분되는 여성추천보조금은 가목에 의하여 각 정당에 배분되는 여성추천보조금 중 최소액을 초과할 수 없다. ③ 여성추천보조금은 임기만료에 의한 지역구 국회의원 선거, 지역구시·도의회의원 선거 또는 지역구 자치구·시·군의회의원 선거의 후보자 등록 마감일 후 2일 이내에 정당에 지급한다. (개정 2006.4.28)
■ 여성추천보조금의 용도 제한	'정치자금법' 제29조 (보조금의 감액) 중앙선거관리위원회는 다음 각 호의 규정에 따라 당해 금액을 회수하고, 회수가 어려운 때에는 그 이후 당해 정당에 지급할 보조금에서 감액하여 지급할 수 있다. (개정 2006.4.28) 4. 제28조 제3항의 규정에 의한 여성추천보조금의 용도 외의 용도로 사용한 경우에는 용도를 위반한 보조금의 2배에 상당하는 금액의 2배에 상당하는 금액

에서 한나라당은 전체 비례대표 45명 중 24.4%인 11명의 여성 후보를 공천했고 자민련은 19.3%, 민국당은 10%의 여성 후보만을 공천했으며, 민주당만이 32.6%의 여성 후보를 비례대표직에 공천했다. 또 당선권 안에 여성을 제대로 배치하지 않아 전체적으로 당선율은 23.9%에 그쳤다. 당시 여성단체들은 각 당을 상대로 정당법 위반을 이유로 공천효력 정지 가처분신청을 서울지법 남부지원에 내기도 했다.

표 3_ 2000년 총선에 적용된 여성할당제 법규

'정당법'
제31조 (공직선거 후보자의 추천) ④ 정당은 비례대표 전국 선거구 국회의원 선거 후보자와 비례대표 선거구 시·도의회의원 선거 후보자 중 100분의 30 이상을 여성으로 추천하여야 한다. (신설 2000.2.16)

2000년 여성정치할당제의 도입은 실행과정에서 다양한 문제를 드러냈고 그 효과 또한 획기적이지는 않았지만 한국 정치에 여성의 대표성을 위한 제도를 처음 도입했다는 점에서 매우 중요한 의미를 지닌다. 그리고 이 조항을 바탕으로 각급 선거 이전 할당제에 대한 보완작업이 이루어졌다.

첫 번째 제도 보완은 2002년 지방선거 전에 실시된 정치관계법 개정에서 이루어졌다. 여성계의 의견이 반영되어 비례대표직 할당의 비율을 50%로 높이고 교호순번제를 채택하여 비례대표직에서 결과적으로 50% 이상의 비율에 도달하도록 보완했다. 그러나 지역선출직 할당제는 여전히 권고사항으로 머물러 있었다. 다만 지역선출직의 할당제를 보완하기 위해 지역선출직에 30%를 여성에게 할당한 정당에 대해서는 추천보조금을 추가 지급하는 법안을 신설했다. 그러나 추천보조금 관련한 정치자

표 4_ 2002년 지방선거에 적용된 여성할당제 법규

'정당법'

제31조 (공직선거 후보자의 추천)

⑤ 정당은 비례대표선거구 시·도의회의원 선거 후보자 중 100분의 50 이상을 여성으로 추천하되, 비례대표선거구 시·도의회의원 선거 후보자 명부 순위에 따라 2인마다 여성 1인이 포함되도록 하여야 한다. (신설 2002.3.7)

⑥ 정당은 임기만료에 의한 지역구시·도의회의원 선거 후보자 중 100분의 30 이상을 여성으로 추천하도록 노력하여야 하며, 이를 준수한 정당에 대하여는 정치자금에 관한 법률 제17조의 규정에 의하여 지급하는 보조금 외에 같은 법 제17조의 2의 규정에 의하여 지급하는 보조금을 추가로 지급할 수 있다. (신설 2002.3.7)

'공직선거및선거부정방지법'

제47조 (정당의 후보자 추천)

③ 정당이 비례대표 시·도의원 선거에 후보자를 추천하는 때에는 정당법 제31조 제5항의 규정에 따라 여성 후보자를 추천하여야 한다. (신설 2002.3.7)

제49조 (후보자 등록 등)

⑧ 관할선거구선거관리위원회는 후보자 등록신청이 있는 때에는 즉시 이를 수리하여야 하되, 등록신청서·정당의 추천서와 본인승낙서·선거권자의 추천장·기탁금 및 제4항제2호 내지 제5호의 규정에 의한 서류를 갖추지 아니하거나 제47조 제3항의 규정을 위반한 등록신청은 이를 수리할 수 없다. 다만, 후보자의 피선거권에 관한 증명서류가 첨부되지 아니하거나 공직자윤리법 제10조의 규정에 의하여 등록재산을 공개한 후보자의 등록대상재산공개확인 서류가 제출되지 아니하는 경우에는 이를 수리하되, 당해 선거구선거관리위원회가 그 사항을 조사하여야 하며, 그 조사를 의뢰받은 기관 또는 단체는 지체없이 그 사실을 확인하여 당해 선거구선거관리위원회에 회보하여야 한다. (개정 2002.3.7)

제52조 (등록무효)

① 후보자 등록 후에 다음 각 호의 1에 해당하는 사유가 있는 때에는 그 후보자의 등록은 무효로 한다. (개정 2002.3.7)

2. 제47조(정당의 후보자 추천) 제1항의 규정에 위반하여 선거구별로 선거할 정수 범위를 넘어 추천하거나, 같은 조 제3항의 규정에 의한 여성 후보자 추천의 비율과 순위를 위반하거나

금법 제17조 2는 2003년 1월 1일부터 시행하도록 하여 2002년 지방선거에는 적용되지 못했다.

2004년 총선을 앞두고 시작된 여성의 정치참여 확대운동은 전국적이고 대규모적이었으나 이미 제정된 여성할당제의 비례대표직 50% 의

무조항, 지역선출직 30% 권고조항을 뛰어넘기에는 역부족이었다. 2004년 총선 전의 정치관련법 개정에서 가장 큰 성과는 비례대표직 비율의 확대였다. 여성할당제는 비례대표직과 연동되어 있어 비례직의 비율이 낮으면 성과가 제대로 나오지 않는 측면이 있다. 당시 국회의원 정수는 274명, 비례직은 46석으로 16.7%에 불과했는데, 여성운동을 중심으로 민주노동당을 비롯한 소수정당, 시민단체, 범개협이 한 목소리로 적정한 선출직과 비례대표직의 비율을 2 : 1로 제시하고 선출직을 줄이고 비례대표직의 비율을 높이는 데 활동의 초점을 모았다. 그러나 부정적인 여론으로 인해 국회의원 정수 확대에 관한 논의가 쉽지 않은 상황에서 정치권은 각 당의 정략에 따라 선거구를 조정함으로써 지역구를 기존보다 14석 증가시키고 비례대표 의석을 14석 줄이는 방안에 합의를 보기에 이르렀다. 하지만 여성운동의 끈질긴 반대와 각 당 지도부에 대한 설득, 시민운동의 강력한 반대에 부딪힌 정치권은 결국 국회의원 정수를 274석에서 299석으로 증가시키고 지역구와 비례대표 의석을 모두 증가하는 방법으로 합의를 도출했다. 이에 비례직은 56석에 전체 의원직의 18.7%로 증가했다. 이 외에 여성 후보추천보조금을 현실화했고 국고보조금 중 10%를 여성정치발전기금으로 명시하도록 했다.[4]

2004년 이후 여성할당제의 제도화는 비례대표직 50% 의무할당, 지역구 30% 권고할당에 머물러 있다. 2006년 지방선거를 앞두고 개정된 정치관계법에서 할당제 자체에 대한 개정은 없었다. 그러나 그동안 무소속으로 출마하게 되어 있어 할당제도의 범주에 들어오지 못했고, 따라서 2-3%대의 여성 의원 비율을 보이고 있던 기초의회에 정당공천제가 도입되면서 기초의회에도 비례대표 여성할당이 적용되었다. 기초의원 후보의 정당공천에 대해서는 시민사회 내에서도 찬반 논의가 있었으나 기

표 5_ 2004년 총선에 적용된 여성 관련 법규

'정치자금에관한법률'
제17조의 2 (공직 후보자 여성추천보조금)
① 국가는 정당법 제31조(공직선거 후보자의 추천) 제6항의 규정에 의한 보조금으로 최근 실시한 국회의원 총선거의 선거권자 총수에 100원을 곱한 금액을 임기만료에 의한 국회의원 선거 또는 시·도의회의원 선거가 있는 연도 예산에 계상하여야 한다. (개정 2004.3.12)
② 임기만료에 의한 지역구 국회의원 선거 및 지역구 시·도의회의원 선거의 전국지역구총수의 100분의 30 이상을 여성으로 추천한 정당에 대하여 제1항의 규정에 의한 공직 후보자 여성추천보조금 총액의 100분의 50은 지급 당시 정당별 국회 의석 수의 비율에 따라, 그 잔여분은 최근 실시한 임기만료에 의한 국회의원 선거에서의 득표수의 비율(비례대표 전국 선거구 및 지역구에서 당해 정당이 득표한 득표 수 비율의 평균을 말한다. 이하 "국회의원 선거의 득표 수 비율"이라 한다)에 따라 배분·지급한다. (개정 2004.3.12)
③ 제1항 및 제2항의 규정에 의한 보조금은 임기만료에 의한 지역구 국회의원 선거 또는 지역구 시·도의회의원 선거의 선거일 후 1월 이내에 지급한다. (개정 2004.3.12)

'정치자금에관한법률'
제19조 (보조금의 용도 제한 등)
② 제18조의 규정에 의하여 보조금을 지급받은 정당은 지급받은 제17조 제1항의 규정에 의한 보조금 총액의 100분의 50은 중앙당[정당법 제3조(구성)에 의한 중앙당을 말한다]에, 100분의 30은 정책연구소[정당법 제29조의 3(정책연구소의 설치 및 지원)에 의한 정책연구소를 말한다]에, 100분의 10은 시·도당[정당법 제3조(구성)에 의한 시·도당을 말한다]에 배분·지급하여야 하며, 100분의 10은 여성 정치발전을 위하여 사용하여야 한다. (개정 2004.3.12)

초의회 역시 정치적 활동이며, 특히 여성의 정치참여 확대라는 측면에서 정당공천제가 확립되었다. 정당공천제와 함께 비례대표 의석이 10% 확보되면서 기초의회에도 할당제가 적용될 수 있었다.

그러나 민주노동당을 제외한 각 정당은 당내 여성 공천에 대한 강제 규정을 당헌·당규에 명시하지 못했다. 또한 2006년 지방선거에서는 공직선거법 개정과정에서 비례대표 여성 공천과 관련해서 50% 여성할당 및 홀수순번 부여를 광역의회에만 법에 적용하도록 한 문제가 있었다. 실제 선거결과 기초의회 비례대표 1번에 남성을 공천한 경우가 50여 건

발생했다. 2006년 지방선거 이후에야 공직선거법 제49조(후보자 등록 등) 및 제52조(등록무효) 조항에 "비례대표 지방의회의원 선거에 있어 여성 후보자 추천의 비율과 순위를 위반하여 등록 신청할 경우 수리할 수 없으며 등록을 무효로 한다"는 조항을 개정하였다.

표 6_ 2006년 지방선거에 적용된 여성할당제 법규

'공직선거법'

제47조 (정당의 후보자 추천)

③ 정당이 비례대표 국회의원 선거 및 비례대표 지방의회의원 선거에 후보자를 추천하는 때에는 그 후보자 중 100분의 50 이상을 여성으로 추천하되, 그 후보자 명부의 순위의 매 홀수에는 여성을 추천하여야 한다. (개정 2005.8.4)

④ 정당이 임기만료에 따른 지역구 국회의원 선거 및 지역구 지방의회의원 선거에 후보자를 추천하는 때에는 각각 전국 지역구 총수의 100분의 30 이상을 여성으로 추천하도록 노력하여야 한다. (신설 2005.8.4)

2008년 총선 당시 여성 정치참여 확대운동은 다소 위축되었다고 볼 수 있다. 할당제의 제도개선과 관련해서도 비례대표 중심의 할당제를 넘어서 지역선출직의 할당제에 대한 강제규정이 논의는 되었으나 받아들여지지 못했고, 오히려 국회는 지역구 조정과정에서 비례대표 의석 수를 2석 축소시켰다.

2008년 이후 여성 정치참여 운동의 이슈는 지역선출직의 할당을 어떻게 할 것인가와 여성 후보의 질을 어떻게 담보할 것인가로 모아지고 있다. 2010년 지방선거를 앞두고 할당제뿐만 아니라 발상을 바꾸어 지방의회부터라도 남녀동수로 구성하게 하자는 남녀동수안이 다시 논의되었고 지방의원직을 모두 비례대표로 개편하자는 제안도 나왔다. 여성들은 〈남녀동수연대〉를 구성하여 운동을 전개하였으나 우여곡절 끝에 결정된 안은 지역에서 국회의원 지역구마다 1명 이상의 여성 후보를 선출

직에 추천해야 한다는 내용이었다.

이는 지역선출직에 대해 처음으로 강제규정을 두었다는 점에서 의미가 있지만 국회 법제사법위원회 논의과정에서 헌법상 과잉금지의 원칙 의견이 다시 제기되어 적용범위를 축소하는 단서가 포함되었다. 2010년 지방선거를 앞두고 개정된 안은 〈표 7〉과 같다.

표 7_ 2010년 지방선거에서 개정된 여성할당제 법규

'공직선거법' 제47조 (정당의 후보자 추천) ⑤ 정당이 임기만료에 따른 지역구 지방의회의원 선거에 후보자를 추천하는 때에는 지역구 시·도의원 선거 또는 지역구 자치구·시·군의원 선거 중 어느 하나의 선거에 국회의원 지역구(군지역을 제외하며, 자치구의 일부 지역이 다른 자치구 또는 군지역과 합하여 하나의 국회의원 지역구로 된 경우에는 그 자치구의 일부 지역도 제외한다)마다 1명 이상을 여성으로 추천하여야 한다.
'공직선거법' 제52조 (등록무효) ② 제47조 제5항을 위반하여 등록된 것이 발견된 때에는 그 정당이 추천한 해당 국회의원 지역구의 지역구 시·도의원 후보자 및 지역구 자치구·시·군의원 후보자의 등록은 모두 무효로 한다. 다만, 제47조 제5항에 따라 여성 후보자를 추천하여야 하는 지역에서 해당 정당이 추천한 지역구 시·도의원 후보자의 수와 지역구 자치구·시·군의원 후보자의 수를 합한 수가 그 지역구 시·도의원 정수와 지역구 자치구·시·군의원 정수를 합한 수의 100분의 50에 해당하는 수(1 미만의 단수는 1로 본다)에 미달하는 경우와 그 여성 후보자의 등록이 무효로 된 경우에는 그러하지 아니하다.

지금까지 2000년부터 10년에 걸쳐 각 선거 시기별로 보완되어 온 할당제의 제·개정 과정을 살펴보았다. 2000년부터 2008년까지 할당제는 주로 비례대표직에 한정되어 있었으나 비례대표 의석 자체에 대한 논의나 확대운동은 부족하여 그 효과가 증대되지는 못했다. 즉 비례대표 의석이 국회 20%, 지방의회 10%에 머무는 선에서 50% 할당은 명목상의 할당이라는 지적을 할 수 있다. 따라서 비례직에 대한 할당은 비례대표

의석 수의 확대와 함께 병행되어야 함을 알 수 있다. 지역선출직에 대한 할당은 그간 추천보조금제 등을 시행하여 효과를 높이고자 했다. 한국 정치에서 할당제는 매우 급속하게 이루어졌으나 비례대표 50% 할당이라는 규정에서 제대로 앞으로 나아가지 못하고 있다. 특히 비례대표 중심으로 이루어지는 할당제의 효과는 선거제도와 밀접하게 연계되어 있기 때문에 선거제도 전반의 개선 없는 할당제만의 논의는 한계가 있다. 여성 50% 할당이라는 명목은 거창하지만 비례대표직이 전체 의석의 20%에도 미치지 못하는 현실에서 50% 할당은 허울뿐이라 할 수 있다. 따라서 할당제의 논의는 선거제도의 논의와 병행해서 진행되어야 한다.

3. 여성정치할당제의 성과

한국에서 여성정치할당제는 10년이라는 짧은 역사를 가지고 있다. 그러나 할당제는 법제도화되어 비교적 빠르게 적용되었고 단기간에 성과를 보였다. 우선 할당제 실시의 가장 직접적인 성과는 의회에서 여성의 정치적 대표성이 획기적으로 증가했다는 점이다. 국회에서 여성 의원의 비율은 15대까지 3%를 벗어나지 못했던 것에 비해 할당제를 실시한 16대부터 증가하기 시작하여 제도의 보완과 함께 증가세를 보이고 있다.

1) 각급 의회의 여성 의원 비율 증가

우선 국회의원 중 여성 의원 비율을 보면 15대에서 3.0%였던 여성 의원 비율은 비례대표직에 30% 여성할당제가 처음 적용되었던 2000년 선거에서 5.9%로 증가한다. 물론 30% 할당이 교호순번제가 아니었고 비례대표직의 비율이 낮았기 때문에 30%라는 명목에 비해 획기적으로 증가하지는 않았지만 이전에 비해 배에 가까운 증가를 보였고, 증가폭의 대부분이 비례대표직에 의존한 것을 보면 할당제의 적용 때문이라고 해석할 수 있다.

표 8_ 여성 국회의원 후보, 당선자 수 및 비율

선거년도	1948	1950	1954	1958	1960	1963	1967	1971	1973
대수	1대	2대	3대	4대	5대	6대	7대	8대	9대
총 의원 수	200	210	203	233	233	175	175	204	146
여성 의원 수	**1**	**2**	**1**	**3**	**1**	**2**	**3**	**5**	**12**
비율(%)	**0.5**	**1**	**0.5**	**1.3**	**0.4**	**1.1**	**1.7**	**2.5**	**8.2**
선거년도	1978	1981	1985	1988	1992	1996	2000	2004	2008
대수	10대	11대	12대	13대	14대	15대	16대	17대	18대
총 의원 수	154	276	276	299	299	299	273	299	299
여성 의원 수	**1**	**9**	**8**	**6**	**3**	**9(7)**	**16(11)**	**39(29)**	**41(27)**
비율(%)	**0.6**	**3.3**	**2.9**	**2.0**	**1.0**	**3.0**	**5.9**	**13.0**	**13.7**

* 여성 의원 수 중 ( )는 비례대표 수

여성 의원 수는 2004년 17대 총선에서 획기적으로 증가하여 13%에 도달했다. 이는 2004년 총선을 앞두고 정치관계법이 개정되어 할당제가 비례직의 50%에 교호순번제로 확정되었으며, 비례직 또한 이전의 46석에서 56석으로 증가했기 때문이다. 당선된 여성 의원 39명 중 74%에 해당되는 29명이 비례대표직 출신이며 10명은 지역구 출신이었다. 이는 제도화된 할당제가 영향을 미쳤음을 보여주며, 동시에 권고로 그친 지역

여성 후보 공천 30% 할당제와 이를 현실화하기 위한 추천보조금제도 또한 별 효력을 발생하지 못했다는 점을 보여준다.

그림 1_ 여성 국회의원 수의 추이

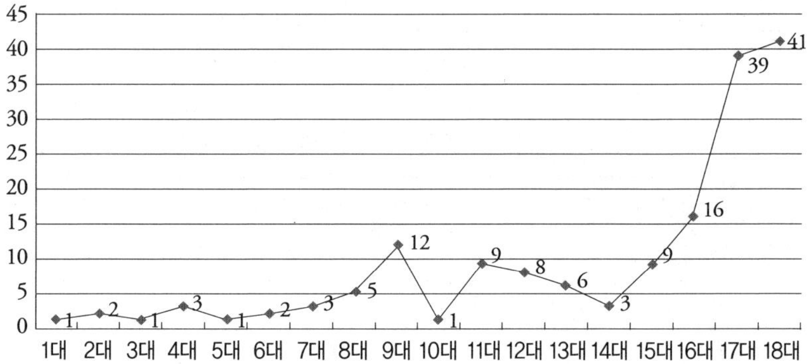

비례대표 의석의 동결과 지역선출직의 할당이 계속 권고사항으로 남아 있어 할당제의 보완이 이루어지지 못했던 2008년 총선에서 여성 의원 비율은 크게 증가하지 못했다. 결국 할당제의 보완이 이루어지지 않는 한 여성 의원 비율은 이에 머물 것이라는 예상을 가능케 한다. 할당제 도입에 따라 여성 의원들의 수가 변화하는 양상은 여성 의원 수의 추이를 보여주는 그래프를 통해서 더욱 쉽게 볼 수 있다(〈그림 1〉 참조).

할당제 효과는 비례대표직의 증가에서 눈에 띄게 나타나고 있으나 지역선출직에도 역시 영향을 미치고 있다. 특히 비례대표직을 통해 정치에 입문한 여성들이 1회 비례직을 역임한 후 지역선출직으로 출마하는 경우가 있어 결국 장기적으로는 비례직 할당이 지역선출직 확대에도 영향을 미칠 수 있다.

지방의회에서 할당제 도입의 성과 역시 국회에서와 유사하다. 지방

표 9_ 지방선거 여성 후보, 당선자 수 및 비율

구분			여성 후보자 수 (총 후보자 수)	여성 후보 비율	여성 당선자 수 (총 당선자 수)	여성 비율
1991	계		**186명 (13,044명)**	**1.4%**	**48명 (5,161명)**	**0.9%**
	광역의회의원		63명 (2,885명)	2.1%	8명 (858명)	0.9%
	기초의회의원		123명 (10,159명)	1.2%	40명 (4,303명)	0.9%
1995	계		**252명 (10,168명)**	**1.81%**	**128명 (5,756명)**	**2.2%**
	광역자치단체장		2명 (56명)	3.5%	0명 (15명)	0%
	기초자치단체장		4명 (943명)	4.2%	1명 (230명)	0.4%
	광역의회	지역구	40명 (2,449명)	1.63%	13명 (875명)	1.48%
		비례대표	79명 (178명)	44.38%	42명 (95명)	44.21%
	광역의회 합계		119명 (2,627명)	4.53%	55명 (970명)	5.6%
	기초의회의원		206명 (11,970명)	1.72%	72명 (4,541명)	1.58%
1998	계		**185명 (10,168명)**	**1.81%**	**97명 (4,450명)**	**2.17%**
	광역자치단체장		0명 (40명)	0%	0명 (40명)	0%
	기초자치단체장		8명 (677명)	1.18%	0명 (230명)	0%
	광역의회	지역구	37명 (1,571명)	2.35%	14명 (602명)	2.3%
		비례대표	54명 (180명)	3%	27명 (47명)	57.4%
	광역의회 합계		91명 (1,751명)	5.2%	41명 (649명)	5.9%
	기초의회의원		140명 (7,754명)	1.80%	56명 (3,490명)	1.60%
2002	계		**394 (10,870) 명**	**3.62%**	**142 (4,439) 명**	**3.19%**
	광역자치단체장		0 (40) 명	0%	0명	0%
	기초자치단체장		8 (750) 명	1%	2 (232) 명	0.86%
	광역의회	지역구	48 (1,531) 명	3.2%	14 (609) 명	2.29%
		비례대표	116 (209) 명	55.5%	49 (73) 명	67.1%
	광역의회 합계		164 (1,740) 명	9.4%	63 (682) 명	9.2%
	기초의회의원		222 (7,450) 명	2.9%	77 (2,485) 명	2.2%

	계		**1,411(12,213)명**	**11.6%**	**529(3,867)명**	**13.7%**
2006	광역자치단체장		4(66)명	6.1%	0(16)명	0%
	기초자치단체장		23(848)	2.7%	3(230)	1.3%
	광역의회	지역구	107(2,068)	5.2%	32(655)	4.9%
		비례대표	136(211)	64.5%	57(78)	73.1%
	광역의회 합계		243(2,279)	10.7%	89(733)	12.1%
	기초의회	지역구	391(7,995)	4.9%	110(2,513)	4.4%
		비례대표	750(1,025)	73.2%	327(375)	87.2%
	기초의회 합계		1,141(9,020)	12.6%	437(2,888)	15.1%
2010	계		**1,655(9,912)**	**16.7%**	**747(3,991)**	**18.7%**
	광역자치단체장		3(55)	5.5%	0(16)	0.0%
	기초자치단체장		26(749)	3.5%	6(228)	2.6%
	광역의회	지역구	154(1,764)	8.7%	55(680)	8.1%
		비례대표	179(266)	67.3%	58(81)	71.6%
	광역의회 합계		333(2,030)	16.4%	113(761)	14.8%
	기초의회	지역구	552(5,823)	9.5%	274(2,512)	10.9%
		비례대표	729(912)	79.9%	352(376)	93.6%
	기초의회 합계		1,281(6,735)	18.9%	626(2,888)	21.6%
	교육감		5(74)	6.8%	1(16)	6.3%
	교육의원		7(269)	16.7%	1(82)	1.2%

의회에서 할당제가 처음 적용된 시기는 2002년 지방선거로 비례대표직 50% 할당이 교호순번제까지 보완되어 적용되었으나 그 효과가 가시적이지는 않았다. 2002년 할당제 실시 이후 적어도 비례대표직은 여성 의석이라는 인식이 형성되었고, 2002년 선거에서 광역의회 비례대표직의 70%를 여성들이 차지하여 광역의회에서의 여성 비율을 높이는 작은 성

과는 보여주고 있다. 그러나 정당공천제가 적용되지 않았던 기초의회는 제도적 보완이 어려워 2%에 그쳤다.

그림 2_ 연도별 지방의원 여성 비율 추이

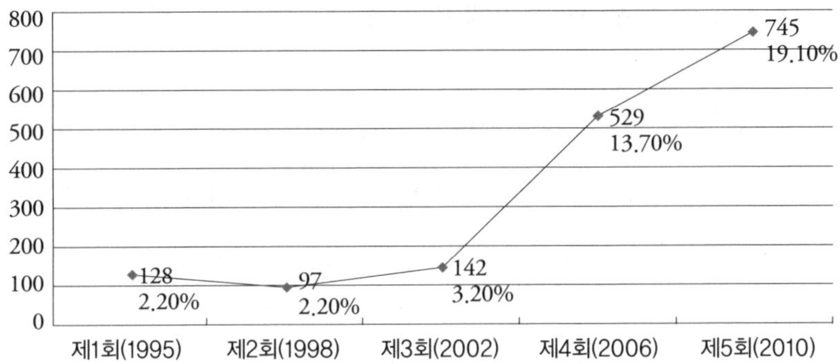

지방의회에서 할당제가 효력을 발생한 것은 2006년 선거이다. 2006년 선거를 앞두고 기초의회에 정당공천제가 도입되고 비례대표 의석 또한 10%가 배정되었다. 즉 기초의회에도 여성할당제를 도입할 수 있는 법적 근거가 마련된 셈이다. 이에 힘입어 2006년 기초의회에서 여성 비율은 14%로 증가하여 이전의 2%에 비하면 7배의 증가를 보였으며, 전체적으로도 14%의 참여율을 보였다. 또한 2010년 지방선거에 부분적인 지역구 여성의무공천제가 도입되면서 여성 참여 비율이 19%대로 늘었고, 특히 기초의회의 경우 처음으로 여성 비율 20%대를 넘어설 수 있었다.

결과적으로 국회는 물론 지방의회에서도 할당제를 통한 '제도의 개선'이 여성 정치참여 확대에 가장 유효한 수단임을 확인해 주고 있다. 그러나 그 한계도 명확하다. 지역선출직과 비례직의 비율이 국회 82 : 18,

지방의회 90 : 10의 불균형한 상황에서 비례대표직 중심의 여성할당은 여전히 제도개선을 통한 여성 참여 확대의 현실적인 장벽을 허물지 못하고 있다.

2) 국회 내 여성 관련 의제 및 여성관련법 제·개정의 증가

의회에 여성 의원이 증가하면서 우선적으로 기대할 수 있는 변화는 그동안 여성 부재로 인해 제도권 내에서 도외시되었던 여성 관련 의제들이 국회나 지방의회에서 다루어지게 되고 정책으로 구현될 수 있을 것이라는 점이다.

가장 좋은 예로 2005년의 호주제 폐지를 들 수 있다. 1970년대부터 지속적으로 여성운동계에서 추진해 왔던 호주제 폐지를 골자로 하는 가족법 개정은 몇 차례 개정을 거치기는 했으나 의회 내에서 원활하게 논의가 진행되지 못했다. 그 후 호주제 폐지는 2002년 대선과 2004년 총선에서 공약사항으로 제시되었고, 2004년 국회에 여성 의원이 증가하면서 마침내 2005년에 폐지되기에 이르렀다. 호주제 폐지와 관련해서는 여야 여성 의원들의 협조가 돋보였고, 여성부와 법무부의 연계도 잘 이루어졌다. 따라서 호주제 폐지는 시민사회의 여성운동과 최고정책결정자의 의지도 큰 역할을 했지만, 실제로 법을 결정하는 국회에 여성 의원들이 포진했던 것이 가장 중요한 영향을 미친 것으로 해석할 수 있다.

여성 의원 비율이 증가했던 17대 국회를 살펴보면 실로 적지 않은 변화양상이 나타났다. 성평등 관련 법안의 제·개정이 늘어나고 본회의 및 각 상임위원회 모두 성평등 관련 질의도 상대적으로 증가했다. 직전인 16대 국회에서는 총 45건의 법률 제·개정과 2건의 결의안이 통과되었으나(국회여성위원회 2004, 9-12) 17대 국회에서는 법률의 제정과 개정이 모두 104건, 결의안 2건, 동의안 1건, 건의안 1건으로 총 108건이 의결되어 2배 이상의 증가를 보였고(국회여성가족위원회 2008, 921), 성인지적 시각이나 여성정책 의제의 다양화 차원에서 법안 발의가 이어졌다는 점도 주목된다(여성정치세력민주연대 2007). 물론 이러한 여성 관련 의제 통과수치는 17대 국회의 전반적인 의원 입법발의 증가로 인한 영향도 있고 성평등 정책의 확대에 관한 정부의 태도로 인한 영향도 적지 않겠지만, 17대 국회에서 늘어난 여성 의원들의 활발한 의정활동을 통해 여성 관련 의제가 증가했다는 점 자체는 인정하지 않을 수 없다.

그 내용을 살펴보면 앞서 언급한 호주제 폐지 민법개정 외에도 여성 인권향상을 위한 가정폭력방지법 및 성폭력방지법, 성매매방지법 개정과 일본군 위안부피해자지원법 개정, 결혼이주 여성들과 그 가족을 보호하고 통합하고자 하는 다문화가족법의 제정, 돌봄노동의 사회화를 위한 학교급식법의 전면개정과 영유아보육법 등 보육관련법의 정비, 근로기준법과 남녀고용평등법 개정을 통한 태아검진시간 허용 및 배우자 출산휴가 명시 그리고 육아휴직 요건의 확대 등 모성보호 및 가정과 직장의 양립지원 확대, 성인지 예산제도를 도입한 국가재정법 제정, 성별 분리 통계를 명시한 통계법 개정, 성인지 교육 실시에 관한 여성발전기본법 개정 등 성인지 정책 추진기반 마련을 위한 제도가 17대 국회에서 정비될 수 있었다.

다만, 여성 의제와 소속정당의 입장이 엇갈렸던 여성가족부의 조직개편과 관련된 사안이나 성별 이해가 엇갈렸던 제대군인 가산점 부활에 관한 사안에서 여성 국회의원들이 보여주었던 태도에 대해 문제제기(오유석·김은희 2008a, 27-33)가 있었고, 변화된 정치지형 하에서 여성 국회의원 숫자가 17대와 비슷한 수준으로 유지하고 있는 18대 국회에서 여성 관련 의제가 어느 정도 다루어지고 있는가 하는 점도 이후 지속적으로 분석되어야 할 과제이다.

그 외에도 국회나 지방의회에 여성들이 진입함으로써 얻을 수 있는 효과는 여성의 대표성 증진뿐만 아니라 정치권의 권위주의 탈피 등 정치문화의 변화를 꼽을 수 있다. 여성 정치인들의 진입은 정치는 남성이 하는 일이라는 일반적인 이미지를 바꾸었으며, 대중들의 여성 정치인에 대한 긍정적인 이미지를 유도하고 정치권에서 여성 리더들을 배출하기도 하였다. 민주당의 한명숙 총리, 한나라당의 박근혜 당대표 등이 최고의 정치대표로서 대중 앞에 나섰으며, 이로 인해 여성 정치인의 위상 또한 높아질 수 있었다. 또한 부분적으로는 의회운영 전반의 남성적인 권위주의를 허무는 데도 일조했다는 평이다.

5. 여전히 남아 있는 문제들

한국에서 할당제가 실시된 지 10년이 되었고 그 성과 또한 기간에 비해 획기적이라 할 수 있다. 제도적 보완 없는 선거를 통해서는 3%를 벗어나지 못하던 여성 의원 비율이 세계 평균인 14%를 상회하게 되었으며, 그 결과 한국 정치에서 여성 정치인은 이제 낯설지 않은 존재가 되었다. 여성 당대표, 여성 국무총리 등을 배출함으로써 여성의 정치적 지도력을 내보일 수 있는 기회를 가졌으며, 이는 여성 정치인을 바라보는 시민들의 인식에도 변화를 가져왔고 따라서 교육적인 효과도 컸다.

그러나 이러한 성과에도 불구하고 여성정치할당제 안에서 논의할 수 있는 문제점 또한 적지 않다. 첫째, 할당제로 인해 여성의 정치참여 비율이 증가하기는 했으나 여전히 너무 낮은 상태이다. 국회의 경우 현재의 제도를 통해 여성들이 참여할 수 있는 비율은 15%에 불과하고, 이는 결정과정에 있어서 영향을 미칠 수 있는 임계점인 30%의 절반에도 미치지 못한다. 따라서 보다 결과적 평등에 다가 갈 수 있도록 할당제를 보완해야 하는 과제가 남아 있다. 특히 30%를 여성에게 할당하도록 규정하고 있는 지역선출직은 강제규정이 아니어서 그 실행이 제대로 이루어지지 못하고 사문화되고 있는 실정이다. 따라서 할당제 규정은 정당법과 선거관련법과 제도 등을 총체적으로 고려하여 세부적인 절차규정을 정하지 않으면 그 실효성을 얻기 어렵다. 비례직과 지역선출직의 비율에서 지역선출직이 다수를 차지하고 정당 내의 역학관계에서도 우위를 차지하는 현실에서 지역선출직에 어떻게 여성들을 진출시킬 수 있는가는 앞으로 할당제 보완에 있어서 중요한 과제가 될 것이다.

둘째, 할당제를 통해 양적인 증가는 어느 정도 이루었으나 질적 확대는 여전히 숙제로 남아 있다. 특히 비례대표직의 경우 그 본래의 의미인 전문성, 소수자 대표 등의 이유보다는 정당의 불투명한 선택에 의해 명단이 정해지는 경우가 많아 과연 여성 후보가 여성을 대표하는가라는 회의를 낳고 있다. 보다 투명한 공천과정이 전제되지 않는 한 후보의 자질 문제와 함께 정당의 발전 또한 보장할 수 없다. 따라서 공천과정을 투명하게 하여 후보의 질적 개선을 보장할 수 있는 제도적 보완이 따라야 한다.

셋째, 할당제의 기반이 될 수 있는 선거제도의 개선작업이 시급하다. 여성정치할당제는 선거제도의 개선과 맞물리지 못하면 형식에 그치게 될 가능성이 많다. 예를 들어 비례대표직의 50%는 명목상으로는 큰 비율이지만 전체 의석 중 비례대표직의 비율이 어느 정도인가에 따라 결과는 크게 변화한다. 현재 국회에서 20%, 지방의회에서 10%를 차지하고 있는 비례대표 의석으로는 할당비율을 높인다 해도 성과를 크게 기대할 수 없다. 또 지역선출직을 현재와 같은 소선거구제를 채택하는 한 지역선출직에 할당제를 강제규정으로 도입하는 것도 쉬운 일이 아니다. 따라서 할당제 규정은 적절한 선거제도의 개선과 병행되어야 한다.

넷째, 다른 민주적 공천과정과 할당제를 어떻게 병행해 나가야 할지에 대한 논거를 만드는 작업이 실행되어야 한다. 지금까지 할당제는 여성의 참여가 저조하다는 사회적 합의 속에서 별다른 거부감 없이 진행되었으나 여성 참여가 15%에 달하는 현실에서는 점차 역풍현상이 일어나고 있다. 또 민주적 절차라 할 수 있는 상향식 공천의 추세 속에서 자금과 조직력이 부족한 여성들은 불리한 상황에 있다. 여성정치할당제에 대한 보다 선명한 논리와 담론이 확산되지 못하면 결국 여성 참여는 남성들의 '배려' 차원에서 행해진 할당을 통해 15% 정도에 머물고 말 우려가 있다.

참고문헌

김원홍 외. 2001. 『해방 후 한국 여성의 정치참여 현황과 향후과제』. 한국여성개발원.

남윤인순. 2004. "여성의 정치참여운동의 현황과 과제." 『기억과 전망』(여름).

문경희. 2007. "여성과 정치 그리고 할당제-국제적 동향과 쟁점." 『페미니즘 연구』 7월 1호(봄).

여성정치세력민주연대. 2007. 『17대국회 성평등 국회로 가고 있나』. 토론회 자료집.

여성정치세력민주연대. 2010. 『여성 정치참여 운동 10년』. 여성정치세력민주연대 10주년 백서.

오유석 · 김은희. 2008a. "17대 여성 국회의원 의정활동 성과와 과제-여세연 의정 모니터 결과를 중심으로." 『17대 여성 의원 무엇을 잘했고 무엇을 못했나』. 17대국회 여성 의원 의정활동평가토론회 자료집.

오유석 · 김은희. 2008b. "여성의 정치참여와 정당의 역할-각 당의 당헌 · 당규 분석을 통해 본 젠더지수." 여성의 정치참여 확대를 위한 토론회 자료집. 민주당 전국여성위원회.

윤혜린. 2006. "지구 시민사회 맥락에서 본 여성주의 시민의 정체성." 『여성학논집』 23집 1호. 이화여자대학교 한국여성연구소.

조현옥. 2004. "권력 및 의사결정 과정에서의 여성." 『한국의 여성정책 10년 돌아보며 내다보며』. Beijing+10 기념 여성정책 평가 심포지엄 자료집.

조현옥 외. 2005. 『한국의 여성정치세력화 운동』. 서울 : 사회와 연대.

조현옥 · 김은희. 2010. "한국 여성정치할당제 제도화 과정 10년의 역사적 고찰." 『동향과 전망』 79(여름).

총선여성연대. 2004. 『17대 총선을 위한 여성연대 활동보고 자료집』.

한국여성유권자연맹. 2000. 『여성유권자운동과 정치발전』.

중앙선거관리위원회 선거정보시스템. http://www.nec.go.kr/sinfo/index.html

Dahlerup, Drude. ed. 2006. *Women, quotas and Politics*. New York : Routledge.

Krook, Mona Lena. 2009. *Quotas for Women in Politics : Gender and Candidate Selection Reform Worldwide*. Oxford : Oxford Univ. Press.

UN. 2008. *Millennium Development Goals : Gender Equality and Women's Empowerment Progress Chart 2008*.

http://www.idea.int

http://www.ipu.org/iss−e/women.htm

http://www.quotaproject.org/index.cfm

주

1 이 글은 조현옥 · 김은희, “한국 여성 정치할당제 제도화 과정 10년의 역사적 고찰”, 『동향과 전망』 79, 2010년 여름호의 내용 일부를 수정 · 보완한 것임.

2 개정안은 ① 비례대표 의석을 최소한 선출직과 1 : 2의 비율로 확대, ② 국회의원 비례대표 50%, 지역구 30% 여성공천할당의무 조항(남녀순번, 교호순번제 채택), ③ 이를 지키지 않은 정당에 대해서 국고보조금 삭감 등의 제재조치, ④ 비례대표 50% 여성공천 할당을 이행하지 못한 정당은 선관위에 접수불허, ⑤ 각 당 공천심사위원회에 30% 여성할당의 내용을 골자로 하고 있다.

3 2009년 정개특위 구성시 여성 의원이 한 명도 없었으나 후에 한나라당 이은재 의원, 민주당 박선숙 의원 등이 여성대표로 충원되어 활동했다.

4 이 여성 정치발전비로 인해 당시 열린우리당에는 열린우리여성리더십센터(현재 민주여성리더십센터), 한나라당에는 여성파워네트워크 등 여성 정치인들을 위한 기구들이 따로 마련되어 활동할 수 있었다.

라틴아메리카와 멕시코

할당제 정착과정의 상이한 효과[1]

강경희

이 글은 지난 15년간 세계적으로 많은 국가들에서 시행된 여성정치할당제가 각국 의회의 여성 참여에 어떠한 영향을 미쳤는지 이해하기 위해 라틴아메리카 지역의 사례를 살펴보고자 한다. 라틴아메리카는 1995년 베이징 선언이 발표된 후 여성정치할당제 도입에 가장 적극적으로 참여한 지역이었다. 1990년대에 라틴아메리카 지역에서는 11개 국가가 의회에서 여성의 대표성 증진을 위한 목적으로 여성정치할당제를 도입했다. 할당제를 채택하지 않은 국가들도 이와 유사한 형태의 다양한 정책들을 입법화했다(Araújo · García 2006, 95). 라틴아메리카에 여성할당제를 채택한 국가들이 밀집해 있다는 점과 이 지역에서 여성할당제의 정치적 결과가 비교적 긍정적이라는 점에서 여성할당제를 연구하는 데에 유용한 사례를 제공하고 있다.

쿠바와 니카라과는 여성할당제가 존재하지 않음에도 의회에서 높은 여성 대표성을 유지하고 있고, 멕시코와 브라질은 할당제 적용 직후 의회에서 여성 비율이 일시적으로 퇴보하는 양상을 보이면서 할당제의 정치적 효과에 의문을 갖도록 하는 현상들이 속출했다. 이러한 다양한 정치적 결과는 여성할당제 도입 자체가 여성의 정치적 대표성을 증대시키는 필요조건에 불과할 뿐 충분조건은 아니라는 점을 시사한다. 다시 말하면 정치문화, 정치체제, 정당구조, 선거제도, 선거원칙 등 여성할당제가 작동하는 여러 가지 특수한 맥락들이 함께 고려되어야만 여성할당제의 효과성이 명확히 이해될 수 있다(Ojeda 2006, 43).

이와 관련해 멕시코의 선거제도와 네 번에 걸친 여성할당제 개정과정은 매우 흥미로운 함의를 갖는다. 멕시코는 브라질과 마찬가지로 할당제 도입 직후 의회 내 여성 비율이 일시적으로 하락했다. 그러나 자국의 선거환경에 적합한 선거법 개정을 수차례 거듭한 끝에 2009년 현재 하원 28.2%, 상원 18%의 여성 비율에 이르러 세계 27위를 기록했고, 라틴아메리카에서는 쿠바, 아르헨티나, 코스타리카, 에콰도르에 이어 5위를 차지했다(Inter-Parliamentary Union 2009b). 이 글은 라틴아메리카 지역의 사례를 통해 역내 국가들의 여성정치할당제 채택이 여성의 의회진출에 다양한 형태로 영향을 미친다는 점을 살펴볼 것이다. 또한 멕시코 사례를 통해서는 국제적 기준에 부합하는 여성할당제의 도입이 여성의 의회진출을 자동적으로 보장하는 것은 아니며, 도입된 여성할당제가 각국의 정치제도와 정치문화에 맞게 적절한 형태로 개정될 필요가 있음을 지적하고자 한다.

1. 라틴아메리카 국가들의 여성정치할당제 추진배경

라틴아메리카 국가들이 여성정치할당제를 본격적으로 추진하게 된

계기는 1995년 9월 베이징에서 개최된 제4차 세계여성대회의 선언과 행동강령에 대한 참여국들의 합의였다. 이 대회에서 참여국들은 2005년까지 정책결정직의 여성 참여 비율을 50% 수준으로 끌어올리고 남녀동수 민주주의를 성취할 것을 합의했다(Reyes 2008, 6). 참여국들은 국가수준뿐 아니라 각종 국제기구 및 지역기구의 정책결정 과정에서 여성과 남성의 동등한 참여를 보장할 수 있는 경제적 · 사회적 · 문화적 · 정치적 조건들을 확립할 것을 선언했다. 또한 참여국들은 어떠한 형태의 배제, 소외, 차별도 민주주의에 반하는 것이며, 특히 정책결정 과정에서 여성의 배제는 평등과 사회정의라는 기본가치를 손상시키는 것이므로 여성이 주요 정책결정 과정에 참여할 수 있고 성차별을 철폐할 수 있는 제반 환경을 조성할 것임을 선언했다(Ojeda 2006, 40).

제4차 세계여성대회 직후 많은 국가들이 베이징 선언의 비준과정에서 그 목적과 내용을 자국의 헌법이나 법률 등에 포함시켰다. 라틴아메리카 국가들도 1995년 이후 여성할당제를 입법화하는 법 개정작업에 합류했다. 라틴아메리카의 다수국가들이 1996-1997년에 여성할당제를 집중적으로 도입했다는 사실은 베이징 세계여성대회가 이 지역 여성할당제의 확립에 결정적 기여를 했다는 점을 입증하는 것이다. 1997년 이후에도 라틴아메리카의 여성할당제 개정과 재개정작업이 지속되는데, 이는 베이징 선언의 최종목표가 2005년까지 여성의 정책결정 과정에 대한 실질 참여율을 50%로 올리는 것이기 때문이었다(Peschard 2003, 175).

또한 라틴아메리카에서 여성할당제의 도입은 제4차 세계여성대회 개최 1년 전인 1994년 9월 25-29일에 유엔라틴아메리카경제위원회(ECLA) 주최 하에 아르헨티나의 마르델플라타에서 개최된 '제6차 라틴아메리카 · 카리브 지역 여성연합대회' (Conferencia Regional sobre la Integración de la

Mujer)에서도 많은 영향을 받았다. 이 대회는 라틴아메리카 각국 정부가 권력구조와 정책결정 과정에서 여성의 동등한 참여를 보장하기 위해 '적극적 조치' 정책을 취할 것을 권고했다(Reynoso · Natalia 2004, 3-4).

대부분의 라틴아메리카 국가들처럼 권위주의에서 민주주의 체제로 이행한 국가가 여성할당제를 도입하게 되는 또 다른 요인은 민주적 이행 이후 법적·형식적 민주주의의 완성을 통해 실질적 민주주의를 확립하려는 광범위한 사회적 요구와 관련된다. 신생 민간정권들은 선거경쟁과 다원적 이데올로기의 존중이라는 새로운 현실에 직면한다. 그리고 민주적 거버넌스와 실질적 민주주의의 확립은 이 정권들이 정치적 정당성을 획득하기 위한 필수조건이 된다(Ojeda 2006, 39). 여성할당제는 자유로운 선거경쟁, 문화·인종적 소수자들의 집단적 권리, 참여민주주의, 표현의 자유 등과 함께 법적·형식적 민주주의를 완성시키기 위해 필요한 비전통적 추가사항이다. 즉 현실의 민주주의는 표준화된 제도로 만들어지는 닫힌 공간이 아니라, 세계적 변화를 반영하며 새로운 내용을 계속 담아가는 열린 공간인 것이다(Aguilar 2009, 1).

민주화 과정에서 여성의 정치적 과소 대표성 문제는 정당의 비민주성과도 관련이 있지만, 입법부 의원직과 행정부 고위직에 진출하기 위한 기회의 불평등과도 밀접한 관련이 있다. 1980년대 민주적 이행과정에서 주요 참여자로 등장한 여성들은 여성이라는 다수자의 과소 대표성을 점진적으로 제거하고 여전히 소수자 영역인 정치에서 대표성을 확대하기 위한 전략들을 고안하기 시작했다. 이 과정에서 다양한 사회단체 활동에 참여했던 여성들은 선거의 효과성을 인식하고 선거감시단을 조직·주도하면서 점차 제도정치의 영역으로 활동분야를 확장했다(Peschard 2003, 175).

한편 행정부와 정당 및 정치단체들도 여성할당제를 주요 정치의제로 수용하고 있다. 통상적으로 여성들은 완전한 시민권을 보유하지 못한 이등시민 또는 과소 대표된 시민으로 인식되어 왔다. 따라서 여성들을 구성 중인 민주주의 체제에 남성과 동등하게 통합될 수 있게 하는 적극적 조치를 모색할 필요가 있었다. 민주주의 정치체제가 인구의 절반을 차지하는 여성을 배제하는 것 자체가 체제의 결함을 보여주는 것이기 때문에 정치적 정당성의 훼손을 막기 위해서라도 여성정치할당제는 수용되어야만 하는 것으로 보였다(Ojeda 2006, 40). 이러한 논리와 함께 여성할당제는 민주적 이행과 공고화, 인권과 시민권 확대, 남녀평등의 실현이라는 민주주의의 다양한 목표와 연결되는 고리로 인식되었다. 이에 따라 여성할당제는 여성단체와 사회단체들은 물론 민주적 정당과 정부의 비호를 받으며 라틴아메리카 대부분의 국가들로 확산되었다.

그러나 여성할당제의 정치적 결과는 여성의 사회화 정도와 불평등한 삶의 조건을 개선하기 위한 역량 정도에 따라 다양하게 나타난다. 비록 의회 의석에서 일정한 비율의 여성할당이 규정되었더라도 이 비율이 바로 실질적 유효 의석 비율이 되는 것은 아니기 때문이다. 다시 말하면 여성할당제의 정치적 효과는 법에 규정된 내용에 의존하기보다는 각 국가가 채택한 선거제도, 정치적 경험, 정치문화 등과 밀접한 상호 관련 속에 표출되는 것이다.

여성할당제가 여성 후보의 비율과 여성 의석 배분방식을 규정하고 있더라도 '상징적' 후보와 '유효' 후보 사이의 간극은 계속 발생한다. 이러한 간극은 여성 후보를 중대선거구 명부의 뒷부분이나 보결의석에 배치할 경우 더 커지는 경향이 있다. 정당의 승리 가능성이 희박하다고 인지되는 '안전한' 소선거구 명부에 여성 후보가 배치된 경우도 '유효'

여성 후보 비율은 감소될 것이다. 만일 확실하고 유효한 여성 후보 의석이 확보되려면 여성이 중대선거구제 후보 명부의 앞부분에 배치되거나 승리 가능성이 분명한 소선거구 후보 명부에 포함되는 것이 중요하다(Reynoso · D'Angelo 2004, 7).

페루, 에콰도르, 파나마, 브라질 등 개방형 후보 명부를 채택한 국가들은 유권자가 자신의 선호에 따라 투표에 참여하기 때문에 유권자의 여성 후보 선택 여부가 여성 후보의 당선 여부를 결정한다. 개방형 후보 명부의 경우, 유권자의 선택은 대체로 해당 국가의 지배적 정치문화를 재생산하는 경향이 있어 남성 후보가 선출될 확률이 높다. 이와는 달리 여성할당제를 채택한 나머지 국가들은 폐쇄형 후보 명부를 갖고 있는데, 이 경우 여성 후보의 선정 여부는 정당 간부의 후보자 결정이나 정당 내부의 경쟁에 의해 좌우된다. 폐쇄형 후보 명부의 경우, 여성 후보는 정당 간부들이 대체로 남성으로 구성된다는 관례와 유권자들이 여성의 정치활동에 대해 부정적인 견해를 갖는다는 점 때문에 기회의 평등을 보장받지 못하는 문제에 직면한다. 따라서 개방형이든 폐쇄형이든 후보 명부에서 여성 후보 할당을 위한 법조항이 분명히 명시되지 않는다면 여성할당제의 본래 목적은 희석될 수 있다.

선거구 크기도 여성정치할당제의 정치적 효과에 영향을 미칠 수 있는 주요 요소이다. 예컨대 선거구가 클수록 후보자 수가 더 많기 때문에 의회에서 여성 대표성이 확보될 가능성이 높다(Peschard 2003, 179). 여성의 의회진출은 소선거구 다수대표제보다는 중대선거구 비례대표제에서 더 호의적인 것으로 나타난다. 소선거구제는 소수득표자와 다수득표자의 표가 배분될 수 없고 최다득표자만 승리를 독식하는 방법을 취하기 때문에 소수자의 대표성 확보에 불리하게 작용한다. 또한 소선거구제는 승리한 정당과 그 정당의 의석이 다른 정당 구성원들에게는 배분될 수 없기 때문에 한 명의 여성이 승리 정당의 후보가 되는 경우에만 여성의 의회진출이 가능하다. 반면 중대선거구 비례대표제는 다수의석과 소수의석의 의석배분뿐 아니라 상이한 정당 구성원들 간 선거구 배분에도 유리하다. 따라서 중대선거구 비례대표제가 더 많은 비율의 여성을 의회에 진출시키는 경향이 있다(Reynoso · D'Angelo 2004, 9).

여성할당제의 정치적 효과를 극대화하기 위해서는 여성 후보의 강제배치를 의무화하고, 이를 불이행할 경우 엄격한 처벌을 가하며, 후보 명부 등록에 대한 선거당국의 요구사항을 거절할 때에도 처벌을 가하는 것과 같은 추가 조치들이 병행될 필요가 있다. 또한 여성할당제의 효율적 작동을 위해서는 여성들이 정당 지도부에 배치되어 정당의 후보 명부 작성과정에 직접 참여하는 것이다. 여성들이 정당의 내부 구조에서 중간 및 상위 간부직을 맡는다면 정책결정 과정이나 후보직에서 여성의 참여 공간이 더욱 확장될 것이다(Peschard 2003, 178-179).

요약하면 여성할당제는 폐쇄형 후보 명부, 여성 후보의 강제배치 명령, 중대선거구제, 정당의 엄격한 할당제 준수 등과 결합될 경우 더 긍정적인 효과를 기대할 수 있다. 예를 들어 폐쇄형 명부, 강제배치 명령, 할당제 준수가 강제적이고 엄격한 국가인 아르헨티나, 코스타리카, 멕시코 등에서는 한 정당이 선거구에서 3석 확보할 때마다 최소한 1석을 여성에게 배분할 것을 보장한다. 이와 같이 폐쇄형 후보 명부는 정당의 규모와 국가의 특정 법규에 따라 선출 가능한 여성 의원 비율을 25-50% 정도 확보할 수 있다. 그러나 개방형 후보 명부에서는 선출 가능한 여성 의원 배분 비율을 정할 수 없다. 여성할당제가 없는 국가들의 경우, 폐쇄형과 개방형 후보 명부에서 여성 공천 비율은 주로 이를 결정하는 정당 엘리트들이 유권자보다 더 여성 의원 선출에 호의적인가의 여부에 의존하게 된다. 만일 정당 엘리트들이 유권자보다 더 진보적 정치성향을 갖는다면 폐쇄형 후보 명부가 여성 의원을 더 많이 배출하는 경향이 나타나는 반면, 유권자들이 정당 엘리트들보다 더 진보적이면 그 반대의 결과가 발생할 수 있다(Jones 2008, 2-3).

2. 라틴아메리카 국가들의 여성정치할당제

모든 라틴아메리카 국가들의 헌법은 개인의 법적 평등을 규정하고 있다. 그 가운데 여성의 법적 평등을 구체적으로 명시한 국가는 콜롬비아, 에콰도르, 니카라과, 아르헨티나, 멕시코 등이다. 그러나 이러한 여성의 법적 평등 규정은 관리직·대표직에 대한 여성의 접근기회 차단으로 말미암아 실질적 평등으로 나아가지 못하고 있다. 예컨대 여성정치할당제가 도입되기 이전까지 라틴아메리카에서 의회의 여성 대표성은 평균 9%에 불과했다.

라틴아메리카의 경우, 국회의원 선거에서 여성할당제는 1990년대 이후 도입되어 의회에서 여성 대표성을 증대시키는 데 크게 기여했다. 단, 국회의원 여성할당제의 효과는 국가별로 상이하다. 라틴아메리카 의회에서 여성 의원 비율은 1990년 8.2%에서 2008년 21.6%로 증가했다. 현재 라틴아메리카는 북유럽에 이어 두 번째로 여성 의원 비율이 높은 지역이다. 라틴아메리카 국가들 중 여성할당제를 채택한 국가들의 여성 의원 비율이 2008년 24.2%에 비해 여성할당제를 도입하지 않은 국가들의 여성 의원 비율은 15%에 머물렀다. 여성할당제를 채택한 국가들 내에서도 아르헨티나의 여성 의원 비율은 1990-2008년 6%에서 38%로 가장 높은 증가율을 보였고, 에콰도르도 같은 시기 여성 의원 비율이 4%에서 26%로 증가한 반면 나머지 국가들은 비교적 더딘 증가율을 보였다(UNDP 2009, 1).

2008년 10월 16일에 개최된 라틴아메리카 여성할당제 10주년 기념 국제 세미나

라틴아메리카 지역에서 여성의 참정권은 1929년에 에콰도르에서 최초로 확립되었다. 칠레와 우루과이가 1931년에 여성의 참정권을 인정한 후 30여 년 동안 대부분의 라틴아메리카 국가들이 여성에게 참정권을 부여했고, 파라과이와 엘살바도르가 가장 늦은 1961년에 여성 참정권을 헌법에 명시했다. 1990년대 들어 라틴아메리카 여성들은 선거권을 넘어 피선거권 확보가 진정한 참정권의 확립이라고 주장했다. 이와 함께 여성의 정치적 대표성을 촉진하기 위한 제반 조항들이 입법화되기 시작했다. 그 가운데 가장 널리 알려진 입법조항이 여성할당제였다(Peschard 2003, 173-175).

라틴아메리카에서 최초로 여성할당제를 도입한 국가는 아르헨티나이다. 이미 아르헨티나는 1951년 당시 여당인 페론당(Peronist Party)의 에비타 페론(Evita Perón) 주도 하에 여성 후보 공천할당제를 비공식적으로 채택했던 경험을 갖고 있다. 그 결과 1952년 아르헨티나 하원에서 여성의 비율은 구미 국가들보다 높은 15%에 이르렀다. 또한 아르헨티나는 1956년 들어 의회 선거에서 여성할당제를 채택한 세계 최초의 국가가 되기도 했다(Jones 2008, 1).

아르헨티나는 1990년대 이후 라틴아메리카 국가들의 연쇄적인 여성할당제 도입에서도 선구적 역할을 담당했다. 뿐만 아니라 아르헨티나는 여성할당제의 정치적 효과에서도 라틴아메리카에서 가장 모범적인 사례로 꼽히고 있다. 1990년대 이후 몇몇 국가들이 여성할당제를 채택한 이래 2004년 현재 라틴아메리카 지역의 절반 이상 국가들이 이를 수용했다. 한 국가 내의 한 정당이 할당제를 채택하면 다른 정당들도 연쇄적으로 이를 채택하고, 나아가 이러한 분위기가 연방과 주의회로까지 확산되는 전이효과가 나타났다(Reynoso · D'Angelo 2004, 4-5).

국가별로 살펴보면, 우선 1991년에 아르헨티나가 여성할당제를 채택해 전국 선거에서 여성 후보 30% 공천을 명시한 이래 10여 개 국가들이 1990년대에 정당 후보 명부에 20%에서 40%에 이르는 여성할당 최저치를 보장하는 법을 공포했다. 라틴아메리카에서 가장 긴 민주적 전통을 갖고 있는 코스타리카가 40%의 여성할당제를 명시했다. 이에 반해 브라질, 도미니카공화국, 페루 등은 각각 30%, 25%, 25%의 할당제를 채택했고, 오랜 권위주의 역사를 갖고 있는 파라과이는 20%라는 낮은 비율의 여성할당제를 확립했다(〈표 1〉). 이러한 점은 라틴아메리카 국가들의 여성할당제 채택과정이 일률적 · 관례적으로 진행된 것이 아니라, 각국의 민주주의 발전 정도와 밀접한 관련 하에 상이한 방식으로 이루어졌음을 시사한다.

아르헨티나의 여성할당제는 여성 후보가 선출되기에 충분한 비율을 배정했다. 볼리비아의 여성할당제는 3명 후보 중 1명이 여성이어야 한

표 1_ 라틴아메리카의 여성할당제 도입시기와 내용

국가	도입시기	도입의회	비율(%)	명부유형
아르헨티나	1991 2001	하원 상원	30 30	폐쇄형
볼리비아	1997	하원 상원	30 25	폐쇄형
브라질	1997	하원	30	개방형
코스타리카	1997	단원제	40	폐쇄형
에콰도르	1997 2000	단원제	20 30	개방형
파나마	1997	단원제	30	개방형
파라과이	1996	하원 상원	20 20	폐쇄형
페루	1997 2000	단원제	25 30	개방형
도미니카공화국	1997	하원	25	폐쇄형
멕시코[2]	1996 2002	하원 상원	30 30	폐쇄형
베네수엘라	1997년 30% 여성할당제 도입. 1998년 선거에 적용된 후 새로운 헌법이 제정되어 여성할당제는 무효화됨.			
콜롬비아[3]	1999	행정부	30	폐쇄형
온두라스	2000, 2004	하원	30	폐쇄형

* 출처 : Araújo · García (2006, 95, 99) ; Peña (2005) ; Peschard (2003, 176)

다고 규정했고, 파라과이는 5명의 후보 중 1명이 여성이어야 한다고 명시했다. 멕시코는 정당 후보 공천에서 동일한 성이 70%를 초과하지 않는다는 조항을 넣었고, 정당 내 지도부와 당원의 민주적 결정과정을 거친 사안에 대해서는 조정의 여지가 있다고 규정했다(Peschard 2003, 178). 콜롬비아는 행정부 고위직 30% 여성할당을 명시했다(〈표 1〉 참조). 콜롬

표 2_ 라틴아메리카의 할당제 도입 전후 선거결과

국가	도입시기	도입의회	도입 전 비율(%)	도입 후 비율(%)	증가율(%)
아르헨티나	1991	하원 상원	6 3	30 36	+24 +33
파라과이	1996	하원 상원	3 11	3 18	0 +7
멕시코	1996	하원 상원	17 15	16 16	−1 +1
볼리비아	1997	하원 상원	11 4	12 4	+1 0
브라질	1997	하원	7	6	−1
코스타리카	1997	단원제	14	35	+21
도미니카공화국	1997	하원	12	16	+4
에콰도르	1997	단원제	4	15	+11
파나마	1997	단원제	8	10	+2
페루	1997	단원제	11	18	+7
평균			9	17	+8

* 출처 : Ojeda (2006, 42)

비아를 제외한 라틴아메리카 국가들의 여성할당제 도입은 의회진출에 대한 여성의 열망을 증대시켰고, 정당 지도부가 여성의 선거참여 정당성을 인지하도록 도왔다는 점에서 큰 의미가 있었다(Ojeda 2006, 42).

여성할당제 도입 직후 대부분의 라틴아메리카 국가들은 의회에서의 여성 대표성에 있어 괄목할 만한 진전을 보였다. 할당제 도입 이전 9% 정도에 머물던 여성 의원의 비율은 할당제 도입 직후 17%로 증가했다. 단, 멕시코와 브라질 하원의 경우 여성 비율은 1% 감소했고 파라과이는 하원에서, 볼리비아는 상원에서 0%의 증가율을 보이면서 다소 미진한 모습을 보였다(〈표 2〉 참조).

여성할당제의 정치적 효과가 가장 높은 국가는 아르헨티나였다. 아르헨티나는 할당제를 입법화한 최초의 국가일 뿐만 아니라 여성 후보 공천 불이행시 정당에 가할 처벌을 구체적으로 명시한 최초의 국가이다. 또한 아르헨티나는 여성 후보의 공천할당 비율과 의회에서의 실제 여성 의원 비율이 일치하는 예외적 현상을 보이는 국가이다. 2002년 아르헨티나의 여성 의원 비율은 하원에서 30.7%, 상원에서 35.2%에 이르는 두드러진 성과를 낳았다(〈표 3〉 참조). 반면에 볼리비아, 파라과이, 에콰도르는 여성 의원의 비율이 18.5%, 17.5%, 15.4%에 불과해 할당제에 규정된 여성 비율과 실제 여성 의원 비율 사이에 큰 격차가 있다(Peschard 2003, 182). 코스타리카는 오랜 민주주의 전통과 종교로부터 독립된 개방적 사회를 가진 국가로서 여성할당 비율이 라틴아메리카에서 가장 높은 40%로 규정되어 있다. 특히 2002년 선거법에서 정당의 여성 후보 공천 배분이 의무화되면서 입법부의 여성 의원 비율은 35%를 달성했다(〈표 3〉 참조).

그러나 민주주의 전통과 민주적 정치체제의 존재가 여성의 정치적 진출 기회를 보장하는 충분조건이라 보기는 힘들다. 칠레와 우루과이는 오랜 민주적 전통을 가지고 있다고 평가받는 국가이지만 여성할당제를 입법화하지 않음에 따라 2002년 하원에서 여성 비율이 각각 12.5%와 12.1%에 불과했다. 정치 엘리트들 사이에 민주적 정치문화가 존재하더라도 이것이 곧바로 성평등 문화로 이어지지는 않는다는 것이다. 우루과이의 경우 1988년 여성할당제 문제가 논의될 당시 국회의원들은 성평등 조치의 제도화에 반대했다.

한편 콜롬비아는 라틴아메리카에서 유일하게 행정부 고위직에서 여

표 3_ 라틴아메리카 상·하원에서 여성의 구성

	선거일	할당비율(%)	하원	상원
아르헨티나	2001.10	30	30.7	35.2
칠레	2001.12	–	12.5	4.1
우루과이	1999.10	–	12.1	9.7
파라과이	1998.5	20	2.5	17.8
브라질	1998.10	30	6.8	6.3
평균(코노 수르)			(12.9)	(14.6)
볼리비아	1997.6	30	11.5	3.7
페루	2001.4	25	17.5	단원제 '
콜롬비아	2002.3	–	12.6	9.8
에콰도르	1998.5	20/30	14.6	단원제
베네수엘라	2000.7	–	9.7	단원제
평균(안데스공동체)			(13.2)	(6.8)
코스타리카	2002.2	40	35.0	단원제
엘살바도르	2000.3	–	9.5	단원제
과테말라	1999.11	–	8.8	단원제
온두라스	1997.11	–	9.4	단원제
니카라과	2001.11	–	20.7	단원제
파나마	1999.5	30	9.9	단원제
평균(중앙아메리카)			(15.2)	
멕시코	2000.7	30	16.0	15.6
도미니카공화국	1998.5	25	16.1	6.7

* 출처 : Peschard (2003, 180)

성할당제를 의무화하고 있지만 의회에서 여성의 대표성은 11.2%에 불과하다. 브라질은 2000년 들어 의회에서 여성할당 비율을 25%에서 30%로 올렸지만 여성 국회의원 비율은 6.8%에 불과했다(〈표 3〉 참조). 여성할당제를 도입하지는 않았지만 의회에서 여성 비율이 라틴아메리카 평균을 상회하는 국가로는 쿠바와 니카라과를 꼽을 수 있다(Ojeda 2006, 42). 각각 27.6%와 20.7%에 이르는 두 국가의 여성 국회의원 비율은 여성할당제가 여성의 정치적 평등을 보장하는 유일한 요소는 아니라는 점을 말

표 4_ 세계 입법부의 여성 참여 비율

세계순위	국가	하원	상원
1	르완다	56.3%	34.6%
2	스웨덴	46.4%	–
4	쿠바	43.2%	–
10	아르헨티나	38.5%	35.2%
12	코스타리카	36.8%	–
19	에콰도르	32.3%	–
27	멕시코	28.2%	18.0%
30	페루	27.5%	–
57	니카라과	20.7%	–
59	도미니카공화국	19.7%	3.1%
62	엘살바도르	19.0%	–
64	베네수엘라	18.6%	–
80	칠레	15.0%	5.3%
82	우루과이	14.1%	13.3%
87	한국	13.7%	
91	파라과이	12.5%	15.6%
107	브라질	9.0%	12.3%
110	파나마	8.5%	–
111	콜롬비아	8.4%	11.8%

* 출처 : Inter–Parliamentary Union (2009b)

해준다. 즉 여성할당제가 성평등한 정치문화를 촉진하는 것은 분명하지만 정치적 경험과 문화적 전통 등 다른 요인들도 여성의 정치적 대표성을 증진하는 데 중요한 역할을 수행하는 것이다(Peschard 2003, 181).

3. 사례연구 : 멕시코 여성정치할당제

1) 멕시코 여성정치할당제의 제정 및 개정과정

멕시코 헌법 제4조는 남성과 여성의 법적 평등을 명시하고 있다. 이 조항은 1974년 12월 13일 연방관보를 통해 공포된 이후 헌법조항에 포함되었다. 이 헌법조항은 1953년에 멕시코 여성의 참정권이 입법화된 이후 남성과 여성의 법적 평등을 증진시키기 위한 오랜 노력의 결과였다(Reyes 2008, 4). 1990년대 이후 멕시코는 여성정치할당제의 제정과 개정을 통해 남성과 여성의 법적 평등을 현실화하기 위한 본격적 노력을 진행했다. 멕시코의 여성할당제는 1993년에 선거법 임시 조항으로 실시되다가 1996년에는 선거법의 정식 조항으로 포함되었고, 2002년 선거법 개정과 함께 라틴아메리카에서 가장 높은 여성할당 비율인 40%를 규정했다(〈표 5〉 참조).

멕시코는 1993년에 개정된 '연방선거제도 및 선거과정법'(Código Federal de Instituciones y Procedimientos Electorales : COFIPE) 제175조 3항에 여성의 선거후보직 접근을 용이하게 하기 위해 "정당들은 국가 정치활동에서 여성의 참여를 증진시킬 것을 촉진한다"고 명시했다. 1993년 선거법은 대체로 원칙 선언의 수준에 머물고 있지만, 연방선거 차원에서 여성 후보의 비율을 높이고 여성 후보에게 유리한 조건을 보장하는 정치의제를 최초로 입법화했다는 점에서 의미가 크다.

베이징 세계여성대회 직후에 개정된 1996년 선거법 제22조 부칙에는 정당의 30% 여성 후보 공천할당제를 명시했다. 1996년 개정된 여성

표 5_ 멕시코 여성정치할당제의 제정과 개정과정

연도	관련 법조항	내용
1993	선거법 제175조 3항	■ "정당들은 대중선거 후보에 여성을 포함시킴으로써 국가 정치활동에서 여성 참여를 증진시킨다."
1996	선거법 제5조 22항 (부칙)	■ "정당들은 하원 및 상원 선거에서 동일한 성의 후보가 70%를 초과하지 않도록 함으로써 여성의 정치참여를 장려한다."
2002	선거법 제175-A조	■ "정당/정당연합이 연방선거관리위원회(IFE)에 하원과 상원 후보를 등록할 때 총 등록자 중 동일한 성에 속하는 후보가 70%를 넘지 않도록 한다."
	선거법 제175-B조	■ "비례대표제 후보 명부의 앞부분에 3명당 1명을 여성에게 할당한다. 이 조항은 각 정당의 내규 및 절차의 내용에 영향을 받지 않는다."
	선거법 제175-C조	■ "정당/정당연합이 후보등록 마감까지 175-A조와 175-B조를 이행하지 않으면 연방선거관리위원회 총괄위원회는 사전 통지 후 40시간 이내에 후보 등록을 수정할 것을 요구하고, 이를 이행하지 않을 시 공식적 경고조치를 취한다." ■ "규정된 시기 내 후보자 교체가 이행되지 않을 경우 후보자 등록에 있어 불이익을 받는다." ■ "이 규정은 상대다수대표제 직접선거 과정에 있는 후보들에게 적용되지 않는다."
2007	선거법 제210조 1항	■ "정당/정당연합은 하원과 상원 후보 등록을 청구할 때 연방선거관리위원회 앞에서 성평등에 도달하기 위해 최소한 40%의 정식 후보를 동일한 성으로 공천해야 한다." ■ "이 규정은 민주적 선거과정의 결과인 상대다수대표제 후보들에게는 적용되지 않는다."

* 출처 : Reynoso · D'Angelo (2004, 6) ; Reyes (2008, 7)

할당제는 원칙의 선언 또는 정당에 대한 권고의 수준에 그쳤던 1993년 할당제보다 진일보한 것이었다(Reynoso · D'Angelo 2004, 5-6). 1996년 선거법은 정당이 일정 비율의 여성을 후보 명부에 넣는 것을 강제 규정으로 하고 있다. 1996년에 개정된 여성할당제의 한계는 공공여론을 반영하지도 심도 깊은 논의를 거치지 않은 채 확립되었다는 데에 있다. 할당제가 남녀평등을 장려하고 정부기관에서 여성의 대표성을 증진하기 위한 급진적 방식으로 인식되었지만, 이와 관련된 실질적 논쟁의 부재는 멕시코 신생민주주의의 취약성을 반영하는 것이었다(Aguilar 2009, 4).

2002년에 개정된 멕시코 선거법은 세부적인 내용들을 추가했고, 중대선거구 후보 명부에 여성할당을 강제배치함으로써 '당선 가능성이 있는' 여성 후보를 확보하고자 했다. 멕시코의 중대선거구제는 하원 500석 가운데 200석이 배분된다. 중대선거구제의 여성 후보 강제배치는 후보 명부의 3명 후보당 1명을 여성에게 할당하는 것이다. 하지만 하원 300석에 해당되는 소선거구제 의석에는 여전히 여성할당제가 적용되지 않는다(Reynoso · D'Angelo 2004, 7). 2002년 선거법은 공식후보 가운데 동일한 성의 후보가 70%를 초과할 수 없다는 내용(175-C조)을 처음으로 규정했다. 또한 후보 명부의 1번부터 9번 사이에 각 3개의 명부마다 최소한 1명의 여성을 배정하는 방식으로 중대선거구 후보 명부 순서를 구체적으로 명시했고, 불이행시 처벌받도록 규정했다.

그러나 2002년 선거법은 "보통선거에 의해 선출되는 상대다수대표제 후보에 대해서는 여성할당제 규정이 적용되지 않는다"는 예외조항을 둠으로써 여성할당제를 회피할 수 있는 여지를 제공했다(Aguilar 2009, 4). 이러한 예외조항은 멕시코 의원들이 여성할당제를 둘러싸고 발생할 수 있는 갈등을 암묵적으로 인식하고 있었기 때문에 규정된 것이었다. 무엇보다도 여성할당제는 '적극적 조치'의 일환으로 채택되었지만 여성들이 과연 사회적 소수자 집단인가와 관련해 이견이 있을 수 있었다. 일부 의원들은 여성이 멕시코 인구의 절반을 차지하기 때문에 적극적 조치 논리를 적용하는 것이 적합하지 않다고 보았다. 따라서 여성할당제는 민

여성할당제 준수를 정당에 요구하는 멕시코 NGO들의 시위

주적 기준을 가진 다른 제도로 대체되어야 한다는 것이다. 이러한 반박으로 인해 2002년 선거법에 따른 할당제의 예외조항은 정당이 '민주적으로' 후보를 선출한 소선거구에 한해서는 할당제 의무를 부과하지 않았던 것이다(Aguilar 2009, 12).

2007년에 개정된 멕시코 선거법은 공식후보 중 동일한 성을 가진 후보의 최소할당 비율을 기존의 30%에서 40%로 올리는 내용(제219조)을 포함하고 있다. 중대선거구제 후보 명부에서 여성 비율도 기존의 3명 후보 중 1명에서 '5명 후보 중 최소 2명' 으로 확대 규정되었다(Aguilar 2009, 4).

2) 멕시코 정당들의 여성정치할당제 수용과정

1993년 선거법에 따른 여성할당제에 가장 신속하게 대응한 정당은 중도좌파 야당인 민주혁명당(PRD)이었다. 민주혁명당은 1993년 제2회 전당대회를 통해 정당법 제8조에 "남/여를 불문하고 동일한 성이 보통선거나 당 지도부 후보의 70% 이상을 차지할 수 없다"고 규정했다. 이어서 1993년 10월에 실시된 보통선거와 정당 간부직 선거에서 여성 후보

30% 공천을 신속히 이행했다(Bassols 1998, 292-293). 또 다른 주요 야당(1993년 당시에는 여당)인 제도혁명당(PRI)은 민주혁명당이 30% 여성 후보 공천할당제를 공포한 직후 최소 30%의 여성 후보 할당제를 정당법 조항에 포함시켰다(Castellanos 1999, 9-11). 현재 여당이자 가톨릭 교회의 영향 하에 있는 국민행동당(PAN)은 당시에는 여성할당제를 도입하지 않았다.

2007년 선거법 개정 이후 멕시코의 정당들은 다음과 같은 내용의 여성할당제를 정당법에 포함시켰다. 가장 선진적인 여성할당제를 채택한 정당은 제도혁명당으로서 "상대다수대표제와 비례대표제의 선출직 공식후보(candidatos propietarias)와 보결후보(candidatos suplentes)의 50%를 여성에 할당"한다고 규정했다. 민주혁명당은 "중대선거구 후보의 50%를 여성에게 할당"한다고 규정했으나 공식후보와 보결후보 및 상대다수대표제 후보의 할당에 대해서는 구체적으로 명시하고 있지 않다. 집권여당인 국민행동당은 1993년 당시와 마찬가지로 여성 후보 공천할당제에 대해 구체적으로 명시하지 않고 "여성 후보 할당을 위해 법에 확립된 성평등 증진을 모색"한다고만 규정했다(Reyes 2008, 7).

다시 말하면 야당인 제도혁명당과 민주혁명당이 여성할당제 도입에 매우 적극적이었던 데 비해, 여당인 국민행동당은 1993년 이후 현재까지 정치권력에서 여성의 소외문제를 해결하기 위한 수단으로서 여성할당제의 수용에 대해 소극적인 반응으로 일관해 왔다. 상당수의 국민행동당 당원들은 후보 명부의 일정 비율을 여성에게 할당하는 것은 여성 소외의 한 측면만을 해결할 뿐이라고 주장한다. 즉 정치권력에서 여성의 소외문제를 해결하려는 노력이 결실을 맺기 위해서는 여성할당제보다 계급, 인종, 교육 등에서의 다양한 차별을 제거하는 것이 필요하다는 것이다(Hidalgo 2003, 1).

이러한 논리에 따라 국민행동당은 권력이 행사되는 공간에 여성의 참여를 증대시키려는 어떠한 여성할당제도 채택하지 않았다. 국민행동당의 여성정치부(Promoción Política de la Mujer) 소속 당원들은 1995년에 다른 정당들의 여성에 대한 차별에 맞서는 조치들에 대해 다음과 같은 의견을 표명했다. 즉 정책결정 과정에서 여성 비율의 증가 필요성에는 동의하고 여성의 이해관계와 정치참여가 정당의 정책강령에 반영되어야 하며 여성이 정치영역의 결정적 행위자로서 가치를 인정받아야 하는 것이 시급하지만, 이러한 것들이 선출직 및 당내 지도부 직위에 일정한 수의 여성 후보를 보장하는 것이 당면과제라는 주장으로 이어지는 것은 논리적 비약이라는 것이다.

여성할당제를 둘러싼 국민행동당 당원들의 반발은 멕시코의 정치체제와 정치적 개방에 대한 불신에 기인한다. 이들은 멕시코 정치체제가 권위주의적 · 가부장적 · 배제적인 특징을 갖고 있다고 본다. 따라서 이들은 소외된 여성들에게 일정한 비율의 후보직을 보장하는 여성할당제를 확립하는 것보다는 가족, 사회, 경제, 문화, 정치에서의 기존 구조를 변화시키는 것이 더 시급한 문제라고 주장한다(Hidalgo 2003, 5).

여성할당제에 대한 당내의 비판적 분위기 속에서 국민행동당 소속 여성 당원들은 고위직으로 진출할 수 있는 다른 방법을 제시하지는 못하고 있다. 현재까지 국민행동당 여성 당원들이 고위직 정치공간으로 진출할 수 있는 유일한 길은 정당의 창설자 혹은 지도자의 가족이거나 그 가족과 밀접한 관련을 가진 경우로 제한되고 있다(Hidalgo 2003, 9-10). 따라서 국민행동당은 여성 당원들을 정당과 입법부의 고위직으로 진출시키기 위한 새로운 방안을 모색해야 하는 과제를 안고 있다.

표 6_ 멕시코 연방하원 의석 구성(2009-2012)

정당	의석 수	성별		선거제도	
		남성 의석 수	여성 의석 수	상대다수대표제	비례대표제
총계	**499**	**359**	**140**	**299**	**200**
PRI	237	186	51	184	53
PAN	143	96	47	70	73
PRD	70	48	22	38	32
PVEM	21	12	9	4	17
PT	13	9	4	3	10
PANAL	9	5	4	0	9
CD	6	3	3	0	6

* 출처 : Istituto Nacional de Estadística y Geografía (2009a)

표 7_ 멕시코 연방상원 성별 의석 수(2009-2012)

정당	의석 수	남성	여성
총계	**128**	**103**	**25**
PAN	51	41	10
PRI	32	26	6
PRD	26	20	6
PVEM	6	5	1
CD	5	5	0
PT	5	4	1
Sin grupo	3	2	1

* 출처 : Istituto Nacional de Estadística y Geografía (2009b)

3) 멕시코 여성정치할당제의 결과

여성정치할당제가 멕시코의 의회에서 여성 의원 수를 증대시키는 데 긍정적 영향을 미쳤다는 것은 의심할 여지가 없다. 1991년에 라틴아메리카의 평균수준을 유지하던 멕시코의 여성 의원 비율이 현재 중상위권에 속하고 있다는 사실이 이를 잘 증명해 준다(Aguilar 2009, 4-5).

멕시코 선거제도는 500개의 연방하원 의석 중 300개가 소선거구 상대다수대표 의석으로, 200개가 5개의 중대선거구에서 각 40개의 비례대표 의석으로 배분하는 방식을 취한다. 다른 국가들과 마찬가지로 멕시코에서도 여성들의 의회진출은 소선거구 상대다수대표제보다는 중대선거구 비례대표제가 더 우호적이다. 즉 중대선거구 비례대표제가 소선거구 상대다수대표제보다 거의 두 배의 여성을 의회에 진출시키는 결과를 가져왔다. 실제로 멕시코 여성들은 비례대표 의석의 32%를 획득한 반면 상대다수대표 의석의 16%만을 차지했다. 상대다수대표제를 통한 여성의 의회진출이 낮음에 따라 연방하원에서 여성 비율의 총 평균은 23%로 하락했다(Reynoso · D'Angelo 2004, 9-10).

할당제가 최초로 도입된 1993년 선거법 개정 이후 멕시코의 연방상 · 하원에서 여성 의원의 비율은 의미 있는 증가율을 보였지만 기대했던 바와 같이 급속한 증대로 이어지지는 않았다. 연방하원에서 여성 비율은 56대 국회(1994-1997)에서 14.1%인 데 비해 60대 국회(2006-2009)에서는 23.4%로 점진적인 증가세를 보였다. 연방상원의 여성 비율은 56대 국회와 60대 국회에서 각각 12.5%와 17.2%를 기록했다(Reyes 2008, 32).

표 8_ 멕시코 연방하원 남성과 여성 의석 수(1952-2012)

회기	시기	총 의석 수	남성 의원 수	여성 의원 수
XLII	1952-1955	162	161	1
XLIII	1955-1958	160	156	4
XLIV	1958-1961	162	154	8
XLV	1961-1964	185	176	9
XLVI	1964-1967	210	197	13
XLVII	1967-1970	210	198	12
XLVIII	1970-1973	197	184	13
XLIX	1973-1976	231	212	19
L	1976-1979	236	215	21
LI	1979-1982	400	368	32
LII	1982-1985	400	358	42
LIII	1985-1988	400	358	42
LIV	1988-1991	500	442	58
LV	1991-1994	499	455	44
LVI	1994-1997	496	424	72
LVII	1997-2000	500	413	87
LVIII	2000-2003	500	416	84
LIX	2003-2006	498	374	124
LX	2006-2009	500	371	129
LXI	2009-2012	499	359	140

* 출처 : Istituto Nacional de Estadística y Geografía (2009c)

그러나 1993년의 할당제가 일정 비율의 여성 후보 공천을 권고하는 수준에 머물렀음을 감안하면 이전과 비교했을 때 여성 의원 비율이 괄목할만한 증가를 보였다는 점을 강조할 필요가 있다. 56대 국회(1994-1997)

표 9_ 멕시코 연방상원 남성과 여성 의석 수(1964–2012)

회기	시기	총 의석 수	남성 의원 수	여성 의원 수
XLVI, XLVII	1964–1970	58	55	3
XLVIII, XLIX	1970–1976	60	54	6
L, LI	1976–1982	64	56	8
LII, LIII	1982–1988	64	44	20
LIV	1988–1991	64	54	10
LV	1991–1994	64	62	2
LVI	1994–1997	128	115	13
LVII	1997–2000	128	108	20
LVIII	2000–2003	128	105	23
LIX	2003–2006	127	96	31
LX	2006–2009	128	102	26
LXI	2009–2012	128	103	25

* 출처 : Istituto Nacional de Estadística y Geografía (2009d)

의 연방하원에서 여성 의원 비율은 할당제 도입 이전의 8.4%에서 14.1%로 증가했고, 연방상원은 1993년 이전 4.6%에서 이후 12.5%로 증가했다. 57대 국회(1997-2000)에서는 여성 의원 비율이 최초로 15% 이상을 달성했다.

더욱이 2002년에 개정된 선거법은 상대다수대표제의 공식후보 여성 할당에 대해 구체적으로 명시함으로써 여성 의원의 비율이 이전의 15.9%에서 23%로 급증할 수 있었다(Reynoso · D'Angelo 2004, 8). 2002년 선거법 개정 이전인 1996, 1998, 2000년 양원에서 여성 비율은 평균 15.8%인 데 비해 2002년, 2004년, 2006년 양원에서 여성 비율은 평균 21%로서 증가율은 5.2%에 이르렀다(Aguilar 2009, 5). 이러한 점으로 미루어 볼 때 멕시코의 향후 선거법과 정당법은 소선거구제 상대다수대표제의 후보 공천 규정에 대한 더 엄격한 적용에 집중될 필요가 있다.

4. 결론

이 글은 1995년 이후 세계적으로 확산된 여성정치할당제의 정치적 효과를 이해하기 위해 멕시코 사례를 중심으로 라틴아메리카 국가들의 경험을 살펴보았다. 제4차 세계여성대회의 목표인 2005년까지 정치 고위직 50%의 여성 참여를 달성하지 못했다는 점 때문에 여성할당제가 실효성을 잃었다는 지적이나 멕시코의 국민행동당이 주장하는 바와 같이 여성할당제보다는 계급, 인종, 교육에서 여성의 소외와 차별을 극복하는 과제가 시급하다는 지적이 있어왔다. 그러나 이러한 주장들은 할당제를 비판하기만 할 뿐, 이를 대체할 수 있는 적절한 대안을 제시하지 못하고 있다.

여성할당제 적용과 관련된 여론조사에 따르면, 라틴아메리카 인구의 2/3는 여성할당제가 라틴아메리카 국가들에게 유리한 혜택을 제공했다고 보았다. 라틴아메리카 인구의 57%가 정치 고위직에서 여성 비율의 증가를 바람직하다고 보았다. 또한 조사대상자의 66%가 여성이 남성보다 더 청렴하기 때문에 정부 고위직에서 여성의 수적 증가가 더 나은 정부를 형성하도록 이끌 것이라고 답했다(Peschard 2003, 174-175). 이러한 점들로 미루어 보아 현실에서 남성과 여성의 정치적 불평등이 존재함에도 불구하고 여성의 배제와 차별은 시정되어야 하며 여성의 정책결정 과정 참여는 자연스러운 일이라는 합의가 라틴아메리카 사람들 사이에서 이미 수용되고 있음을 알 수 있다.

라틴아메리카 사례를 통해 살펴본 바와 같이 여성정치할당제는 각국에서 즉각적인 정치적 효과로 이어지지는 않으며, 각국의 현실적 관행과 정치적 모순에 대응해 가는 과정에서 국가별로 상이한 결과를 초래하는 경향이 나타난다. 이러한 점 때문에 국가별로 구체적 사례분석이 필요했으므로 이 글에서는 멕시코의 사례를 살펴보았다. 멕시코는 여성할당제 도입 초기에는 신생민주주의 제도의 가치와 원칙에 대한 대중적 여론형성의 미비로 인해 현재 여당인 국민행동당에서 보였던 것같이 여성할당제에 대한 심리적 반발심이 강했다. 이는 여성할당제가 법규정만으로는 여성의 정치적 대표성 공간의 확대에 대한 사회적 합의에 이르기 힘들다는 것을 보여준다. 따라서 멕시코에서 여성할당제의 정치적 효과를 이해하기 위해서는 할당제라는 법적 규정의 효율성을 분석하는 데 그치지 말고 이 제도와 관련된 사회적·정치적 맥락과의 연관성을 고려해야만 한다. 이에 따라 이 글은 멕시코에서 시행된 네 차례의 선거법 개정을 통해 여성할당제가 멕시코의 정치체제와 선거제도에 점진적으로 적응했다는 점을 설명했다.

아직도 멕시코를 비롯한 라틴아메리카 국가들에서는 여성할당제가 각국의 통치 엘리트, 정당 엘리트, 그리고 여성 전반에서 완전히 이해되거나 수용되는 데는 이르지 못하고 있다. 여성할당제가 성평등 체제의 구축을 위한 유일한 방법인지 또는 평등한 민주주의 확립을 위한 효과적 수단인지는 충분히 증명되지 않았다. 멕시코 국민행동당에서 볼 수 있는 것처럼 여성할당제에 대한 정당 집행부와 여성 당원들의 심리적 저항은 여전히 강하다. 2002년과 2007년 멕시코 선거법에서 "여성할당제가 '민주적으로' 선출되는 소선거구 상대다수대표제 후보들에게는 적용되지 않는다"는 예외조항을 재고할 필요가 있다. 이 예외조항은 소선거구 상대다수대표제의 후보 선출이 더 민주적이라고 볼 오해의 여지가 있기 때문이다. 여성할당제를 둘러싼 이러한 모순적 인식에 대해 정교하고 분석적인 비판논리가 마련되어야 할 것이다.

참고문헌

강경희. 2001. "멕시코 여성의 정치적 대표성 확대요인." 『라틴아메리카연구』 14권 2호.

Aguilar Rivera, José Antonio. 2009. "Equidad de género y participación política : el sistema de cuotas en México." Presented in the II Seminario Internacional del Observatorio Judicial Electoral 2009. Tribunal Electoral del Poder Judical de la Federación, México : 1–13. http://www.trife.gob.mx/ccje/Archivos/ponencias/JoseAntonioAguilarRivera.pdf.

Araújo, Clara & Ana Isabel García. 2006. "Latin American : The Experience and the Impact of Quotas in Latin America." Dahlerup, Drude (ed.). *Women, Quotas and Politics*. London · New York : Routledge.

Bassols, Dalia Barrera. 1998. "La participación política de las mujeres en México." In Mónica Verea & Graciela Hierro. *Las mujeres : en América del Norte al fin del milenio*. México : UNAM, Centro de Investigaciones sobre América del Norte.

Castellanos, Guadalupe Díaz. 1999. "La perspectiva de género en el PRONAM." *Fem*., 197. August.

Hidalgo Ramírez, Antonieta Guadalupe. 2003. "Las mujeres panistas y el sistema de cuotas." *Cuicuilco Nueva Época*, 10(27). Enero–abril : 1–10. http://redalyc.uaemex.mx/redalyc/pdf/351/35102705.pdf.

Istituto Nacional de Estadística y Geografía. 2009a. "Deputados que componen la LXI legislatura por grupo parlamentario según sexo y tipo de representación, 2009 a 2012." 21 de Septiembre de 2009. http://www.inegi.org.mx/est/contenidos/espanol/rutinas/ept.asp?t=mgob04&s=est&c=1900.

Istituto Nacional de Estadística y Geografía. 2009b. "Senadores que componen la LXI legislatura por grupo parlamentario según sexo, 2009 a 2012." 21 de Septiembre de 2009. http://www.inegi.org.mx/est/contenidos/espanol/rutinas/ept.asp?t=

mgob02&s=est&c=1898.
Istituto Nacional de Estadística y Geografía. 2009c. "Diputados por legislatura según sexo, 1952 a 2012. 21 de Septiembre de 2009." http://www.inegi.org.mx/est/contenidos/espanol/rutinas/ ept.asp?t=mgob03&s=est&c=1899.
Istituto Nacional de Estadística y Geografía. 2009d. "Senadores por legislatura según sexo, 1964 a 2012. 21 de Septiembre de 2009." http://www.inegi.org.mx/est/contenidos/espanol/rutinas/ ept.asp?t=mgob01&s=est&c=1897.
Inter-Parliamentary Union. 2009a. "Women in National parliament : Situation as of 30 September 2009-World Average." http://www.ipu.org/wmn-e/world.htm.
Inter-Parliamentary Union. 2009b. "Women in National parliament : Situation as of 30 September 2009-World Classification." http://www.ipu.org/wmn-e/classif.htm.
Jones, Mark P. 2009. "Gender Quotas, Electoral Laws, and the Election of Women : Evidence From the Latin American Vanguard." *Comparative Political Studies* 20, No. 10 (Nov.). http://cps.sagepub.com/cgi/rapidpdf/0010414008324993v1.pdf.
Ojeda Rivera, Rosa Icela. 2006. "Las cuotas de género para el empoderamiento de las mujeres." *El Cotidiano* 21 (138). Julio-agosto. http://redalyc.uaemex.mx/redalyc/pdf/325/32513805.pdf.
Peña Molina, Blanca Olivia. 2005. "Sistemas de cuota y masa crítica en los gobiernos subnacionales de México." *Revista Otras Miradas* 5 (1). Junio. http://www.saber.ula.ve/bitstream/123456789/22834/1/articulo3.pdf.
Peschard, Jacqueline. 2002. "El sistema de cuotas en América Latina. Panorama general." In International IDEA. *Mujeres en el Parlamento. Más allá de los números.* Stockholm, Sweden. http://www.idea.int/publications/wip/upload/chapter_04a-CS-LatinAmerica.pdf.
Reyes Tépach M., M. en E. 2008. "El sistema de cuotas en México como un instrumento para incrementar la participación de la mujer en el Congreso de la Unión." Cámara de Diputtics, Centro de Documentación, Información y Análisis. Septiembre. http://www.diputados.gob.mx/cedia/sia/se/SE-ISS-16-08.pdf.
Reynoso, Diego & Natalia D'Angelo. 2004. "Leyes de Cuotas y Elección de Mujeres en México. Contribuyen a disminuir la brecha entre elegir y ser elegida?" Presented in the XVI Congreso de la Sociedad Mexicana de Estudios Electorales at Torreón,

Coahuila. Noviembre 18–19. http://www.quotaproject.org/Conference_papers/CUOTAS_SOMEE_2004.pdf

UNDP (United Nations Development Programme). 2009. "América Latina Genera, gestión del conocimiento para la Equidad de Género." http://www.americala tin agen era.org/main/especiales/2009/parlamentarias/documentos/leyes_de_cuotas.pdf.

주

1 이 글은 제주대학교 사회과학연구소에서 발간하는 『사회과학연구』 2010년 제1권 제1호(통권 1호)에 실렸던 내용을 수정한 것임.

2 멕시코 여성할당제는 연방정부 선거법(COFEPI)에 포함되는 독특한 형태를 취하고 있다. 몇몇 주와 시, 군의 수준에서도 여성할당제가 선거법에 포함된다. 또한 멕시코의 주요 정당인 PRI, PAN, PRD 정당법에도 여성할당제가 포함되어 있다. 1993년 연방선거법의 여성할당제는 차후 5개 연방선거에 한해 임시적으로 실시하도록 명시되었다(Peña 2005).

3 콜롬비아는 행정부 고위직에서 30% 여성할당제를 규정하고 있었음.

제 III 부

정당 여성정치할당제 국가

보이지 않는 벽에 문을 내다

여성 정치 할당제

WOMEN'S POLITICAL QUOTAS

독일

자율적 정당할당의 대표 사례

김경미

일반적으로 여성은 제도화된 형태의 정치참여보다는 신사회운동과 같은 비관행적인 참여형태(시위, 서명운동, 시민운동 등)를 선호한다고 알려져 있다. 이러한 현상은 구 서독 여성의 정치참여 행태에 관한 분석에서 입증되었고, 또 독일통일 직후 구 동독지역 여성의 정치참여에서도 비슷한 상황이 나타났다(Hoecker 1995, 23). 1989년 가을에 구 동독지역 여성들은 시민운동에 적극적으로 참여했으나 통일과 함께 구 동독지역에서 구 서독의 모델에 따라 정치제도화가 진행되고 안정화됨에 따라 여성들은 점차 정치참여에 소극적이 되었다.

그러한 비관행적 형태의 정치참여는 정치제도화가 어느 정도 완성되어 체제가 안정적으로 운영되는 사회에서는 단기적으로 커다란 사회적 파장을 불러일으키고 잠재되어 있는 문제의 심각성을 여론에 일깨우지만 소기의 목적을 달성하는 데에는 명백히 한계가 있다. 그러한 생각은 독일에서 1967/68년의 격렬했던 학생운동 이후에 등장한 이른바 제2기 여성운동에서 나타나고 있다. 1970년대 초에 독일 여성들은 남성이 지배하는 정당과 의회에서 여성주의적 정책을 관철시킬 가망성이 없다고 생각하고 제도권 밖에서 여성들끼리 자조집단을 형성하여 남성을 배제한 대안적 '자율성'을 추구하는 전략을 취했다.

그러나 '양성평등법'이나 '반차별법' 등 여성의 지위와 관련된 다양한 법제정이나 '여성 장려 플랜' 등 여성 관련 정책 수립이 사회적인 반향을 얻게 됨에 따라 점차 많은 여성이 기존 정치에 대한 '참여' 전략을 추구하기 시작했다(Brüssow 1999, 62). 이들은 여성문제를 남성에게 맡기기보다는 제도권 정치에 참여함으로써 여성이 직접 여성주의적 시각에서 관련 법과 정책에 영향력을 행사하는 것이 이들 법과 정책의 질을 높이는 데 더 효과적이라고 생각하게 되었다. 남성과 여성은 성적 차이로 인해 사회적으로 상이한 정치적 이해를 추구하고 있기 때문에 남성 정치가는 여성의 이해를 무시하거나 혹여 친여성적 정책을 추진하더라도 여성의 관점을 충분히 반영하지 못한다고 보았다.

그러나 정치적 제도권은 견고하게 남성중심적으로 구축되어 있는 '남성 클럽'이었으며, 이것은 여성들이 생각했던 것 이상으로 남성과의 공동협력이나 여성의 적극적인 정치활동을 어렵게 했다. 또한 기존의 남성중심적인 정치 엘리트 충원과정은 결정권한이 있는 중요 직책에서 여성을 배제시키고 주변화했다. 이러한 상황을 타개하고 여성의 정치적 대표성을 높이기 위해 도입된 가장 효과적이고 직접적인 조처가 여성정치할당제이다.

독일에서도 여성정치할당제에 대한 찬성과 반대의 격론이 있었다. 할당제를 찬성하는 사람은 민주주의 원칙과 사회정의 차원에서 논거를 펼쳤는데, 국민의 절반을 차지하는 여성은 이에 상응하는 적절한 수의 대표자를 가져야 하며, 여성할당제는 독일 사회의 성평등을 높일 것이라고 주장했다. 반면에 할당제 반대자는 여성할당제는 평등을 달성하기 위한 수단으로 부적절하며, 오히려 여성의 이익에 반대된다고 주장했다. 가장 핵심적인 반대 논거는 후보자의 자질에 관한 것이었는데, 모든 직책은 경쟁을 통해 최고의 자격을 갖춘 사람에게 주어져야 하며 할당제는 자유주의 원칙에 위배된다는 것이었다. 그러나 현재 독일에는 연방의회에 진출한 6개 정당 중에[1] 4개 정당이 여성할당제를 실시하고 있다.

독일에서 정치를 하려는 사람은 정당을 피해갈 수 없으며 정치가로서의 경력은 정당에서 시작된다고 해도 과언이 아니다. 여성 역시 개인적 차원에서 정치적 경력을 쌓거나 혹은 전체적 차원에서 여성의 정치세력화를 이루고자 한다면 정당에서부터 시작해야 한다. 또한 독일은 여성정치할당제 가운데 자율적 정당할당제를 채택하고 있다. 따라서 여기에서는 독일 정당들의 여성할당제를 중심으로 이것이 연방 및 주의회와 정부에서 여성의 정치적 대표성에 미친 영향을 살펴보고자 한다.

1. 독일 정당에서 여성정치할당제와 여성의 대표성

독일에서는 1908년까지 여성이 정당에 가입하는 것을 법으로 금지했다. 물론 정당들은 당 특별규정을 제정해서 여성을 받아들이기는 했다. 1960년대까지 독일 정당들의 여성 당원 비율은 평균적으로 20% 미만이었다. 그러나 1970년대에 정치에 대한 관심이 증가하면서 그 비율은 늘어나기 시작했고 1990년대에 들어와서 25%를 상회했다(〈표 1〉 참조). 오늘날 독일에는 약 140만 명 정도가 정당에 가입해 있는데, 전체 유권자(6,187만 명)의 약 2.3%에 해당한다(bpb 2008, 388). 현재 각 정당의 여성 당원의 비율에 비추어 정당 가입자의 약 30% 정도가 여성이라고 볼 때 독일 전체 여성 당원의 수는 약 42만 명 정도로 추산되며, 전체 여성 유권자의 약 1.3% 정도이다. 정당별로 여성 당원의 비율을 보면 사민당(SPD) 31.2%, 기민련(CDU) 25.4%, 기사련(CSU) 18.8%, 녹색당 37%, 좌파당 37.3% 등이다(〈표 1〉 참조).

표 1_ 독일 정당의 여성 당원 비율(1970-2009)

단위 : (%)

정당	1970	1980	1991	2000	2006	2009	여성 당원 수(명)
사민당(SPD)	17.4	23.1	27.4	29.4	30.7	31.2	159,894
기민련(CDU)	13.6	21.0	25.6	25.2	25.3	25.4	132,828
기사련(CSU)	10.5	13.2	15.4	17.4	18.4	18.8	약 30,000
자민당(FDP)	17.2	24.6	27.3	24.4	23.0	22.6	16,264
연대 90/녹색당	–	약 33	약 33	37.4	37.0	37.0	17,796
민사당/좌파당	–	–	43.9	45.6	44.9	37.3	28,962

* 출처 : 1970-2006년에 대해서는 Hoecker(2008, 13) ; 2009년은 각 정당의 홈페이지에서 추출

1970년대 들어와 여성 당원들은 자신들이 정당 내에서 주변적 역할에 머물러 있을 뿐만 아니라 여성 당원 비율에 상응하여 당직과 의원직에서 여성이 제대로 대표되고 있지 못한 것을 문제화하고 이를 정치적 의제로 제기하기 시작했다. 동시에 이를 극복하고 당내 남녀평등을 달성하기 위한 가장 효과적인 수단은 할당제라는 인식 하에 여성 당원들은 할당제의 도입을 요구하기 시작했다. 다음에서는 독일의 주요 정당들에서 이루어진 여성할당제에 대한 논의와 도입에 대해 살펴보고자 한다.

1) 사회민주당(사민당, SPD)

사민당에서 여성할당의 도입에 대한 첫 시도는 1977년에 지겐에서 열린 〈사민주의여성활동위원회〉(ASF) 연방회의에서 이루어졌다(ASF 2008).[2] 여기에서 당직과 의석에서 사민당의 여성 당원 비율에 상응하는 할당이 논의되었으나 사민주의여성활동위원회의 다수 여성들은 당내 양성평등은 자발적으로 이루어져야 한다는 생각을 여전히 가지고 있었기 때문에 표결에서 필요한 다수를 얻지 못했다. 강제적인 할당요구보다는 여성에 대한 배려를 강하게 호소하는 수준으로 수위를 조절하고 〈양성평등연구회〉의 설치를 당 지도부에 요구했다. 이에 따라 사민당 내에 양성평등연구회가 구성되었고, 당시 당대표였던 빌리 브란트(Willy Brandt)와 사민주의여성활동위원회 대표였던 엘프리데 호프만(Elfriede Hoffmann)이 의장을 맡았다.

양성평등위원회는 당내 양성평등에 대한 보고서와 2년 단위의 '여성장려 플랜'의 수립을 의무화하는 내용을 포함하여 당내 양성평등을 위한 8가지 항목의 제안서를 제시했다. 이는 1979년 베를린 전당대회에서 채택되었다. 그럼에도 불구하고 사민당 내에서 여성의 정치적 영향력은 거의 개선되지 않았다. 예를 들어 1982년의 뮌헨 전당대회에서는 40명으로 구성되는 당 지도부 선거에 9명의 여성이 출마(전체 출마자의 약 10%)하여 6명이 선출되었을 뿐이다.

사태의 심각성을 느낀 사민주의여성활동위원회와 당 지도부는 1984년 에센 전당대회에서 당시 여성 당원의 비율(25.9%)에 상응하여 차후 1987년 연방의회 선거에서 25% 여성할당을 요구했으나 거부되었다. 이러한 상황에서 사민당의 청년조직인 〈젊은사민주의자〉(JUSOS)는 1984년에 조직의 모든 위원회에서 30% 여성할당을 하기로 결정했다. 사민당 내에 처음으로 여성할당제가 도입된 것이다. 이에 힘입어 사민주의여성활동위원회는 1985년 하노버 전당대회에서 모든 당직과 의석에서 여성과 남성 각각 '40% 최소보장'을 요구했다. 이러한 요구는 장기적으로 당의 모든 활동에서 여성이 동등한 참여를 이루려는 목적에서 나온 것이지만, 당시 사민당의 여성 당원 비율이 약 25% 정도라는 점에 비추어 볼 때 매우 파격적인 것이었다.

40% 최소보장 요구는 1986년 뉘른베르크 전당대회에서 통과되었으며, 양성평등연구회는 이와 관련한 당헌 개정초안을 작성하도록 위임받았다. 전당대회에서는 할당제에 대해 격렬한 토론이 벌어졌는데, 할당제를 반대하는 사람들은 할당제가 당의 자율적인 결정권을 침해하는 것일 뿐만 아니라 독일 헌법인 '기본법'에 보장된 자유와 평등권에 대한 위반이라고 위헌성을 주장했다. 할당제를 찬성하는 사람들은 할당제가 형식적 평등이 아니라 실질적 평등을 실현하려는 사민주의 정신에 일치하는 것이며, 또한 할당제를 통해 여성 유권자들의 지지를 보다 많이 획득할 수 있을 것이라고 주장했다.

1986년에 사민당은 할당제의 위헌성 여부를 검토하기 위해 법률가와 학자 및 전문가로 위원회를 구성했다. 위원회는 할당제가 기본법이 보장하는 단체의 자유권에 해당하기 때문에 기본법과 선거법에 위반되지 않는다는 의견서를 제출했다. 또한 당시 연방법무부장관이며 사민당의 당평의회위원이었던 게르하르트 얀(Gerhard Jahn)은 "할당제는 장기적으로 여성과 남성의 평등한 참여와 협력을 가능케 하고 보장하려는 것이기 때문에 할당제가 평등선거를 위반한다는 주장은 틀렸다"(ASF 2008,

30)는 의견을 제시했다.

1988년의 뮌스터 전당대회에서 개정된 당헌이 제출되었다. 비록 다수의 대의원들이 할당제에 찬성하고 있었지만 전당대회가 열리기 전날까지 사민주의여성활동위원회는 대의원들을 만나 계속 설득했다. 여성과 남성의 40% 최소보장을 담고 있는 당헌은 전체 대의원 416명 중에서 362명의 찬성으로 당헌 개정에 필요한 2/3의 다수결을 확보함으로써 통과되었다. 당시 사민당 당대표였던 한스-요헨 포겔(Hans-Jochen Vogel)은 여성할당제를 적극적으로 지지하고 이것의 도입을 위해 대의원들을 지속적으로 설득했다. 포겔의 끈질긴 설득작업이 없었다면 할당제는 도입되지 않았을 것이라고 한다(FES 2008/2009, 28). 포겔은 할당제가 통과된 후에 행한 연설에서 할당제의 도입을 70년 전에 있었던 여성 참정권 부여와 함께 역사적인 사건(ASF 2008, 31)으로 평가했다.

1988년 뮌스터 전당대회에서 여성할당제 도입을 축하하는 사민당의 포겔 당대표와 여성 지도자들

통과된 새로운 당헌은 40% 최소보장을 단계적으로 실행하도록 규정

하고 있는데, 1988년부터는 우선 33%를 그리고 1994년부터 40%를 할당하도록 하고 있다(Hoecker 1998, 127). 당직선거에서 여성과 남성은 분리된 선거 명부를 작성하여 각각 당직의 40%를 배당받고 나머지 20%는 남녀 공동선거 명부를 거쳐 선출하도록 했다. 유럽의회와 연방의회, 주의회 및 지방의회 선거에서 정당 명부 후보자에 대한 할당은 세 단계를 거쳐 실행되었다. 1990년부터 의석의 1/4, 1994년부터는 1/3이 여성에게 할당되었고 1998년부터 40% 할당제가 효력을 발하고 있다. 이러한 할당제는 본래 2013년까지만 유효하다는, 즉 25년간의 기간 제한이 있었다. 그러나 2005년 보쿰 전당대회에서 사민주의여성활동위원회는 남녀평등의 실현이 진정으로 당이 추구하는 진실된 신념이라면 할당제의 기간 제한을 폐지해야 한다고 주장했고 이 요구는 받아들여졌다.

2009년 11월 14일 현재 사민당 당헌은 제11조 2항에서 "당직과 의석에서 여성과 남성이 각각 최소한 40% 대표되어야 한다. 이러한 의무는 선출직 또는 위임직 위원회에도 해당된다. 특히 할당은 당 지도부, 최고위원회 및 지도부가 구성하는 위원회와 대의원 등 다수의 인원으로 구성되는 위원회에도 해당"(SPD 2009)된다고 규정하고 있다. 또한 '선거규정'(*Wahlordnung*) 제3조 5항은 "당헌에 의거하여 연방의회, 주의회 및 지방선거에서 후보자를 제시할 때 여성과 남성이 각각 최소한 40%가 되어야 한다"(SPD 2009)고 규정하고 있다. 선거후보자 명부에는 남녀교호순번제를 도입함으로써 어느 한 성이 일방적으로 불리한 후순위를 받거나 반대로 선출 가능성이 높은 번호를 받는 것을 막았다.

여성에 대한 이러한 40% 최소보장에도 불구하고 여전히 당내 남녀평등은 처음의 기대만큼 달성되지 못하고 있다. 1988년에 40% 할당제가 도입된 이래 2009년 현재까지 사민당 소속 연방의회의원 중에서 여

표 2_ 사민당의 여성 의원 수와 비율(2010. 2. 10)

	전체(명)	여성(명)	여성 비율
유럽의회	23	10	43.5%
연방의회	146	56	38.4%
주의회			
베를린	53	25	47.2%
브란덴부르크	31	10	32.3%
브레멘	32	15	46.9%
함부르크	45	17	37.8%
바이에른	39	18	46.2%
헤센	29	11	37.9%
메클렌부르크-포어폼먼	23	6	26.0%
니더작센	48	19	39.6%
노르트라인-베스트팔렌	74	31	41.9%
자르란트	13	6	46.2%
작센	14	6	42.9%
작센-안할트	24	10	41.7%
라인란트-팔츠	53	24	45.3%
바덴-뷔르템베르크	38	11	28.9%
슐레스비히-홀슈타인	25	9	36.0%
튀링엔	18	7	38.9%

* 출처 : Bundswahlleiters (2010)

성의 비율이 40%에 도달한 적이 한 번도 없다(〈표 10〉 참조). 주의회의 경우에 2009년 현재 16개의 주의회 가운데 베를린(47.2%)을 위시하여 절반에 해당하는 8개 주의회가 40% 이상의 여성 의원 비율을 가지고 있을 뿐 메클렌부르크-포어폼먼(26.0%)과 바덴-뷔르템베르크(28.9%)에서는 사민당 내 여성 의원의 비율이 30%에도 미치지 못하고 있다(〈표 2〉 참조).

당직의 경우에 연방 차원의 고위직에서는 어느 정도 여성할당이 지켜지고 있다. 할당제가 도입되기 직전인 1986년에 25.5%였던 당 지도부의 여성 비율이 할당제 이후인 1990년에는 35.3%로 증가했고, 1997년에는 51.1%로 정점에 달했으며, 2007년 현재 45명의 당 지도부 구성원 가운데 여성이 18명으로 40%의 비율을 보이고 있다(〈표 3〉 참조). 대의원의 비율도 할당제 시행 이후 여성의 비율이 지속적으로 40%를 넘고 있다. 그러나 각종 위원회나 프로젝트 그룹, 포럼, 연구회 및 지역 당 지도부 등의 구성에서는 여전히 기대에 못 미치는 여성 비율을 보이고 있다.

표 3_ 사민당의 연방 차원 당직에서 여성 비율

단위 : (%)

	1986	1990	1997	2001	2005	2007
당 지도부	25.0	35.3	51.1	42.4	40.0	40.0
최고위원회	27.3	38.5	38.5	53.8	46.2	47.0
대의원	27.2	42.0	45.3	47.7	41.9	42.1

* 출처 : ASF (2009, 7)

2) 기독민주연합(기민련, CDU)/기독사회연합(기사련, CSU)

사민당과는 달리 보수정당인 기민련에서는 1980년대 중반까지 할당제에 대한 논의는 거의 없었다. 1985년의 에센 전당대회에서 기민련은 사회의 모든 영역에서 여성의 불이익을 철폐하고 여성에게 남성과 동등한 기회를 보장하려는 기민련의 의지를 보이려는 가운데 처음으로 여성의 정치적 평등을 주제로 논의했다. 전당대회는 '남성과 여성의 새로운 파트너십을 위한 기민련의 지침' 을 통과시켰는데, 여기에서 "여성 당원

의 비율과 여성 의원/여성 당직자 비율 사이의 현격한 불비례를 제거하는 것은 남성과 여성의 공동과제"라고 선언하면서 지도부가 기민련 내에서 여성의 지위와 영향력을 강화할 수 있는 방안을 연구하도록 요구했다(Frauen Union, 8).

일 년 뒤인 1986년 마인츠 전당대회에서 기민련은 할당 규정에 대해서는 명확한 반대를 표명하고 당직과 의석에서 여성의 비율을 여성 당원의 비율에 맞춘다는 '자율적 의무'를 통과시켰다. 이러한 기본노선은 1988년 비스바덴 전당대회에서도 다시금 확인되었다. 비스바덴 전당대회에서 '기민련 내 여성의 정치적 평등에 대한 지침'을 통과시켰는데, 여성의 정치적 평등을 위한 첫 단계로서 여성을 최소한 여성 당원의 비율에 상응해서 당직과 의원직에 지명하며 1990년대 내에 양성의 정치적 평등을 성취한다는 '자율적 의무'를 되풀이하고 있다. 이 지침은 또한 전당대회가 장기적으로 여성의 대표성을 증진시킬 것을 결의하고 정치적 평등이 달성될 수 있도록 선거전에서 여성을 지원하며 정당선거 명부에서 당선 가능성이 있는 번호를 여성에게 주도록 권고했다. 그리고 당내 남녀평등 실태를 정규적으로 보고할 것을 의무사항으로 규정했다. 이러한 결정들은 순수한 권고적 성격을 띤 것으로 이후 기대되는 효과를 거두지 못했다.

한편 1990년대에 들어서면서 젊은 여성 유권자들이 기민련을 회피하는 경향이 뚜렷해졌다. 이에 기민련 내의 여성조직인 〈여성연합〉(Frauen-Union)의 연방의장이었던 리타 쥐스무트(Rita Süssmuth)는 '1/3 여성할당제'의 도입을 강력하게 주장하기 시작했고, 또한 당시 연방총리이며 기민련 당대표였던 헬무트 콜(Helmuth Kohl)은 이를 적극적으로 지지했다(Helvig). 이러한 노력에 힘입어 1994년 전당대회는 가까스로 과반수의 찬성을 얻어 모든 당직과 의원직에서 최소한 1/3을 여성에게 배분하는 할당제를 도입하기로 결정했다. 그러나 1995년 전당대회에서 이를 실행하기 위한 당헌 개정과 관련된 표결에서 필요한 정족수보다 5표가 부족하여 할당제를 의무 규정화하는 것은 성사되지 못했다(Hocker 1998, 128). 흥미로운 것은 이러한 의무규정으로 인해 오히려 여성이 차별을 받을 수 있다는 논거에서 할당제에 반대한 여성 의원이 있었다는 점이다.

마침내 1996년 하노버 전당대회에서 1/3 여성할당제는 전체 980명의 대의원 중에서 609명의 찬성을 얻음으로써 압도적인 다수로 통과되었다. 하노버 전당대회에서는 여성할당제에 5년간의 기간 제한을 부여했으며, 우선 지방수준에서부터 실시하기로 결의했는데 헤센 주의 기민련이 처음으로 할당제를 시행했다. 5년간의 시효가 끝나는 2001년에 할당제는 다시금 논의의 대상이 되었고, 2001년 말에 개최된 드레스덴 전당대회에서 기간 제한을 폐지하고 할당제를 무기한 실시하기로 결정했다(CDU 2008, 4).

2009년 현재 기민련은 당헌 제15조 1항에서 "연방 지도부와 주, 지방당 지도부 및 모든 조직과 특별조직에서 여성과 남성의 법적이고 실제적인 평등을 관철해야 할 의무가 있다"고 규정하고 있으며, 2항에서는 "기민련의 당직과 의원직에서 최소한 1/3이 여성에게 배분되어야 한다"(CDU)고 규정하고 있다. 또한 당직선거에서 여성이 후보자로서 충분히 고려되지 않았다고 판단될 경우 선거위원회는 후보자 명단을 거부할 수 있다. 제15조 4항에서는 연방의회, 주의회, 지방의회, 유럽의회 선거에서 지역구 후보의 경우에 여성이 충분히 참여할 수 있도록 결정권을 가진 조직단위의 지도부가 노력할 것을 요구하고 있다. 제15조 5항에서는 연방의회, 주의회, 지방의회, 유럽의회 선거를 위한 정당 명부를 제시함

표 4_ 기민련의 여성 의원 수와 비율(2010. 2. 10)

	전체(명)	여성(명)	여성 비율
유럽의회	34	8	23.5%
연방의회	194	42	21.6%
주의회			
베를린	37	7	18.9%
브란덴부르크	19	7	36.8%
브레멘	23	7	30.4%
함부르크	56	13	23.2%
헤센	46	9	19.6%
메클렌부르크-포어폼먼	22	4	18.2%
니더작센	68	14	20.6%
노르트라인-베스트팔렌	89	11	14.6%
자르란트	19	5	26.3%
작센	58	11	19.0%
작센-안할트	40	7	17.5%
라인란트-팔츠	38	11	28.9%
바덴-뷔르템베르크	69	12	17.4%
슐레스비히-홀슈타인	34	9	23.3%
튀링엔	30	8	26.7%

* 출처 : Bundswahlleiters (2010)

에 있어 제안권을 가진 위원회는 3번 연속 이어지는 선거 명부 번호에 최소한 1명의 여성이 있도록 규정하고 있다.

비록 당헌에는 의원직과 당직에서 여성에게 최소 1/3을 할당하도록 규정하고 있지만 현실에서는 여전히 제대로 지켜지고 있지 않다. 위의

〈표 4〉에서 보듯이 2009년에 새로 실시된 유럽의회와 연방의회 선거에서 기민련 내 여성 의원의 비율은 각각 23.5%와 21.6%로 여성에게 할당된 33%에 크게 미치지 못하고 있다. 주의회에서 여성 의원의 비율은 주마다 커다란 편차를 보이고 있다. 여성 의원의 비율이 33% 이상인 주는 브란덴부르크(36.8%) 1개뿐이며, 20%에도 미치지 못하는 주가 7개 주(베를린, 헤센, 노르트라인-베스트팔렌, 메클렌부르크-포어폼먼, 작센, 작센-안할트, 바덴-뷔르템베르크)나 된다.

당직의 경우에 연방 차원의 고위직에서는 1/3 여성할당이 지켜지고 있다고 볼 수 있다. 할당제가 도입되기 전인 1991년에 18.2%였던 당 지도부의 여성 비율이 할당제 이후인 1997년에는 35.0%로 크게 증가했고, 2008년에는 48.7%로서 거의 과반수에 달하는 놀라운 수치를 보이고 있다(〈표 5〉 참조). 여성 대의원의 비율도 할당제 시행 이후 계속 30% 이상을 유지하고 있다. 그러나 기민련 역시 사민당과 마찬가지로 각종 위원회나 프로젝트 그룹, 포럼, 연구회 및 지역 당 지도부 등의 구성에서는 여성의 비율이 여전히 낮다.

기민련의 자매정당으로 바이에른에 근거지를 두고 있는 기사련은 '정치는 남자의 사업'이라는 생각을 여전히 고수하는 정당이다(Kürschner 2009, 227). 2009년 현재 기사련의 여성 당원 비율은 18.8%로서 연방의회에 진출한 독일 정당 중에서 가장 낮으며(〈표 1〉 참조), 기사련의 중요 위원회 중에는 여성이 완전히 배제된 위원회도 드물지 않다. 2009년 9월 연방선거에서 기사련의 전체 45명 연방의원 가운데 여성은 6명으로 여성 의원 비율은 13.3%에 불과하다. 상황이 이러함에도 불구하고 2008년 이래 효력을 발하고 있는 현재의 기사련 당헌에는 "모든 선거에서 여성을 고려해야"(CSU 2008) 한다고만 서술되어 있을 뿐 의무적 여성할당

표 5_ 기민련의 연방 차원 당직에서 여성 비율

단위 : (%)

	1991	1997	2007	2008
당 지도부	18.2	35.0	48.7	48.7
최고위원회	17.6	28.6	35.7	35.7
대의원	17.0	34.0	31.9	31.9

* 출처 : CDU(2008, 22)

을 전혀 실시하고 있지 않다. 기사련은 보수적인 바이에른의 지역정당이라는 특성으로 인해 여성 당원들의 정치적 평등을 위해 그다지 노력하지 않아도 선거에서 특별한 불이익은 보고 있지 않는 듯하다. 반대로 그렇기 때문에 기사련은 당내 양성평등의 실현에 그다지 관심을 보이고 있지 않는 듯하다.

3) 자유민주당(자민당, FDP)

자민당은 자유주의를 지향하는 당 이념에 근거해 강제적인 여성할당을 거부하고 있으며, 초기의 기민련과 유사하게 '자율적 의무'를 통해서 당내 성평등을 달성하고자 한다. 자민당은 1987년에 '여성 장려 플랜'을 매 2년마다 수립하고 1992년까지 여성 당원의 비율을 높이며, 이에 상응해 당의 중요 직책에서 여성의 비율을 증가시키고자 했다. 자민당의 기본 전제는 당 지도부에서 여성의 비율을 여성 당원의 비율에 맞추어야 한다는 것이다. 따라서 자민당이 당직과 의원직에서 여성의 대표성을 높이려면 우선적으로 전체 당원에서 여성 당원이 차지하는 비율을 높여야만 한다. 이에 따라 1995년에는 1998년까지 여성 당원의 비율과 당직 및 의원직에서 여성의 대표성을 25%로 올리기 위해 '자민당 여성에게 더 많은 기회를' 이라는 운동을 펼쳤다. 또한 1998년 연방선거에서는 한 걸음 더 나아가 당선이 가능한 정당 명부 순번에 여성을 30% 배치하고자 했다. 그러나 최종적으로는 20%의 여성 비율이 실현되었을 뿐이다.

2000년에 자민당의 연방 당 지도부는 '여성 장려 플랜' 이 단기적 효과만을 가졌을 뿐 미래지향적인 면에서 효율성이 의심스럽다고 판단했다(FDP 2000). 그럼에도 불구하고 당 지도부는 자민당은 자유주의 정당으로서 엄격한 할당제 없이도 여성들에게 모든 수준에서 기회균등과 평등한 참여에 도달할 수 있는 유일한 정당임을 증명해야 한다고 주장했다. 이를 위한 하나의 방법으로 연방 당 지도부가 주 차원의 당 지도부에 편지를 보내 여성의 참여를 개선해야 할 긴급성을 명확히 밝히고 여성의 대표성을 높일 수 있는 구체적인 방안을 도입하도록 요청한다는 매우 나이브한 방법을 제안하고 있다.

2003년에 당 지도부는 이러한 노력이 별 효과가 없다는 것을 다시금 인정해야만 했다. 당 지도부는 여성 당원의 비율을 높이고 이에 상응해서 당 지도부에서 여성의 비율을 높이기 위한 전략으로 1987년에 수립했던 '여성 장려 플랜' 에도 불구하고 16년이 지난 2003년 현재 상황은 오히려 더 악화되었음을 인정했다. 이에 대해 향후 2년 동안 여성 당원의 비율을 증가시키기 위한 공격적인 전략을 수립하여 그 비율을 30%로 올리고 이에 맞춰 당의 지도적 지위에서 여성의 비율을 증가시키겠다고 선언했다(FDP 2003).

자민당의 여성조직인 〈자유여성〉(Liberal Frauen)은 2004년에 개최된 총회에서 당 지도부가 2003년에 선언한 목적—여성 당원의 비율을 30%로 높이고 이에 상응하여 당 지도부와 선거 명부에서 여성을 선출—을

표 6_ 자민당의 여성 의원 비율(2010. 2. 10)

	전체(명)	여성(명)	여성 비율
유럽의회	12	5	41.7%
연방의회	93	23	24.7%
주의회			
베를린	13	1	7.7%
브란덴부르크	7	2	28.6%
브레멘	5	0	0.0%
함부르크	–	–	–
바이에른	16	5	31.3%
헤센	20	2	10.0%
메클렌부르크–포어폼먼	7	1	14.3%
니더작센	13	2	15.4%
노르트라인–베스트팔렌	12	3	25.0%
자르란트	5	0	0.0%
작센	14	3	21.4%
작센–안할트	7	1	14.3%
라인란트–팔츠	10	3	30.0%
바덴–뷔르템베르크	15	4	26.7%
슐레스비히–홀슈타인	14	5	35.7%
튀링엔	7	1	14.3%

* 출처 : Bundswahlleiters (2010)

달성하지 못한다면 2006년 전당대회에서 여성할당을 위한 당헌변경 안건을 제출하기로 결정했다(Liberale Frauen 2004). 그러나 6년이 지난 2009년 현재까지 자민당의 여성 당원 비율은 여전히 30%에 미치지 못하는

22.6%에 불과하며(〈표 1〉 참조), 아직까지도 강제적 여성할당제를 도입하고 있지 않다.

2009년 9월에 실시된 연방의회 선거에서 자민당 여성 의원의 비율은 24.7%로서 자민당의 여성 당원 비율인 22.6%를 약간 넘어서고 있다(〈표 6〉 참조). 유럽의회에서는 전체 자민당 의원 12명 가운데 여성이 5명으로 41.7%의 상대적으로 매우 높은 여성 비율을 보여주고 있는데, 자민당 여성 당원들 스스로 이 결과를 슐레스비히-홀슈타인 주의회의 35.7%(전체 14명/여성 5명)와 함께 극히 예외적인 현상으로 보고 있다(Liberale Frauen 2009, 2). 주의회에서 여성 의원의 비율이 여성 당원의 비율에 상응하거나 높은 경우는 6개 주였으며, 8개 주에서 그 비율은 20% 미만이다(〈표 6〉 참조). 특히 브레멘과 자르란트에서 여성 의원의 비율은 0%인데, 2009년에 새로 주선거가 실시되었던 자르란트에서 5개의 의석을 획득했음에도 불구하고 한 명의 여성 의원도 없다는 것은 놀라운 일이다. 요컨대 자민당의 사례는 강제적 할당 규정 없이 자율적 규정이나 또는 장려 프로그램만으로는 여성의 대표성을 높이는 것이 쉽지 않음을 잘 보여준다.

4) 연대 90/녹색당(Bündnis 90/Die Grünen)

녹색당은 1979년 창당과 함께 독일 정당으로서는 처음으로 여성 강제할당제를 도입했고, 그 이래 지속적으로 여성에게 남성과 동일한 수준의 정치적 평등을 보장하고자 노력했다. 녹색당은 당헌 제11조 3항에서 "연대 90/녹색당의 정치적 목적은 여성과 남성의 동등한 정치참여"라고 규정하고, 당직과 의석에서 할당제는 이러한 목적을 실현하기 위한 수단이라고 쓰고 있다(Grüne 2009). 또한 제11조 4항에 따르면 연방 차원의 모든 당 기관과 위원회 및 연구회는 최소한 여성을 50% 포함해야 한다.

이러한 파격적인 여성할당과 함께 선거 명부의 작성은 기본적으로 남녀교호 순번으로 하며 여성이 홀수번호를 가진다(당헌 제11조 5항). 만약 여성에게 배당된 자리에 입후보하거나 선출된 여성이 없는 경우에 그 자리는 자동적으로 남성에게 돌아가는 것이 아니라 선거총회가 결정하도록 했다. 만약 여성들이 선거총회의 결정에 동의하지 않을 경우 이들은 '여성당헌' (Frauenstatut) 제4조에 의해 거부권을 행사할 수 있다.

독일의 정당 중에서 '여성당헌' (1986년 제정)을 갖고 있는 정당은 현재까지 녹색당이 유일한데, 여기에는 당내의 남녀평등을 위한 방안이 규정되어 있다. 특히 중요한 규정은 여성 관련 문제에 대해 여성들이 분리투표를 요구할 수 있는 권한이다. 일명 '여성투표' 로 불리는데, 최소 10명의 여성 투표권자의 제안에 의해 정규적인 전체 투표가 이루어지기 전에 실시된다. 만약 분리투표 결과 여성들이 내린 결정이 총회의 결정과 다른 경우 그 안건은 다시 논의하도록 했다. 즉 여성들에게 안건을 유예시킬 수 있는 거부권을 부여한 것이다. 여성들이 거부한 안건은 차기 총회에서 비로소 다시 제출될 수 있다. 또한 1995년에는 제안권과 거부권을 가진 독립위원회로서 〈여성평의회〉를 당헌에 규정된 정식 당 기관으로 설정하고 있다.

2009년 현재 연대 90/녹색당의 여성 당원 비율은 37% 정도로서 다른 기존 정당들에 비해 확실히 높은 수치를 기록하고 있다(〈표 1〉 참조). 또한 소속 연방의원 중에서 여성 의원의 비율도 녹색당이 연방의회에 처음 진입한 제10대에서 이번 제17대까지 두 번(제10대와 제12대)을 제외하고는 50%가 넘는 획기적인 결과를 보여주고 있다(〈표 10〉 참조). 녹색당

표 7_ 연대 90/녹색당의 여성 의원 비율(2010. 2. 10)

	전체(명)	여성(명)	여성 비율
유럽의회	14	7	50.0%
연방의회	68	37	54.4%
주 의회			
베를린	23	14	60.9%
브란덴부르크	5	3	60.0%
브레멘	14	7	50.0%
함부르크	12	6	50.0%
바이에른	19	10	52.6%
헤센	17	9	52.9%
메클렌부르크-포어폼먼	–	–	–
니더작센	12	6	50.0%
노르트라인-베스트팔렌	12	6	50.0%
자르란트	3	1	33.3%
작센	9	5	55.6%
작센-안할트	–	–	–
라인란트-팔츠	–	–	–
바덴-뷔르템베르크	17	6	35.3%
슐레스비히-홀슈타인	12	6	50.0%
튀링엔	6	3	50.0%

* 출처 : Bundswahlleiters (2010)

이 진출한 주의회에서 여성 의원의 비율은 가히 인상적인데, 전체 13개 주에서 2개 주를 제외하고는 50% 내지 그 이상이다(〈표 7〉). 연대 90/녹색당의 당 지도부에서 여성의 비율은 2009년 10월 현재 56%로서 독일

정당 중에서 가장 높다.

5) 좌파당(Die Linkspartei)

좌파당은 2007년에 구 동독의 공산당이었던 '사회주의 통일당'(SED)의 후신 정당으로 창설된 민사당(PDS)과 사민당의 우경화에 불만을 품고 탈당한 일부 분파(WASG)가 뭉쳐서 만든 정당이다. 2007년 이전에는 제12대부터 민사당이 연방의회에 원내교섭단체로 진출했다(제15대에는 진입에 실패). 좌파정당으로서 좌파당은 양성평등의 실현을 당의 주요 이념으로 삼고 있으며, 그에 상응하여 좌파당의 당헌은 모든 당직과 선출직에 대한 후보 지명에서 최소 50%의 여성 비율을 보장하는 강제 규정을 담고 있다.

당헌 제10조는 성(性)민주주의에 대해 규정하고 있는데, 제1항에 따르면 좌파당은 "정당에서 여성의 정치적 의지형성을 적극적으로 장려"하며 "여성이 정치활동에서 차별받지 않도록 하는 것이 당의 목적"이다(Die Linke 2009). 이를 위해 여성 당원들에게 당내에서 자신들의 조직과 모임을 구성할 수 있는 권리를 부여하고 있다. 녹색당의 '여성투표'와 유사하게 좌파당의 경우에 모든 총회와 위원회에서 투표권을 가진 여성의 최소 1/4이 제안하는 경우 회의를 중지하고 여성들만의 분리된 회의를 가질 수 있다(제10조 3항). 이 회의에서 부결된 결정이나 제안은 총회나 위원회가 새로 논의한 이후에 비로소 최종적으로 결정된다.

당헌 제10조 4항과 5항은 '50% 여성할당제'를 규정하고 있다. 당 지도부와 각종 위원회, 연구회 및 대의원 선거에서 원칙적으로 여성을 최소한 50% 선출해야 하며, 만약 이것이 가능하지 않은 경우에 남성이 그

표 8_ 좌파당의 여성 의원 수와 비율(2010. 2. 10)

	전체(명)	여성(명)	여성 비율
유럽의회	8	4	50.0%
연방의회	76	40	52.6%
주 의회			
베를린	23	12	51.2%
브란덴부르크	26	12	46.2%
브레멘	7	3	42.9%
함부르크	8	4	50.0%
바이에른	–	–	
헤센	6	2	33.3%
메클렌부르크-포어폼먼	13	7	53.8%
니더작센	11	6	54.5%
노르트라인-베스트팔렌	–	–	–
자르란트	11	5	45.5%
작센	29	15	51.7%
작센-안할트	26	12	46.2%
라인란트-팔츠	–	–	–
바덴-뷔르템베르크	–	–	–
슐레스비히-홀슈타인	6	3	50.0%
튀링엔	27	15	55.6%

* 출처 : Bundswahlleiters (2010)

자리를 채우는 것이 아니라 빈자리로 놔두고 매번 추가선거를 하여 여성을 임명하도록 규정하고 있다. 연방, 주, 지방의회와 지방자치단체 선거에서 정당 후보자 선거 명부에는 여성을 최소한 50% 배치하는데, 맨 처음 1번과 2번 중 하나에 여성이 들어가야 하고 3번부터는 여성 후보자가 있는 한 홀수자리에 여성을 할당하며, 또한 순수한 여성 후보 명부가 가능하다. 그 밖에 제10조 2항에서는 당내 발언에서도 교호순번제도를 도입하고 있는데, 당의 모든 회의와 위원회에서 적절한 발언신청이라는 전제 하에 여성과 남성은 교차적으로 발언권을 가지며, 남성과 여성의 발언명부는 각각 분리해서 작성한다(Die Linke 2009).

2009년 9월 현재 좌파당의 여성 당원 비율은 37.3%이다(〈표 1〉 참조). 2007년에는 39.1%였는데 2008년에 39.4%로 약간 상승했다가 2009년에 감소했다.[3] 2009년에 실시된 유럽의회와 연방의회 선거에서 각각 4명과 40명의 여성 의원이 선출됨으로써 이들 의회에서 좌파당의 여성 의원 비율은 50% 내지 그 이상을 보이고 있다(〈표 8〉). 또한 좌파당이 진입에 성공한 12개 주의회에서 좌파당의 여성 의원 비율을 보면 헤센을 제외하고는 40% 이상의 비율을 보이고 있고, 50% 이상인 주의회는 7개로서 절반을 넘어서고 있다. 요컨대 연방의회에 진출해서 원내교섭단체를 구성하고 있는 독일 정당들 가운데 좌파당의 여성 의원 비율은 녹색당 못지않게 매우 높은 수준을 보여주고 있다. 좌파당의 당 지도부에서 여성의 비율은 2009년 10월 현재 45%에 달하고 있다.

지금까지 독일 정당들에서 여성할당의 현황과 내용을 살펴보았다. 각 정당의 여성할당 도입과 규정을 요약하면 〈표 9〉와 같다. 독일의 사례는 정당 내에서 여성의 대표성과 영향력을 증가시키기 위해서는 할당제가 가장 효과적인 수단이라는 것을 보여주고 있다. 일부에서는 할당제에 대한 공공연한 반대가 여전히 존재하지만, 오늘날 대부분의 정당에서 여성 당원들은 당내 양성평등과 이를 실현하기 위한 방법으로 할당제를 당연시하고 있고 남성 당원들도 어느 정도 우호적으로 이를 수용 및 지

표 9_ 독일 정당의 여성할당 규정

정당	할당 규정
사민당	■ 1988년 강제적 여성할당제 도입 ■ 당직, 의원직, 위원회, 대의원 등에서 여성과 남성이 각각 최소한 40%가 되어야 함 ■ 연방과 주 의회, 지방선거의 후보 명부에서 여성과 남성이 각각 최소한 40%가 되어야 함 ■ 정당선거 명부의 남녀교호순번제
기민련	■ 1996년 강제적 여성할당제 도입 ■ 당직과 의원직에서 최소 1/3의 여성할당 ■ 연방의회, 주 의회, 지방의회, 유럽의회 선거의 정당선거 명부에서 3번 연속 이어지는 명부순번에 최소한 1명의 여성이 있어야 함 ■ 당 선거위원회는 여성이 충분히 고려되지 않은 후보자 제안서를 거부할 수 있음
기사련	■ 여성할당제 없음 ■ 모든 선거에서 여성을 '배려' 한다고 당헌에 규정
자민당	■ 강제적 여성할당제 없음 ■ 기본강령에 모든 위원회에서 남성과 여성이 동일 비중으로 대표되도록 노력해야 한다고 규정
연대 90/녹색당	■ 1979년 창당과 함께 강제적 여성할당제 도입 ■ 모든 연방 차원의 당기구와 위원회 등에서 50% 여성할당 규정 ■ 선거 명부는 기본적으로 남녀교호순번제이며 여성에게 홀수번호 배정
좌파당	■ 2007년 창당과 함께 강제적 여성할당제 도입(이전의 민사당 시절에 이미 강제적 여성할당제 도입) ■ 당 지도부, 위원회, 대의원 선거에서 50% 여성할당 ■ 의회와 지방자치단체의 선거 후보자 명부에서 50% 여성할당. 후보자 명부에서 1번과 2번 가운데 하나는 여성에게 할당되며, 3번부터는 여성에게 홀수번호 배정

원하고 있다. 또한 독일의 사례는 각 정당 내에 여성할당에 대한 찬성과 반대가 있었지만 일반적으로 좌파계열의 정당들이 보수적·자유주의적 이념을 가진 우파정당들보다 할당제와 같은 남녀평등 정책에 더 개방적

이고 적극적임을 보여준다. 정당의 이데올로기가 정당 내 여성할당제를 도입하는 데 매우 중요한 요소임을 알 수 있다.

2. 독일 의회에서 여성의 대표성

1) 연방의회(Bundestag)

연방의회는 전체 독일 국민을 대표하는 최고의 입법적 국가기관으로서 입법활동뿐만 아니라, 국민의 정치적 의지를 결집하고 연방총리를 선출하며 행정부를 감시하는 등 매우 중요한 정치적 기능을 수행하고 있다. 또한 정치가 개인으로서도 연방의회에 진출하는 것은 정치적 경력을 이루어 나가는 데에 결정적으로 중요한데, 왜냐하면 독일에서 지도적 지위의 정치 엘리트는 거의 대부분 연방의회의원 집단에서 충원되기 때문이다(Hoecker 1998, 139).

연방하원 선거는 전체 의석의 1/2를 선출하는 다수대표제와 그 나머지를 선출하는 비례대표제가 결합된 혼합선거제로 시행된다. 유권자는 2표의 투표권을 행사하는데, 제1투표는 상대다수대표제에 의해 하나의 지역선거구에서 한 명의 직선의원을 선출하는 데 사용된다. 제2투표는 주 차원에서 정당 명부를 선거하는데, 유권자는 정당 명부 중에서 자신이 지지하는 정당에 기표한다. 지역선거구에서 최소한 3석을 얻거나 또는 제2투표에서 최소한 5% 이상을 획득한 정당만이 비례대표제의 의석배분에 참여할 수 있다. 이는 '5% 제한조항' 이라고 불리는데, 정당의 난립을 막고 의회의 효과적인 작동과 정치안정을 도모하고자 도입된 제

그림 1_ 독일 연방의회에서 여성 의원의 비율(1949-2009)

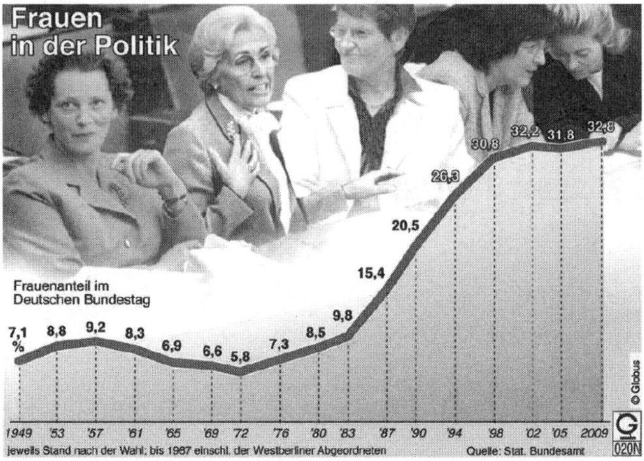

* 출처 : Glaesner(2009, 28)

도이다. 따라서 제2투표는 정당의 연방의회 진입 여부와 실제로 각 정당별 의석 수를 결정한다.

독일연방공화국이 수립된 이래 1980년대까지 연방의회는 90% 이상이 남성으로 구성된 남성들의 의회였다. 연방의회에서 여성의 대표성은 1972년에 여성 의원 비율이 5.8%로 역사상 최하위를 기록한 가운데 1980년대 초까지 전체 인구 중에서 여성이 차지하는 비율은 차치하고 각 정당의 여성 당원의 비율에도 훨씬 못 미치는 매우 낮은 수준을 보였다(〈그림 1〉 참조). 이러한 상황에서 1987년에 여성 의원의 비율이 약 15%로 역사상 처음 10%대를 넘어서면서 변화가 일기 시작했고, 1990년대에 들어 여성의 대표성은 비약적으로 발전했다. 제17대 연방의원 선거 직전인 2009년 8월 31일 현재 독일의 여성 의원 비율은 32.2%로서 세계에서 여성 의원 비율 순위가 20위였다.[4] 2009년 9월 17일에 있었던 제17대 연방의원 선거결과 여성 의원의 비율은 32.8%로서 연방의회 역사상 최고수준을 기록하고 있다.

이처럼 연방의회에서 여성 의원의 비율이 증가한 것은 무엇보다도 정당들이 실시한 여성장려 정책, 특히 여성할당제의 효과이다. 1987년에 여성 의원의 비율이 지난 40여 년 간에 걸친 10% 미만의 답보상태를 깨고 10%선을 돌파하게 된 주요 원인은 사민당이 1988년에 여성할당제를 도입하여 자당의 여성 의원 비율을 거의 6% 향상시켰고, 또한 50% 여성할당제를 실시하는 녹색당의 약진에 기인한다(〈표 10〉 참조).

1998년에 실시된 제14대 연방의회 선거에서 여성 의원의 비율은 처음으로 30%를 넘어서게 되었는데, 이는 여성할당제를 어느 정도 충실히 이행하고 있는 사민당(35.2%)과 거의 60%에 육박하는 여성 의원 비율을 가진 녹색당 및 좌파당(민사당)에 힘입은 바가 크다. 동시에 간과해서 안 되는 것은 기민/기사련의 여성 의원 비율(18.3%)이 증가한 점이다. 기사련이 보수적인 남성 정당으로서 여성 의원의 비율이 1990년대 이래 거의 항상 10%대를 맴돌았던 점을 감안하면 제14대 연방의회에서 기민련의 여성 의원 비율은 18.3%보다 더 높을 것으로 추측된다. 이처럼 1998년 선거에서 기민련의 여성 의원 비율이 이전에 비해 큰 폭으로 증가한 것은 1996년에 기민련이 여성할당제를 도입한 것에서 그 원인을 찾을 수 있다.

연방의회에서 여성의 대표성이 이처럼 명백히 증가했음에도 불구하고 여성이 의회 고위직에 접근하는 것은 여전히 어려운 상태이다. 제1대에서 제17대까지 연방의회에서 여성연방의회의장은 두 명이었다. 역설적으로 여성 의원의 비율이 독일연방공화국 수립 이래 가장 낮았던 제7대 연방의회에서 사민당의 안네마리 렝어(Annemarie Renger)가 연방의회 의장직을 맡았으며(1972-1976),[5] 기민련의 리타 쥐스무트가 두 번째 연방

표 10_ 정당별 여성 연방의원 수와 비율(1980–2009)

의원임기	사민당		기민/기사련		자민당		연대 90/녹색당		민사당/좌파당	
제9대 (1980–1983)	19명	8.3%	18명	7.6%	7명	13.0%	–	–	–	–
제10대 (1983–1987)	21명	10.4%	17명	6.7%	3명	8.6%	10명	37.5%	–	–
제11대 (1987–1990)	31명	16.1%	18명	7.7%	6명	12.5%	25명	56.8%	–	–
제12대 (1990–1994)	65명	27.2%	44명	13.8%	16명	20.3%	3명	37.5%	8명	47.1%
제13대 (1994–1998)	85명	33.7%	41명	13.9%	8명	17.0%	29명	59.2%	13명	43.3%
제14대 (1998–2002)	105명	35.2%	45명	18.3%	9명	20.9%	27명	57.4%	21명	58.3%
제15대 (2002–2005)	95명	37.8%	57명	23.0%	10명	21.3%	32명	58.2%	–	–
제16대 (2005–2009)	80명	36.0%	45명	19.9%	15명	24.6%	29명	56.9%	25명	46.3%
제17대 (2009–)	56명	38.4%	48명	20.1%	23명	24.7%	37명	54.4%	40명	52.6%

* 출처 : Hoecker (2008, 14) ; http://www.bundeswahlleiter.de/ ; http://webarchiv.bundestag.de/

의회여성의장(1988–1998)이 되었다. 또한 기존의 주요 정당인 기민/기사련, 사민당, 자민당에서 여성이 원내대표를 맡은 것은 2000년대에 들어와서이다. 최초의 연방의회 여성원내대표는 안겔라 메르켈(Angela Merkel) 현 독일 수상으로 2002년에서 2005년까지 기민련의 연방의회 원내교섭단체를 이끌었다. 그리고 2009년부터 비르기트 홈부르거(Birgit Homburger)가 자민당의 연방의회 원내대표를 맡고 있다. 사민당에서는 아직까지 여성 원내대표가 없는 실정이다.

2) 주의회(Länderparlamente)

독일에는 현재 16개 주(Land)가 있으며, 주의회는 주법을 제정할 수 있는 입법능력을 갖고 있다. 특히 주의회의 의원직은 연방의회나 또는 주정부 등 높은 정치적 지위로 상승할 수 있는 디딤돌로 여겨지고 있다. 연방의회와 마찬가지로 1980년대까지 주의회에서 여성의 대표성은 낮았고 주변적인 역할에 그쳤다(Hoecker 1998, 136). 그러나 1990년대에 들어서 여성 의원의 비율이 높아졌고, 이와 함께 주의회에서 여성은 정치적 영향력을 확대할 수 있는 기회를 가질 수 있게 되었다.

2010년 현재 전체 16개 주에 주의원은 총 1,859명이며, 이 중에서 여성 의원은 599명으로 여성 의원 비율은 연방의회(32.8%)와 거의 비슷한 32.2%이다(〈표 11〉). 여성 의원의 비율이 30% 미만인 주의회들을 살펴보면, 보수정당인 기민련이나 여성할당제를 실시하고 있지 않은 자민당이 단독 혹은 연합으로 내각을 구성하고 있다. 즉 바덴-뷔르템베르크(23.7%)와 노르트라인-베스트팔렌(27.3%)에는 기민련-자민당 연합내각이, 헤센(28.0%)에는 기민련 단독내각이 그리고 메클렌부르크-포어폼먼에는 기민련-사민당 연합내각이 지배하고 있다.

정당별로 전체 여성 주의원 비율을 보면 사민당이 40.2%, 기민련 20.8%, 기사련 20.7%, 자민당 20.0%, 연대 90/녹색당 50.9%, 좌파당 49.7%이다(〈표 12〉 참조). 강제 여성할당제를 실시하고 있는 진보정당들은 규정을 잘 준수하고 있으며, 따라서 여성 의원의 비율이 매우 높다. 반면에 1/3 여성할당을 강제규정으로 갖고 있음에도 불구하고 이를 실행하지 않고 있는 보수정당인 기민련 그리고 여성할당을 실시하고 있지

표 11_ 주의회에서 여성 의원의 수와 비율(2010. 2. 10)

연방주	의원 수 (전체/여성)	여성 의원 비율(%)	연방주	의원 수 (전체/여성)	여성 의원 비율(%)
바덴-뷔르템베르크	139/33	23.7	니더작센	152/47	30.9
바이에른	187/58	31.0	노르트라인-베스트팔렌	187/51	27.3
베를린	149/59	39.6	라인란트-팔츠	101/38	37.6
브란덴부르크	88/34	38.6	자르란트	51/17	33.3
브레멘	83/32	38.6	작센	132/41	31.1
함부르크	121/40	33.1	작센-안할트	97/30	30.9
헤센	118/33	28.0	슐레스비히-홀슈타인	95/34	35.8
메클렌부르크-포어폼먼	71/18	25.4	튀링엔	88/34	38.6
			전체	1,859/599	32.2

* 출처 : Bundswahlleiters (2010)

표 12_ 정당별 여성 주의원 수와 비율(2010. 2. 10)

	사민당	기민련	기사련	자민당	연대 90/녹색당	민사당/좌파당
의원 수 (전체/여성)	559/225명	648/135명	92/19명	165/33명	161/82명	193/96명
여성 의원 비율	40.2%	20.8%	20.7%	20.0%	50.9%	49.7%

* 출처 : Bundswahlleiters (2010)를 재구성

않는 자민당과 기사련의 여성 의원 비율은 앞의 세 정당에 비해 현격히 낮음을 알 수 있다.

3) 유럽의회(Das Europäische Parlament)

유럽의회에서 여성의 비율은 초기에 비슷한 시기의 연방의회 여성 의원의 비율과 비교해서 상대적으로 높은 수준을 보인다. 즉 1980년에 여성 연방의원의 비율이 8.5%였던 것에 비해 유럽의회에서 여성 의원의 비율은 15.4%로서 거의 두 배 가까이 되고 있다(〈그림 1〉, 〈표 13〉 참조). 이런 현상은 1980년대 초반에 나타나고 있는데, 1983년의 여성 연방의원 비율이 9.8%였던 반면에 유럽의회 여성 의원 비율은 20.9%로서 전자와 두 배 이상의 격차를 벌이고 있다. 그러나 이러한 차이는 1990년대에 들어서면서 줄어들기 시작하여 2000년대에는 유럽의회 여성 의원 비율이 연방의회 여성 의원 비율에 비해 여전히 높기는 하지만 커다란 차이는 나지 않고 있다.

표 13_ 유럽의회에서 여성 의원의 수와 비율(1979-2009)

	1979	1984	1989	1994	1999	2004	2009
의원 수 (전체/여성)	78 / 12명	78 / 16명	78/23명	99/35명	99/37명	99/31명	99/37명
여성 의원 비율	15.4%	20.5%	29.5%	35.4%	37.4%	31.3%	37.4%

* 출처 : Bundeswahlleiter(2009, 94)

유럽의회에서 여성의 대표성이 연방의회에 비해 상대적으로 높았던 것은 초기에 남성들이 유럽의회에 커다란 중요성을 부여하지 않았기 때문이라고 할 수 있다(Hoecker 1998, 148). 그러나 유럽연합이 확대되고 유

표 14_ 정당별 유럽의회 여성 의원 수와 비율(1979-2009)

정당 / 연도	사민당		기민련		기사련		자민당		연대 90/녹색당		민사당/좌파당	
	의원 수 (여성)	여성 비율	의원 수 (여성)	여성 비율	의원 수 (여성)	여성 비율	의원 수 (여성)	여성 비율	의원 수 (여성)	여성 비율	의원 수 (여성)	여성 비율
1979	34(7)	20.6%	32(3)	9.3%	8(1)	12.5%	4(1)	25.0%	-	-	-	-
1984	32(8)	25.0%	32(4)	12.5%	7(1)	14.3%	-	-	7(3)	42.9%	-	-
1989	30(11)	36.7%	24(5)	20.8%	7(1)	14.3%	4(1)	25.0%	7(4)	57.1%	-	-
1994	40(17)	42.5%	39(10)	25.6%	8(2)	25.0%	-	-	12(6)	50.0%	-	-
1999	33(14)	42.4%	43(12)	27.9%	10(4)	40.0%	-	-	7(4)	57.1%	6(3)	50.0%
2004	23(9)	39.1%	40(8)	20.0%	9(2)	22.2%	7(1)	14.3%	13(7)	53.8%	7(4)	57.1%
2009	23(10)	43.5%	34(8)	23.5%	8(3)	37.5%	12(5)	41.7%	14(7)	50.0%	8(4)	50.0%

* 출처 : Bundeswahlleiter(2009, 94)를 재구성

럽의회의 중요성이 커짐에 따라 유럽의회 의원직은 남성들에게 매력적인 것으로 변했다.

〈표 14〉에서 알 수 있듯이 유럽의회 여성 의원의 대표성과 비율을 높이는 데에는 사민당과 녹색당 그리고 후에는 좌파당의 여성할당제가 큰 기여를 했다. 할당제를 도입한 이후 사민당 소속 여성 의원의 비율은 많이 증가했고 녹색당은 50% 할당제를 통해 유럽의회 진입 이후에 50% 이상의 여성 의원 비율을 꾸준히 보여주고 있다.

3. 독일 행정부에서 여성의 대표성

1) 연방정부에서 여성의 대표성

안겔라 메르켈(Angela Merkel) : 독일 최초의 여성 총리

독일의 헌법인 '기본법'에 의하면 연방정부는 국가의 행정을 담당하고 대내외적으로 독일의 이익을 추구할 책임을 가지고 있을 뿐만 아니라 정치권력의 핵심이다. 대통령은 국가의 최고 수장이기는 하지만 국가를 대표하는 기능만을 할 뿐 실제적인 최고 권력은 연방총리에게 있다. 1949년에 독일연방공화국이 형성된 이래 현재까지 독일은 8명의 총리를 거쳤는데, 2005년에 기민련의 안겔라 메르켈이 총리가 됨으로써 56년 만에 처음으로 여성 연방총리가 탄생했다. 구 동독 출신의 메르켈은 독일 통일 시기에 정치에 입문했는데, 당시 통일 독일의 내적 통합문제에 고심하던 헬무트 콜 총리에게 가능성을 인정받아 전격 발탁되었다. 자신의 권위적이고 보수적인 인상을 중화시켜 줄 수 있는 부드러운 이미지의 대

변인을 찾고 있던 콜 총리에게 동독 출신에다 여성인 메르켈은 적임자였다(박채복 2007, 75). 일부 미디어는 메르켈을 '콜의 소녀' (Kohl's Mädchen)라고 부르기도 했다(Erfurt et al. 2007, 34).

최초의 여성 장관은 기민련의 엘리자베트 슈바르츠하우프트(Elisabeth Schwarzhaupt)인데, 1961년에서 1966년까지 건강보건부 장관을 역임했다. 1968–1969년에 키징어(Kiesinger, 기민련) 내각에서 처음으로 복수(2명)의 여성 장관이 등장했는데, 건강보건부와 청소년·가족부에 임명되었다. 1982년에 도로테 빌름스(Dorothee Wilms, 기민련)가 교육과학부 장관이 됨으로써 처음으로 건강보건, 청소년, 가족 관련 이외의 부서에서 여성 장관이 나타났다.

여성이 연방정부에서 '알리바이용 여성' (Alibi–Frau)의 역할을 벗어나기 시작한 것은 1990년대에 들어서면서이다. '알리바이용 여성' 은 여성의 능력보다는 여성을 배려하고 친여성적이라는 알리바이를 만들기 위해 내세우는 여성을 의미한다. 우리 식으로 표현하면 '장식용 여성' 혹은 '대외전시용 여성' 이라고 할 수 있다. 1990년 콜 총리의 제4차 내각에서 여성 장관의 수는 4명으로 늘어나 여성 장관의 비율이 20.0%에 달하게 되었다(〈표 15〉). 양적인 면에서 뿐만 아니라 질적인 면에서도 발전이 있었는데, 1992년에 자비네 로이토이저–슈나렌베르거(Sabine Leutheusser–Schnarrenberger, 자민당)가 법무부장관에 임명됨으로써 최초의 여성 법무부장관이 탄생했다.

특히 사민당의 슈뢰더(Gehard Schröder) 내각에서 여성 장관의 비율은 많이 증가했는데, 슈뢰더 총리는 1998년에 법무부를 위시하여 5개 부처에 여성 장관을 임명했다. 2002년에 시작된 제2기 내각에서는 6명의 여성을 장관으로 발탁하여 여성 장관의 비율은 역사상 최고인 42.9%에 달했다(〈표 15〉). 한편 여성 총리가 이끄는 메르켈 정부에서 여성 장관의 비율은 슈뢰더 정부 시기보다 감소했다.

표 15_ 연방정부에서 여성 장관의 수와 비율(1990-2009)

정부	전체 장관 수	여성 장관 수	여성 장관 비율
콜 IV (H. Kohl, 1990-1994)	20	4	20.0%
콜 V (H. Kohl, 1994-1998)	18	3	16.7%
슈뢰더 I (G. Schröder, 1998-2002)	16	5	31.3%
슈뢰더 II (G. Schröder, 2002-2005)	14	6	42.9%
메르켈 I (A. Merkel, 2005-2009)	15	6	40.0%
메르켈 II (A. Merkel, 2009-)	14	5	35.7%

* 출처 : Hoecker(2008, 13) ; 2009년 이후 메르켈 제2기 내각은 http://www.bundesregierung.de/Content/DE/__Anlagen/druckversion-kabinett-2009-11-30, property=publicationFile.pdf

연방내각에서는 강제적으로든 자율적으로든 할당제가 실시되고 있지 않기 때문에 여성 장관의 임명은 수상의 의지나 당내 협상 내지는 권력관계를 포함하여 다양한 요소에 의해 결정된다고 볼 수 있다. 1990년대 이후, 특히 슈뢰더 정부 이후 여성 장관의 비율은 증가했고 여성이 임명되는 부처도 일부 다양화되기는 했지만 그럼에도 불구하고 여전히 여성은 전통적인 여성 특화적 분야에 임명되고 있다. 여성은 거의 모든 내각에서 주로 건강보건, 청소년, 가족, 식품, 노동, 교육 관련 부서의 장관을 맡고 있다. 부처 중에서도 이른바 핵심으로 여겨지는 외무, 내무, 재정경제, 국방 등에서는 아직까지 여성 장관이 임명되지 못하고 있다.

흥미로운 것은 법무부인데, 1992년 여성 법무부장관이 취임한 이래 1996년에서 1998년 사이의 약 2년여를 제외하고는 현재까지 여성이 지속적으로 장관직을 맡고 있다. 이것은 연방정부에서 여성의 대표성 증진과 관련하여 좋은 시사점을 준다. 여성에 대한 편견에 치우친 고정관념과 강고한 벽을 가지고 있는 영역일지라도 일단 한번 여성이 임명되면 그 뒤에는 여성의 진입이 쉬워진다는 사실이다.

2) 주정부에서 여성의 대표성

독일은 연방주의를 채택하고 있는데, 연방주는 단순한 연방국가의 행정구역이 아니라 자체의 헌법을 가지고 국가권력을 구성하는 또 하나의 국가와 유사한 형태이다. 각 주는 인구 수에 따라 적절한 규모의 의회와 주지사 및 각부 장관으로 이루어진 주정부를 구성하여 연방정부의 간섭 없이 독자적으로 업무를 기획하고 추진한다(이규영 2002, 2). 2010년 2월 현재 16개 주 가운데 튀링엔을 제외하고는 모두 남성 주지사이다. 기민련의 크리스티네 리버크네히트(Christine Lieberknecht)가 2009년 10월 30일부터 주지사로 튀링엔 주정부를 이끌고 있는데, 그녀는 역사상 두 번째 여성 주지사이다. 독일에서 최초의 여성 주지사는 1993년에서 2005년까지 슐레스비히-홀슈타인 주지사를 지낸 사민당의 하이데 시모니스(Heide Simonis)이다.

주정부에서 여성의 대표성은 연방정부에서처럼 1990년대 이래 확대되었는데 연방보다 더 빠른 속도를 보였다(Hoecker 2008, 12). 예를 들어 1991년에 헤센에서는 10명의 장관 중에서 5명이 여성이었으며, 이 가운데에는 이른바 남성영역에 속하는 재정부와 법무부 장관도 있었다. 첫 번째 여성 주지사였던 하이데 시모니스는 주지사가 되기 직전 1988년에서 1993년까지 슐레스비히-홀슈타인 주의 재정부 장관이었다. 전반적으로 1990년대 말에 주정부들에서 여성 장관의 비율은 평균 30%에 달했으며, 주의회 여성 의원의 비율과 거의 유사한 수준을 이루었다(Hoecker 2008, 13).

표 16_ 주정부에서 여성 장관의 수와 비율(2010. 2)

연방주	장관 수 (전체/여성)	여성 장관 비율 (여당)	연방주	장관 수 (전체/여성)	여성 장관 비율(%) (여당)
바덴-뷔르템베르크	13/2	15.4% (기민련/자민당)	니더작센	10/2	20.0% (기민련/자민당)
바이에른	12/3	25.0% (기사련)	노르트라인-베스트팔렌	12/3	25.0% (기민련/자민당)
베를린	9/4	44.4% (사민당/좌파당)	라인란트-팔츠	8/3	37.5% (사민당)
브란덴부르크	9/3	33.3% (사민당/좌파당)	자르란트	9/2	22.2% (기민련)
브레멘	7/4	57.1% (사민당/녹색당)	작센	10/2	20.0% (기민련/자민당)
함부르크	10/4	40.0% (기민련/대안녹색)	작센-안할트	9/1	11.1% (기민련/사민당)
헤센	11/3	27.3% (기민련/자민당)	슐레스비히-홀슈타인	8/1	12.5% (기민련/자민당)
메클렌부르크-포어폼먼	9/3	33.3% (사민당/기민련)	튀링엔	10/3	30.0% (기민련/사민당)
			전체	156/43	27.6%

2010년 2월 현재 전체 독일 주정부 각료 156명 가운데 여성 각료는 43명으로 27.6%의 비율을 보이고 있다(〈표 16〉 참조). 이는 2008년의 24.5%에서(Hoecker 2008, 15) 약간 상승한 수치이다. 여성 각료의 비율은 작

센-안할트의 11.1%에서 브레멘의 57.1%까지 주에 따라 편차가 매우 크다. 그러나 〈표 16〉은 높은 비율의 여성할당제를 실시하고 있는 사민당, 좌파당, 녹색당이 정권을 잡고 있는 주정부들(브레멘, 베를린, 라인란트-팔츠, 브란덴부르크 등)에서 여성 각료의 비율이 상대적으로 낮은 비율의 여성할당제나 할당제를 실시하고 있지 않은 기민련, 자민당, 기사련의 단독 혹은 연합 주정부들(슐레스비히-홀슈타인, 바덴-뷔르템베르크, 니더작센, 바이에른 등)에 비해 높다는 것을 보여준다. 또한 기민련과 사민당이 연합정부를 구성하고 있는 주의 경우에도 기민련이 사민당에 비해 다수의석을 가지고 기민련 주지사가 이끄는 작센-안할트(11.1%)와 튀링엔(30.0%)은 그 반대의 경우인 메클렌부르크-포어폼먼(33.3%)보다 여성의 비율이 낮다.

4. 독일 정당 여성정치할당제의 의의와 한계

지금까지 살펴본 바에 의하면 독일에서 여성이 그들의 대표성을 높이기 위해 사용한 주요 전략은 이른바 적극적 차별조치로 알려진 여성할당의 도입이었고, 이것은 의회와 정부의 고위직책에서 여성 비율을 높이는 데에 기여했다. 물론 자신의 정치적 능력과 재능을 신뢰하고 남성적 문화가 지배하는 정치영역에 잘 적응할 수 있다는 자신감을 가진 일부 여성들은 할당제를 통해 스스로가 알리바이용 여성으로 전락할 수 있다는 두려움에 할당제를 반대하기도 했다. 그러나 대부분의 여성들은 할당제를 환영했으며 할당제의 도입과 실현을 위해 많은 노력을 기울였다.

슐레스비히-홀슈타인 주의 시모니스 정부 하에서 1996년에서 2000

년까지 여성·청소년·주택건설·도시건설부 장관을 지낸 녹색당의 안겔리카 비르크(Angelika Birk)는 모든 정치 관련 직책에서 여성할당제가 일관되게 시행되어야 한다고 주장했다. 그녀는 자신이 "할당여성(Quotenfrau)인 것에 자부심을 가지고 있다"면서 "만약에 의석과 직책에서 교호순번원칙에 의거해 할당제가 실시되지 않았다면 자신은 결코 장관이 될 수 없었을 것"(Helvig)이라고 말했다. 사민당의 여성조직 사민주의여성활동위원회 의장인 엘케 페르너(Elke Ferner)도 "할당제가 없었다면 오늘의 나는 없다"고 이야기한다(FES 2008/2009, 27). 실제로 고위당직이나 고위행정직, 의회에 있는 여성 정치가들이 이와 유사한 주장을 하고 있으며, 할당제가 당직과 의석에서 여성의 대표성과 참여를 높이는 데 기여한다는 점에 대해서는 논박의 여지가 없다.

그러나 할당제는 여전히 여성의 불평등과 불이익을 개선하는 근본적인 해결방안은 아니다. 이미 앞에서 보았듯이 정당들이 할당제를 강제규정으로 당헌에 도입했음에도 불구하고 실제로 지키지 않는 경우가 종종 발생한다. 기민련이 대표적인 예인데, 1/3 여성할당을 규정하고 있음에도 불구하고 2010년 현재 연방의회와 유럽의회 및 주의회들에서 여성의 비율이 모두 30% 미만이다(브란덴부르크 주의회 예외). 동시에 할당제가 제대로 지켜지지 않을 경우 이를 강력히 제재할 수단은 거의 없는 듯하다.

할당제의 또 다른 한계는 여성들이 할당제 덕분에 늘어난 의석과 투표권을 가지고 정책과 의사결정에 영향력을 행사할 수 있게 되자마자 남성들은 결정권을 비가시적인 곳으로 옮기면서 여성들을 은연중에 배제하는 미묘한 차별상황이 나타난다는 데에 있다(김경미 2001, 296). 한국에서처럼 독일에서도 많은 여성 정치인들은 밀실과 술좌석을 정치적 담합과 결정이 이루어지는 장소라는 데에 동의하고 있다(Kürschner 2009, 18). 밀실에서 시간과 함께 음주가 무르익어 감에 따라 중요한 정보들이 교환되고 가장 중요한 결정들이 미리 논의되거나 확정된다. 많은 경우에 이러한 밀실과 술자리는 여성들에게 낯선 것이며 또 여성들이 쉽게 동참하기 어려운 자리이다. 요컨대 할당제가 여성의 대표성을 높이는 데에 매우 유용한 수단이기는 하지만 지금까지의 경험은 할당제가 기존의 남성중심적인 정치구조와 문화를 바꾸는 데에는 역부족임을 보여주고 있다. 예를 들어 독일사민당은 당직과 의석에서 여성할당제를 도입한 지 20년이 넘었지만 정당운영과 관행에서 남성중심적으로 고착된 정치행태는 그다지 변하지 않은 듯 보인다. 할당제를 통한 여성친화적인 일부 충원방식과 남성친화적인 기본구조와 행태가 정당 내에 병존하는 모호한 상태가 유지되고 있다.

질적 변화를 위해서는 양적 확장이 무엇보다도 중요하지만 단순한 양적 확장만으로는 질적 변화를 이룰 수 없다. 정치에서 여성과 남성의 동등한 참여와 공정한 경쟁을 위해서는 남성중심적인 인적 충원과 정치엘리트 형성과정에서의 변화 그리고 여성들에 대한 전반적인 사회적 불평등이 해소될 때에만 가능하다. 양에서 질로의 전환을 위해서는, 그리고 특히 정치영역에는 그 핵심에 권력관계가 자리하고 있기 때문에 무엇보다도 여성의 실제적인(de facto) 세력화가 긴급히 요구된다고 할 수 있다.

참고문헌

김경미. 2001. "독일통일과 구 동독지역의 여성 : 왜 구 동독지역의 여성들은 '통일의 잃은 자' 가 되었는가?" 『국제정치논총』 41집 1호.

박채복. 2007. "안겔라 메르켈 : 독일의 내적 통합을 꿈꾸는 동독 출신의 여성 총리." 김민정 외 지음. 『세계가 주목하는 여성 정치인의 리더십』. 고양 : 인간사랑.

이규영. 2002. "독일연방주의와 지방자치 : 연방-지방 관계 및 지방자치개혁을 중심으로." 『유럽연구』 통권 제16호.

ASF (Arbeitsgemeinschaft Sozialdemokratischer Frauen). 2008. *Frauen Macht Politik : 90 Jahre Frauenwahlrecht und 20 Jahre Quotenbeschluss der SPD*. http://www.spd.de/de/pdf/material/asf_broschuere_geschichte.pdf

ASF. 2009. *Gleichstellungsbericht : Bundesparteitag der SPD in Dresden 2009*. http://www.asf.spd.de/asf/pdf/gleichstellungsberichte/SPD_Gleichstellungsbericht_2009.pdf

bpb (Bundeszentrale für politische Bildung). 2008. *Datenreport 2008 : Ein Sozialbericht für die Bundesrepublik Deutschland* Bonn : bpb.

Brüssow, Gaby. 1999. *Frauenpolitik : Zum Verhältnis von Frauen und Politik am Beispiel von Frauenorganisationen der Parteien SPD und Die Grünen*. Münster : Waxmann.

Bundeswahlleitr. 2009. *Wahl zum 17. Deutschen Bundestag am 27. September 2009*. http://www.bundeswahlleiter.de/de/bundestagswahlen/BTW_BUND_09/veroeffentlichungen/BTW09_Heft1_Gesamt_Internet.pdf

Bundeswahlleiter. 2010. "Gewählte bei der Wahl der Abgeordneten in den Länderparlamenten zum Zeitpunkt der Wahl nach Geschlecht." http://www.bundeswahlleiter.de/de/landtagswahlen/ergebnisse/downloads/ltw_letzte_sitze.pdf

CDU. *Statut der CDU*. http://www.cdu.de/doc/pdfc/080121-CDU-statut.pdf

CDU. 2008. *Bericht zur politischen Gleichstellung von Frauen und Männern*. http://www.frauenunion.de/images/stories/docs/frauenbericht_komplett-2.pdf

CSU. 2008. *Satzung* http://www.csu.de/dateien/partei/partei/satzung/080718_satzung.pdf

Erfurt, Philine, Anja Haase and Julia Roßhart. 2007. "Mediale Geschlechter-konstruktionen im Bundestagswahlkampf 2005." Sylka Scholz. ed. *Kann die das? Angela Merkels Kampf um die Macht* Berlin : Karl Dietz Verlag.

FDP. *Bundessatzung*. http://www.fdp-bundespartei.de/files/363/Bundessatzung komplett.pdf

FDP. 2000. "Mehr Chancen für Frauen in der FDP." http://www.fdp-bundespartei.de/files/1410/Buvo-Frauen.pdf

FDP. 2003. "Offensive für mehr Frauen in FDP." http://www.liberale.de/files/653/Offensive_fuer_mehr_Frauen_in_die_FDP_070403.pdf

FES (Friedrich-Ebert-Stiftung). 2008/2009. *Frauen-Männer-Gender : Frauenpolitik & Genderpolitik in der Friedrich-Ebert-Stiftung* Bonn : Friedrich-Ebert-Stiftung.

Frauen Union. *Geschichte der Frauen Union der CDU*. http://www.frauenunion.de/images/stories/docs/Chronik%20der%20Frauen%20Union.pdf

Grüne. 2009. *Grüne Regeln* http://www.gruenepartei.de/cms/files/dokbin/32/32483.die_satzung_von_ buendnis_90die_gruenen.pdf

Glaesner, Katja. 2009. "Angela Merkel-mit 'Soft Skills' zum Erfolg?" *Aus Politik und Zeitgeschichte* 50.

Helvig, Gisela. "Frauen und Gesellschaft." http://www.bpb.de/publikationen/D6SSWQ.html

Hoecker, Beate. 1995. "Politische Partizipation von Frauen im vereinigten Deutschland : Ein Ost-West-Vergleich." *Aus Politik und Zeitgeschichte* B 21-22.

Hoecker, Beate. 1998. *Frauen, Männer und die Politik*. Berlin : Dietz.

Hoecker, Beate. 2008. "50 Jahre Frauen in der Politik : späte Erfolge, aber nicht am Ziel." *Aus Politik und Zeitgeschichte* 24-25.

Kürschner, Isabelle. 2009. "Die CSU-eine Männerpartei? Erfolgreiche Frauen in einer Partei mit konservativem Frauenbild." *Gesellschaft-Wirtschaft-Politik H*. 2.

Liberale Frauen. 2004. "Steigerung des Frauenanteils in der FDP." http://www.liberale-frauen.de/ downloads/beschlussmagdeburgquote.pdf

Liberale Frauen. 2009. "Landtagswahlen 2009." http://www.liberale-frauen.de/downloads/libera--0912-endfassung-web-gro.pdf

Die Linke. 2009. *Bundessatzung*. http://die-linke.de/fileadmin/download/dokumente/bundessatzung_ broschuere.pdf

SPD. 2009. *Organisationsstatut Wahlordnung Schiedsordnung Finanzordnung* http://www.spd.de/de/pdf/rechtliches/071026_spd-statut.pdf

http://die-linke.de/partei/fakten/mitgliederzahlen_september_2009/

http://www.bundesregierung.de/Content/DE/__Anlagen/druckversion-kabinett-2009-11-30,property=publicationFile.pdf

http://www.bundeswahlleiter.de/ ; http://webarchiv.bundestag.de/

http://www.ipu.org/wmn-e/classif.htm.

주

1. 독일의 주요 여섯 개 정당은 사민당, 기민련, 기사련, 자민당, 연대 90/녹색당, 좌파당이다. 일반적으로 기민련과 기사련은 지역분담을 통한 자매정당으로 인식되는데 이 두 정당을 함께 묶어 종종 다섯 개로 보기도 한다.
2. 이하 사민당의 여성할당제에 대한 논의는 주로 이 책을 참고했다.
3. http://die-linke.de/partei/fakten/mitgliederzahlen_september_2009/
4. 1위는 르완다(56.30%), 2위는 스웨덴(47.00%), 3위는 남아프리카공화국(44.50%)이다. http://www.ipu.org/wmn-e/classif.htm.
5. 또한 안네마리 렝어는 1976-1990년에 연방의회 부의장직을 역임했다.

스웨덴

여성주의적 정치를 향한 도전

문경희

'성평등의 요새' 라고 불리는 스웨덴에서는 여성과 남성의 정치적 대표성 격차가 매우 좁다. 예를 들어 2010년 현재 중앙의회(리크스다그, Riksdag) 의원 중 여성이 거의 과반수(47.2%)에 가깝고, 정부 부처의 장관 중 절반이 여성이다. 이로 인해 스웨덴은 여성의 정치적 대표성이 성공적으로 확대된 대표적인 국가로 손꼽힌다. 지난 몇십 년간 전세계적으로 여성의 정치적 대표성을 확대하는 방안에 관한 논의가 학계 및 여성운동계를 중심으로 이루어지고 있는 가운데 스웨덴 사례는 지속적인 관심의 대상이 되고 있다. 무엇보다도 스웨덴 여성의 높은 정치적 대표성 확보를 가능하게 한 다양한 요인 분석과 함께 대표성 확대과정 및 여성운동 전략 등이 논의의 주요 초점이 되고 있다.

스웨덴과 다른 노르딕 국가(노르웨이, 덴마크, 핀란드)의 사례에 초점을 맞춘 일부 연구는 이들 국가에서 여성의 정치적 대표성이 점진적으로 확대되었다는 점을 근거로 '점진적 경로' (the incremental model) 모델을 제안했다.[2] 점진적 경로 모델을 주목한 연구자들은 노르딕 국가에서 여성의 정치적 대표성이 높은 이유를 국가 간의 경쟁, 국내 사회구조 및 법·정책적 맥락에서 설명한다. 또한 다른 연구는 점진적 경로를 따른 스웨덴에서도 정당들의 여성 후보 할당제(이후 할당제)의 도입 없이는 오늘날의 과반수 대표성이 불가능했다는 점을 들어 스웨덴의 할당제 도입배경과 과정, 행위자 간의 상호 작용 등에 주목하기도 했다.[3] 이처럼 다양한 각도에서 주목받고 있는 스웨덴 사례는 1990년대 이후 여성의 정치적 대표성 확대를 위해 구조적·제도적 개선방안을 모색했던 많은 국가들에게 유의미한 시사점을 남기고 있다.

다른 한편으로 최근에 일부 여성 정치지도자들은 스웨덴이 '성평등의 요새'라는 평판을 들을 자격이 없다는 비판을 강하게 제기하고 있다. 스웨덴 사회에 잔재한 남성중심성에 대한 여성계의 비판은 꾸준히 제기되어 온 것이지만, 최근 이러한 비판의 목소리는 2005년에 스웨덴 최초의 페미니스트 정당(Feminist Initiative : FI) 창당으로 표출되었다. 현재까지 FI는 리크스다그와 유럽의회에서 의석을 얻는 데 실패하고 있지만, FI가 할당제의 한계를 너머서 정치영역 내 여성의 실질적 대표성을 확대하는 데 기여할 수 있는 대안으로 보는 시각도 존재한다.

이러한 맥락에서 이 글은 그동안 스웨덴 여성들이 정치영역에서 여성의 양적 및 질적 대표성을 확대하기 위해 전개한 노력에 대해 고찰하고자 한다. 양적 대표성 확대를 위한 다양한 노력 가운데에 우선 정당의 자발적 할당제 채택과정과 논의틀, 할당제 캠페인을 전개한 주요 행위자에 관해 살펴본다. 다음으로 여성의 양적 대표성 증가에도 불구하고 정치영역 내에 페미니즘이 부재하다는 비판 하에 등장한 페미니스트 정당 FI에 관해 고찰할 것이다. 여기에서 다루어질 스웨덴 사례는 궁극적으로 여성의 양적 대표성 확대를 가능하게 한 구조적·제도적 요인들을 밝히는 데 유용하다. 그리고 FI에 관한 논의는 여성 정치인의 수적 증가에도 불구하고 가부장성이 잔재한 스웨덴 정치권을 변화시키려는 페미니스트의 도전과 한계를 보여준다.

1. 스웨덴의 '점진적 경로' 모델

역사적으로 리크스다그에 진출한 여성의 비중을 살펴보면 아래의 〈표 1〉과 같다. 1961년의 리크스다그 의원 가운데 여성은 이미 13.7%를 차지하고 있다. 이는 2010년 현재 한국의 여성 국회의원 비율과 같다. 이후 1980년대에 들어서면서 여성의 비율은 20% 후반 비약적으로 증가했다. 이 시기는 스웨덴의 일부 정당들이 할당제를 논의하기 시작한 때이다. 여기에서 한 가지 주목해야 할 점은 스웨덴은 정당들이 할당제 도입을 시작하기 이전인 1980년대 초반에 이미 여성 의원의 비율이 20-30%를 넘었다는 사실이다. 이후 리크스다그에 진출한 모든 정당이 할당제를 채택한 1990년대 중반부터 현재까지 여성의 대표성은 40% 선 이상에 머물며 꾸준히 증가하고 있다. 가장 최근에 있었던 2006년 총선에서 전체 의석의 47.3%가 여성으로 채워졌다.

표 1_ 리크스다그에서 여성 대표성(1961-2006)

(단위 : %)

1961	1971	1980	1983	1986	1989	1992	1994	1998	2002	2006
13.7	14.0	27.8	29.5	30.9	37.5	32.9	40.4	42.7	45.3	47.3

* 출처 : Bergqvist et al.(1999)의 1961-1998년 자료

〈표 1〉에서 보는 바와 같이 리스크다그에서 여성 의원 수가 오랜 시간에 걸쳐 점진적으로 확대되었기 때문에 스웨덴은 여성의 정치적 대표성 확대의 '점진적 경로' 모델의 대표적인 국가로 꼽힌다. 즉 스웨덴 여성의 정치적 대표성 확대가 단지 할당제를 법제화함으로써 급속히 이루어진 것이 아니라는 점이다. 이로 인해 스웨덴은 '빠른 경로' 모델을 채택한 국가들과 구분된다. '빠른 경로' 모델은 할당제를 여성의 정치적 대표성 확대를 위한 도약판으로 삼아 역사적으로 전례 없는 여성의 정치적 대표성 확대를 이룬 국가들에 해당된다.

1995년의 베이징 세계여성대회를 기점으로 약 80-90여 개에 달하는 국가들이 의회 내 여성의 대표성을 확대하기 위해 할당제를 도입했다. 여기서 한 가지 주목할 점은 이들 국가의 대부분이 아시아, 아프리카, 라틴아메리카, 발칸지역의 신생민주주의 국가라는 사실이다. 과거에 독재나 전제정치 또는 심각한 내전을 경험했던 국가들이 새로운 민주정권을 수립하는 체제전환기에 법적 할당제를 도입한 경우가 일반적이다. 이들 국가에서 정당이 아닌 국가가, 또 자발적이 아닌 법적 강제성을 가진 할당제를 시행한다는 것이 스웨덴의 '점진적 경로' 모델과 구분된다. 다음에서는 스웨덴의 '점진적 경로' 모델을 가능하게 한 요인을 구조적 요인과 전략적 요인으로 구분하여 살펴보고자 한다.

1) 구조적 요인

스웨덴의 '점진적 경로' 모델을 가능하게 한 구조적 요인으로는 선거제도, 사회 · 경제 · 문화적 요인, 노르딕 국가 간의 경쟁, 국가 페미니즘(state feminism), 임용공무원과 공기업의 성할당제 등이 언급되고 있다.

우선 선거제도를 살펴보면 스웨덴은 100% 명부식 비례대표제를 채택하고 있다. 할당제와 선거제도의 관계에 대한 연구에 따르면 다른 선거제도보다도 비례대표제에 할당제가 실시될 경우 효과가 더욱 큰 것으로 나타났다. 또한 할당제의 효과를 극대화하기 위한 두 가지 조건은 교호순번제와 큰 규모의 비례대표인데, 스웨덴의 경우 이들 조건을 모두 충족한다. 오직 비례대표제도만을 채택하고 있는 스웨덴에서 단일정당으로서 가장 많은 의원을 확보하고 있는 사민당과 녹색당, 좌익당, 자유당 등이 50% 남녀교호순번제를 채택하고 있다. 더욱이 녹색당과 좌익당은 여성의 비율을 최소 50%로 규정하고 있어 경우에 따라 여성이 전체 후보의 과반수 이상 지명될 확률이 남성보다 높다.

둘째, 사회·경제·문화적 요인으로 스웨덴 여성의 높은 교육수준과 노동시장 참여가 거론되는데, 이는 사회 및 경제적 평등이 정치적 평등으로 이어진다는 주장과 연관된다(Bergqvist et al. 1999). 예를 들어 1990년대부터 지금까지 스웨덴 여성의 대학진학률은 남성보다 높게 나타나고 있으며, 노동 가능한 여성 인구의 약 80% 정도가 임금노동에 참여하고 있다. 반대로 노르딕 국가 중에 아이슬란드의 경우에 여성의 정치적 대표성이 낮은데, 이는 농·수산업을 주로 하는 아이슬란드의 산업구조 때문이라는 주장도 있다(Bergqvist et al. 1999). 이처럼 사회 및 경제적 평등을 중요시 하는 문화는 또한 남녀 간의 정치적 평등을 중요시하는 정치문화를 형성하는 데에도 커다란 영향을 미쳤다(Freidenvall 2006, 60).

셋째, 노르딕 국가 간의 활발한 교류, 특히 여성운동과 학자 간의 잦은 교류는 노르딕 국가 간의 성과 경쟁으로 연계되었다. 노르딕 국가의 정부들은 평등과 사회복지 사안을 두고 국가적 경쟁과 함께 활발한 교류를 해왔으며, 여성운동뿐 아니라 정당 및 여성정책기관 등도 상호 간에 지식과 경험을 교환해 오고 있다. 학자들은 노르딕 국가들을 서로 비교 분석하면서 어느 국가가 어떤 정책분야에서 뒤떨어져 있는지 등을 파악해서 밝히곤 했다. 이러한 노르딕 학자 간의 교류는 현재 유럽연합을 중심으로 확장되어 전개되고 있다(Freidenvall 2006, 60).

넷째, 국가 페미니즘은 사회운동과 자발적 여성조직에 의한 '아래로부터'의 정치운동과 정당 및 정부기구 내 여성들의 '위로부터'의 정치운동 사이에 통합이 잘 이루어졌음을 의미한다. 스웨덴은 일찍부터 성불평등 문제를 해결하기 위해 국가적 차원의 기구를 창설했다. 1972년에 처음으로 수상직속 남녀평등자문기구가 만들어졌는데, 이 기구는 정부기관 내에서 남녀평등 문제와 함께 노동시장의 남녀불평등 문제 해결에 집중적인 노력을 기울였다. 〈남녀평등자문기구〉는 이후 〈고용평등위원회〉로 바뀌었고, 1979년에 '남녀고용평등법'이 채택되는 데에 지대한 공헌을 했다. 또한 스웨덴의 여성부(the Ministry of Gender Equality)는 정부 내 조사위원회를 통해 여성의 과소 대표성 문제를 집중적으로 조사할 것과 문제 해결방안을 제시하도록 요구했다.

1980년대에 조사위원회는 여성문제 가운데 일부는 여성에 의해서만 해결될 수 있다는 보고서를 작성해 정책결정 과정에서 여성 참여의 중요성을 강조했다. 조사위원회는 여성의 대표성을 향상시키기 위한 해결방안으로 할당제 채택을 제안했으며, 할당제를 통한 여성의 대표성 확대 목표를 단계적으로 수치화해서 제시하기도 했다(Sainsbury 2004 & 2005). 그러나 1990년대 초반 사민당과 〈서포트 스토킹즈〉(Support Stockings)의 여성당 창당 논의가 있었을 때 정부의 여성기관은 논의에 직접 참여하지 않았다. 이 당시 보수연합이 정권을 잡고 있었기 때문에 사민당의 여성조직인 〈사민당여성연합〉(SSKF)이 준정부 여성정책기관 역할을 했다. 정부의 여성정책기관과 다른 정당의 여성조직은 전면에 나서지는 않았지만 여성의 동등한 대표성의 중요성에 대해 언론과 각종 모임에서 공공연하게 강조함으로써 사민당여성연합의 할당제 캠페인을 지원했다(Sainsbury 2005, 210).

마지막으로 공무원과 공기업에 대해 실시하고 있는 성할당제는 공무원과 장관뿐만 아니라 공·사기업의 최고 의사결정 지위에 남녀 균형을 이루는 데 기여했고, 이는 이후 정당의 선거할당제 채택을 용이하게 했다(Frei-dneval 2006, 60-62). 앞에서 언급한 조사위원회의 보고서 이후 스웨덴에서는 1985-1987년에 정부기관 내 임용직에서 여성의 대표성을 확대하기 위한 할당제가 공식적으로 도입되었는데, 조사위원회 보고서는 정당의 여성 후보 할당제에 대한 논의에 박차를 가했다.

2) 전략적 요인

전략적 요인으로 여성(페미니스트)운동, 정당 내 여성부서, 여성을 위한 정당의 전략 등이 이야기되고 있다. 우선 여성운동을 살펴보면, 스웨덴에서는 이미 19세기 후반 또는 20세기 초부터 여성교육과 기혼여성의 법적 권리에 이어 참정권 획득을 위한 여성운동이 활발히 전개되었다. 이후 20세기 후반에 성장한 사회주의적이고 급진적인 여성운동은 여성의 권익 도모를 위해 제도권(정당, 정부)에 진입해서 여성운동의 제도화에 주력했다. 이때 이루어진 제도권 안팎의 여성운동은 여성의 정치적 대표성 확대를 위한 정당의 할당제 도입에 견인차 역할을 했다.[4] 특히 정당의 여성 의원과 여성 정당인들은 정당 내부에서 할당제를 포함하여 여러 가지 여성 이슈를 쟁점화하고자 노력했는데, 정당의 여성 세력화 노력이 정당 간의 경쟁에서 유리하게 작용할 것이라고 정당 지도부를 설득했다.

이것은 두 번째 전략적 요인인 정당 내 여성부서의 발전과 관련된다. 스웨덴은 강한 사회적 참여의 전통을 가지고 있는데, 주로 특정 이익을 공유하는 집단이 자신의 이익을 대변해 줄 수 있는 정당을 구성해서 정치영역에서 대표성을 가지는 방식으로 나타났다(Sainsbury 2005, 195). 예를 들어 사민당은 노동자, 중앙당은 농민, 그리고 보수당은 기업인을 대변하려는 목적에서 조직되었다. 따라서 스웨덴의 정당들은 정책을 만드는 것뿐만 아니라 이익집단을 결속시키고 동원하는 데에 중요한 역할을 한다. 개인들이 조직화를 통해 정치에 적극적으로 참여하는 것은 스웨덴의 정치적 특징으로 꼽을 수 있지만, 대부분의 참여는 정치보다는 경제적인 이유로 노동시장과 관련된 기관 내에서 주로 나타난다. 그러므로 국가나 정당에 높은 의존성을 보이는 스웨덴 국민들의 경우 투표 이외의 다른 정치 운동이나 활동에 참여하는 비율은 아주 낮은 편이다(Gelb 1989, 140).

개인들이 조직화를 통해 정당에서 자신의 지위와 권익을 향상시키려고 했듯이 스웨덴 여성들 또한 그런 전통을 따랐다. 여성들은 독자적으로 여성 정당을 창당하기보다는 기존 정당에 진입해서 여성조직을 만들기 시작했다. 예를 들어 스웨덴의 가장 큰 정당 여성조직인 사민당여성연합은 1920년에 만들어졌다. 처음에 사민당은 노조나 직장을 통해 결속시키기 어려웠던 여성들을 사민당여성연합이 잘 조직화해서 당을 지지하게끔 하고자 했다. 그러나 이러한 사민당의 목적은 쉽게 이루어지지 않았다. 왜냐하면 사민당여성연합의 여성 당원들이 계급뿐만 아니라 젠더 문제에 관심을 보이면서 독자적인 정치적 요구사항을 만들기 시작했기 때문이다(Gelb 1989, 76). 시간이 지나면서 사민당여성연합의 여성 당원 수가 증가하자 사민당은 이들의 요구를 무시할 수 없게 되었다. 이로 인해 사민당과 사민당여성연합 간에 긴장감이 조성됐지만 오히려 이것은 장기적으로 당내에 여성운동의 자율성과 영향력을 어느 정도 확보하는 데 도움이 되었다. 사민당여성연합이 만들어진 이후 다른 정당에서도 여성분과가 생기기 시작했고, 점차 당의 정책결정 과정에 참여하는 여성의 수가 증가하기 시작했다.

그러나 정부나 정당이 마련한 해결책이 반드시 여성운동의 요구를 따르거나 또는 여성의 이익을 최상으로 반영하는 것은 아니었다. 스웨덴의 정당들은 조직화된 여성들의 견해를 아주 효과적으로 정당의 목적에 맞게끔 왜곡시켰다는 평을 받고 있다(Briskin 1999, 12). 특히 사민당은 장기집권을 하면서 여성과 여성의 요구를 전통적인 정당조직에 편입시킴으로써 여성들이 기존 정당 밖에서 조직화할 여지를 최소화시켰다는 비판을 받는다(Maud 1988, 15). 사민당 내에서 성평등 이슈는 계급평등 또는 평등(반드시 남녀 간의 평등을 의미하지 않는) 이슈의 하부 문제로 다루어지고 있다. 그 결과 사민당에서 사민당여성연합의 성평등 요구에 대한 입지는 좁을 수밖에 없었다(Sainsbury 2005). 사민당여성연합은 오랜 기간 여성의 대표성 확대를 요구했지만 이 요구는 기회의 평등에 위배된다는 이유로 1990년 초반까지 관철되지 못했다. 하지만 1990년대 서포트 스토킹즈와 함께한 할당제 운동이 성공한 이후 당내 여성조직의 입지는 보다 강화되었다. 예를 들어 전국 26개 선거구 내 약 300개의 여성조직(클럽)의 지지를 받고 있는 중앙여성위원회는 선거명부를 만들 때 여성 후보 선정에 있어 상당히 큰 영향력을 갖고 있다. 또한 중앙여성위원장은 당내 어떠한 회의든 참석해서 의견을 경청하고 제시할 수 있는 특권을

갖고 있다.[5]

마지막으로 여성을 위한 정당의 전략과 관련해서 스웨덴의 주요 정당들은 전략적으로 여성의 수를 확대하기 위해 잠재성 있는 여성 정당인 발굴 및 지방의 여성 네트워크 지원 등에 힘썼다. 정당 내부에서는 '젠더'를 정당이념보다 더 중요하게 다루는 데에 대한 비판이 일부 일었지만 정당의 여성 대표성 확대 노력은 전반적으로 유권자들에게 긍정적으로 받아들여졌다(Sainsbury 2005, 63-4).

2. 여성정치할당제 도입 및 변천과정 : 논의의 틀과 운동전략

1) 여성정치할당제와 여성의 정치적 대표성 현황

스웨덴에서는 정당이 자발적으로 여성정치할당제를 채택하고 있다. 할당제를 가장 먼저 채택한 정당은 환경당인데, 이는 환경당이 창당된 1980년대 초반의 일이다. 이후 할당제는 점차적으로 사민당을 비롯한 다른 정당으로 확대되었다. 〈표 2〉는 스웨덴의 주요 정당들의 할당제 기준과 채택시기를 보여준다.

처음 여성 후보 할당제를 도입한 환경당과 곧 이 뒤를 따른 사민당과 좌익당의 경우는 정당 대표의 성중립성을 확보하기 위해 의원 2명 중 1명을 여성으로 지명해야 한다는 원칙을 정당 내규에 규정해 놓았다. 이것은 교호순번제 혹은 지핑 시스템(zipping system)이라고 불리는데, 정당 후보 명단에 남녀가 교차로 지목된다. 이와는 달리 우익성향의 보수당, 중앙당, 기독민주당 등은 할당제를 당 규정을 통해 엄격하게 지원하기보

표 2_ 스웨덴 정당과 할당제 기준 및 채택시기

정당	여성 후보 할당 기준	채택시기(년)
환경당* (Green Party)	내부 할당 최소 50%	1981 1987
사민당(SPD) (Swedish Social Democratic Labour Party)	40% (권고) 50% (zipper system)	1987 1993
좌익당 (Left Party)	최소 50%	1987
자유당 (Liberal Party)	50% (zipper system)	1984
기독민주당 (Christian Democratic Party)	40% (권고)	1987
보수당 (Moderate Party)	50%를 목표로 하지만 후보 선정 최종 결정은 당 위원회가 결정	1993
중앙당 (Center Party)	50%를 목표로 하지만 후보 선정 최종 결정은 당 위원회가 결정	1996

다는 '좀더 부드러운' 방식인 권유와 목표설정을 통해 자발적으로 여성 후보를 할당한다. 이들은 대부분 여성 후보 할당 비율을 40% 수준으로 목표를 정하거나 권유하고 있다.

사민당을 비롯한 대다수의 정당이 여성 목표 채우기 등 소극적인 형태로 여성 후보를 지원했던 1991년에는 선거 당선자 가운데 여성이 33%에 불과했다. 그러나 이들 정당이 과반수 또는 권유, 목표 할당제를 채택한 이후 1994년, 1998년, 2002년 선거에서 여성 비율은 각각 40.4%, 44.7%, 45.3%로 증가했다. 2006년 9월 총선에서는 전체 리크스다그 의원 가운데 여성은 과반수에 가장 가까운 47.3%로 확대되었다(〈표 2〉 참조).

표 3_ 2006년 9월 스웨덴 총선의 리크스다그 남녀 당선자 비율

정당	여성		남성		총합
	당선자 수	비율(%)	당선자 수	비율(%)	
사민당	65	50.0	65	50.0	**130**
보수당	42	43.3	55	56.7	**97**
중앙당	11	37.9	18	62.1	**29**
자유당	14	50.0	14	50.0	**28**
기독민주당	9	37.5	15	62.5	**24**
좌익당	14	63.6	8	36.4	**22**
환경당	10	52.6	9	47.4	**19**
총합	**165**	**47.3**	**52.7**	**52.7**	**349**

* 출처 : Sveriges Riksdag (2006)

〈표 3〉에서 보듯이 2006년 총선에서 4개 정당(사민당, 좌익당, 환경당, 자유당)의 여성 의원 비율은 50%를 넘었다. 중앙당과 기독민주당의 여성 의원 비율은 40%에 약간 못 미쳤고 보수당이 약 43% 대에 이른다. 구체적으로 자유당과 사민당에서 남녀 의원이 반반(50/50)으로 선출되었는데, 이는 각 당의 여성 후보 할당 비율인 50%와 일치한다. 중앙당의 경우 여성 의원의 비율이 38%로 2002년 선거의 50%에 비해 하락했다. 중앙당은 50%의 여성 후보 할당 비율을 목표로 하고 있으나 당위원회가 최종 후보자 선정과정에 관여해 조정할 수 있기 때문에 여성 후보자가 반드시 절반을 차지하는 것은 아니다. 여성 후보 할당 비율을 50%로 규정한 좌익당의 경우 2006년 선거에서 총 22명의 의회 당선자 가운데 14명(63.6%)이 여성으로 남성보다 더 많았다.

정당의 성향에 따라 분석하면 총 171석을 얻어 약 46.1%를 득표한

사민당, 좌익당, 환경당의 좌익연합에서 당선자의 과반수 이상(52%)이 여성이다. 이 비율은 지난 2002년의 48%에 비해 증가한 것이다. 한편 총 48.2%의 득표와 의석 수 178석을 얻어 승리한 보수당, 자유당, 중앙당, 기독민주당의 〈스웨덴을 위한 연합〉에서 여성 의원은 총 76명으로 전체 의원 중 약 43%이다. 이는 2002년 선거의 42%보다 1% 정도 증가한 것이다. 따라서 여성 후보 과반수 할당제를 통해 여성의 정치세력화를 적극적으로 지원하는 좌익연합의 사민당, 좌익당, 환경당에서 여성 의원을 배출하는 비중이 스웨덴을 위한 연합보다 여전히 더 높다는 것을 알 수 있다. 이러한 사실은 스웨덴을 위한 연합에 속한 정당들의 여성 의원 비중이 다른 나라의 어느 정당에 비교해서도 결코 낮은 수준은 아니지만 여성 후보 과반수 할당제를 실시하는 정당에 비하면 낮다는 것을 시사한다. 이는 반대로 정당의 과반수 여성 후보 할당제가 여성의 과반수 정치 대표성 확보를 위해 기여하는 바가 크다는 점을 증명하는 것이다.

2) 여성정치할당제에 관한 논의

스웨덴에서 여성정치할당제가 본격적으로 채택된 시기는 1980년대이다. 그러나 스웨덴 여성들은 그 이전부터 조직화를 통해 의회에서 여성의 과소 대표에 대해 꾸준히 문제를 제기했었다. 스웨덴 여성의 대표성 확대를 위해 조직화된 여성운동은 크게 세 시기로 나눌 수 있는데 각 시기마다 논의의 초점이 조금씩 다르다(Sainsbury 2005, 197). 이는 더 나은 민주주의와 더 많은 여성 정치인 논의(1967-1972), 행정기관의 할당제 채택 논의(1985-1987), 여성의 의회 대표성 감소로 인한 여성당 창당 논의(1991-1994)로 요약된다.

① 더 나은 민주주의와 더 많은 여성 정치인 논의(1967–1972)

이 논의를 주도한 세력은 1960년대부터 '성역할' 논의를 해오던 학자 네트워크와 사민당의 사민당여성연합이었다. 이들은 1960년대 중반에 '여성의 평등'이라는 야심 찬 개혁 프로그램을 제안했었다. 이 프로그램에는 세금, 노동시장 정책, 가족법, 교육, 사회안전망, 공공 서비스 등의 다양한 사안이 포함되었는데, 모순적이게도 여성의 정치적 과소 대표성에 대한 지적은 없었다. 여성의 정치적 저대표성을 처음 거론한 세력은 사회주의 대안 세력임을 자청하고 나선 〈좌익–공산당〉(VPK)의 여성들로, 노동조합뿐만 아니라 정치기관에서 여성의 리더십이 부재하다는 것을 지적했다. 그들은 인구의 절반인 여성이 최고 의사결정 과정에서 배제되는 것은 스웨덴의 민주주의와 사회정의 확립에 위협이 된다고 주장했다(Socialist Alternative 1967, 13, Sainsbury 2005에서 재인용).

이후 같은 문제를 고민하던 중앙당도 여성의 과소 대표성이 민주주의 원칙에 위배된다는 것을 지적하며 할당제 논의에 동참했다. 이러한 각 정당 여성들을 중심으로 한 여성의 대표성에 관한 논의는 1968년 이후에 〈프레드릭 브레머연합〉(the Fredrick Bremer Assoication)을 중심으로 본격화되었다. 이 연합은 보수당, 자유당, 중앙당, 사민당의 4개 정당 여성 조직에 의해 조직되었다. 프레드릭 브레머연합은 스웨덴의 새로운 여성 운동의 시작을 의미하며, 이 운동은 스웨덴에 진보–좌익성향을 강화시키는 결과를 초래했다. 새로운 여성운동과 관련된 대표적인 조직으로는 1970년에 독립적 사회주의 페미니스트 조직으로 설립된 〈그룹 8〉(G 8)과 그 산하단체가 있다.

이 시기에 운동을 주도한 여성들은 민주주의 원칙을 여성의 대표성 확대를 위한 주요 이론적 근거로 제시했다. 즉 인구의 절반인 여성이 정치영역에서 남성과 동등하게 대표된다는 것은 결국 스웨덴의 민주주의를 확장하고 평등을 도모한다는 주장을 폈다. 이들은 남녀 간의 불평등한 대표성을 비교하면서 과소 대표성 문제가 젠더 문제임을 강조했다. 하지만 이들은 논의과정에서 여성이라는 용어보다는 주로 시민이나 유권자라는 용어를 사용함으로써 민주주의 원칙과 평등의 가치를 중요시 여기는 남성들의 호응을 이끌어내는 데 주력했다.

민주주의와 평등에 초점을 맞춘 첫 번째 논의결과로 스웨덴 정당들은 선출직 여성의 대표성을 확대하기 위한 지침을 채택했다. 이 지침은 정당의 모든 기관에 여성이 40% 이상 대표되도록 제안하고 있는데, 1972년에 자유당이 처음 채택했다. 사민당도 1978년에 지침을 채택했다. 이때 사민당여성연합은 정당의 의사결정기관에 남성이든 여성이든 어떤 성도 60% 이상 넘게 대표되어서는 안 된다는 원칙과 이 원칙이 깨질 경우 할당제를 도입해야 한다고 주장했다. 또한 첫 번째 논의의 결과 사민당 정부 차원에서 최초의 여성정책기관인 〈남녀평등수상자문위원회〉가 설립되었다.

② 행정기관의 할당제 채택 논의(1985-1987)

남녀평등수상자문위원회는 설립 첫해에 이미 국가 행정기관에 여성이 과소 대표되어 있다는 문제를 지적했으며, 성평등을 위한 국가계획을 담은 보고서인 「스텝 바이 스텝」(Step by Step)을 1980년에 개최된 유엔세계여성대회에 제출했다. 이 보고서는 기업과 정부 관료직에서 여성의 지위가 향상될 필요가 있음을 강조했다. 1985년의 나이로비 세계여성대회에서는 스웨덴 정부가 중앙뿐 아니라 지역 행정기구의 의사결정 직책에 여성이 없다는 내용을 담은 두 번째 「스텝 바이 스텝」 보고서를 제출했다. 그 당시 보고서를 작성한 정부의 의도는 1991년까지 스웨덴의 모든 행정기구 내에서 여성의 대표성을 증진시키려는 것이었다. 같은 해 여성평등국은 국가 관료기구 내 여성의 대표성 확대 방안을 마련하도록 정부의 조사위원회에 요구했다.

역사적으로 할당제에 관한 두 번째 논의시기에도 여전히 논의의 주요 틀은 참여민주주의와 구성원 간의 동등한 대표성에 관한 것이었다. 이 당시에 여성의 대표성 확대는 여성운동의 목표임과 동시에 여성과 남성의 이익이 모두 반영되는 정책을 형성하기 위한 수단이기도 했다. 다른 한편 이전의 할당제 논의가 '여성' 보다는 '시민' 또는 '유권자' 에 초점을 맞췄던 반면에 두 번째 논의 시기에서는 논의 중심에 '여성' 이라는 젠더 정체성을 부각시켰다. 예를 들어 조사위원회는 여성 관련 일부 사안은 여성만이 다룰 수 있다는 점을 지적했는데, 여기에는 여성의 대표성, 성평등, 여성 건강, 폭력 피해 여성을 위한 쉼터, 포르노그래피, 성매매 등이 포함되었다(Sou 1985, 4-6, Sainsbury 2005에서 재인용).

마지막으로 조사위원회는 "우리는 남성의 경험과 가치가 규범으로 여겨지는 사회에 살고 있다"고 강조하면서 남성중심적인 태도는 여성의 종속을 없앤다고 해결될 수 있는 간단한 문제가 아니라고 주장했다. 대체로 개인의 태도는 권력구조 안에 내재되어 있으므로 태도를 바꾸기 위해서는 권력구조의 변화가 필요하다고 보았다. 요컨대 조사위원회는 남성들이 권력을 독점하기 때문에 남성들이 여성의 삶을 지배한다고 보았다. 따라서 여성이 자신의 삶에 영향력을 갖기 위해서는 여성 스스로가 의사결정 과정에 참여해야 한다고 설명했다. 조사위원회가 여성의 대표성 확장을 통해 꾀하고자 했던 것은 여성과 남성이 권력을 공유하고 사회의 모든 영역에서 영향력과 책임을 동등하게 가지게 하는 것이다.

조사위원회가 제안한 계획서에서 가장 큰 찬반 논란을 일으켰던 주제는 국가 행정기구에 할당제를 도입하자는 제안이었다. 위원회는 할당제가 여성의 과소 대표성 문제를 빠른 시간 내에 해결할 수 있는 유일한 방법이지만 각 조직의 성격상 할당제 도입에 시간이 더 필요할 것이라고 간주하고 각 기관이 여성을 지명하도록 권고하는 '부드러운' 방식을 제안했다. 조사위원회는 만약 각 기관이 여성을 목표수준만큼 자발적으로 지명한다면 할당제는 실시되지 않을 것이라고 보았다. 또한 위원회는 행정기관과 조사위원회에서의 여성의 대표성 확보 목표를 단계적으로 설정하고 1992년까지 30%, 1995년까지 40%, 1998년까지 50% 수준으로 확대할 것을 목표로 삼았다.

이 시기의 할당제 논의는 논의의 대상이 여성이었다는 것뿐만 아니라 여성이 정책결정 과정에 주요하게 참여했고, 여기에서 산출된 정책 또한 여성운동의 목표와 일치했다는 점에서 중요하다. 특히 여성정책기관인 조사위원회와 성평등국, 남녀평등수상자문위원회가 핵심적인 역할을 했다. 이들 기관은 유엔세계여성대회를 이용해 여성의 과소 대표성 문제를 가시화했다. 이들 제도권 내의 여성 관료들(또는 페모크라트)은 논의 사안을 설정했을 뿐만 아니라 논의틀을 만들고 논의과정에 여성의 이익을 반영하기 위해 노력했다.

반면에 1980년대 중반의 여성운동에서는 1970년대에 결성된 〈그룹 8〉의 역할이 감소했는데, 주된 이유는 그룹 8의 구성원 중 상당수가 좌익-공산당에 합류했기 때문이다. 그 외에 상당수의 여성이 행정 및 입법기관에 선출됨으로써 스스로의 지위를 공고히 했다. 다른 한편으로 〈여성쉼터운동〉과 같은 새로운 여성단체가 성장하기 시작했고, 노동조합

내에서 여성의 지위가 차츰 향상되기 시작했다. 또한 페미니스트 학자들이 성평등국 등 정부의 재정지원을 받으며 활발한 연구 네트워크를 형성하기 시작한 것도 바로 이 시기이다. 이 시기에 할당제 논의를 주도했던 세력은 좌익 또는 진보성향의 정당들이다. 그들은 여성의 대표성 확대를 우선 과제로 삼았고, 이를 이루기 위한 수단으로 여성할당제를 제안했다.

이 시기에 이룬 성과 가운데 또 하나 주목해야 할 것은 환경당이 정당으로서는 처음으로 할당제를 채택한 점이다. 환경당은 1981년 이래 내부 할당제를 실시했는데, 1987년에 공식적으로 과반수 할당제를 당 강령에 채택했다. 다른 국가의 환경당과 비슷하게 그 당시 새로 창당된 스웨덴 환경당의 지지층은 대부분이 좌익성향에 고학력, 중산층 이상의 배경을 가진 사람들로서 여성도 다수 포함되어 있었다. 환경당은 환경문제뿐만 아니라 기존 정당과의 차별화 전략의 일환으로 선거에서 여성 후보 과반수 할당제를 적용했다. 환경당은 성평등을 지지하는 유권자가 많은 스웨덴 사회의 특성상 선거에서 여성 후보가 남성 후보만큼 경쟁력이 있기 때문에 여성을 추천해서 잃을 것이 없다고 판단했다. 이는 탈산업화된 민주주의 국가에서 좌익성향의 작은 신생정당이 할당제를 가장 먼저 채택한다는 할당제 비교연구의 결과와도 일치한다(Kaiser 2001, 81). 환경당의 할당제 채택은 비슷한 정치성향을 가진 좌익당과 사민당이 할당제를 채택하게 된 주요 계기가 되었다. 1960년대와 1970년대 여성운동의 중심세력이었던 여성들이 대거 합류한 좌익당의 경우 1987년의 50% 할당제 도입은 자연스러운 일이었다.

③ 여성의 의회 대표성 감소로 인한 여성당 창당 논의(1991–1994)

스웨덴의 장기 집권정당이었던 사민당은 1987년에 비로소 할당제를 채택했다. 이는 당 여성조직인 사민당여성연합의 장기간에 걸친 할당제 요구가 처음으로 당 지도부에 의해 수용된 결과였다(Sainsbury 2004). 사민당여성연합은 1880년에 처음 조직된 이래 스웨덴 사회의 성평등 쟁점을 사민당의 주요 정책 사안으로 끌어들이는 데 큰 기여를 했다.[6] 사민당여성연합의 끈질긴 여성 대표성 확대를 위한 할당제 요구는 마침내 1987년 전당대회에서 '어떤 젠더 그룹도 60% 이상의 의석을 차지할 수 없다'라는 자발적 권고사항으로 수용되었다. 하지만 이러한 권고사항이 채택된 이후 처음 실시된 1991년 선거에서 사민당의 여성 의원 비율이 감소하는 현상이 나타났다.

1991년 선거에서 사민당의 여성 의원 비율 감소는 스웨덴 여성들이 투표에 참여하기 시작한 1920년대 이후 지속적으로 확대되어 오던 여성의 의회 대표성 감소로 이어졌다. 보수연합이 승리한 1991년 총선에서 의원 당선자 중 여성의 비율은 1988년의 38%에서 34%로 하락했다. 여성의 의회 대표성 축소를 크게 우려를 하던 스웨덴 여성들은 총선이 끝난 직후 곧바로 새로운 여성 네트워크인 서포트 스토킹즈를 조직했다. 서포트 스토킹즈는 처음에는 정당활동을 하지 않던 소수의 여성 학자와 여성 시민운동가들이 모인 소그룹 단체였다. 이들은 여성의 정치적 대표성에 논의의 초점을 맞췄고, 이들의 논의는 곧 전국으로 확산되었다.

여기에 기존 정당의 여성조직들이 가담하면서 범국가적인 서포트 스토킹즈라는 여성 네트워크가 탄생했다. 그들은 '권력의 절반, 동일임금'(Half the power, full pay)이라는 구호 아래 보수연합 정부에게 여성의 의회

대표성 확대와 여성친화적인 정책의 실시를 요구했다. 서포트 스토킹즈는 여성의 의회 내 대표성이 축소된 것은 정당들이 여성 후보 과반수 선출 목표를 지키지 않았기 때문이라고 분석했다. 따라서 그들은 기존 정당들이 1994년 총선부터 여성이 의회 내 과반수의 권력을 차지할 수 있도록 충분한 수의 여성 후보를 할당하지 않는다면 자체적으로 여성 정당을 창당하여 여성 후보를 배출하겠다고 선언했다(Freidenvall 2006).

서포트 스토킹즈의 여성 정당 창당선언은 기존 정당들에게 하나의 위협으로 인식되었다. 특히 성평등을 정당원칙으로 표방했지만 그때까지 여성 의원 후보 과반수 할당제를 실시하지 않고 있던 사민당에게 여성 정당 창당은 더욱 위협적일 수밖에 없었다. 서포트 스토킹즈에 가담한 사민당 내부의 여성조직인 사민당여성연합은 비록 많은 여성이 사민당 내의 주요 요직에 있기는 하지만 사민당 의원 중 여성 의원의 비율이 최고 40%를 넘지 못하고 있다는 점, 그리고 지방의회와 주요 위원회의 최고자리에 여성이 부재하다는 점을 지적하면서 "사민당이 과연 여성의 정당인가"라는 의문을 제기했다(Sainsbury 2004). 이는 예전부터 사민당이 스스로를 여성의 정당이라고 홍보한 것을 염두에 둔 것이었다.

사민당여성연합은 서포트 스토킹즈의 든든한 지원을 기반으로 사민당이 여성 후보 과반수 할당제를 자발적으로 실시해서 여성 의원 확대에 노력하는 한편, 성 주류화를 통해 여러 정치영역에서 성평등을 실현해 나가야 한다고 강조했다. 나아가 자신들의 요구를 당 지도부가 받아들이지 않을 경우 서포트 스토킹즈가 주도하는 여성 정당 창당에 동참할 수밖에 없다고 주장했다(Burness 2000). 서포트 스토킹즈의 여성당 창당이 사민당에게 큰 위협을 주었다는 것은 그 당시 실시된 여론조사를 통해서 알 수 있다. 여론조사 응답자 중에 적게는 25%, 많게는 40% 정도가 여성당이 창당되면 여성당에게 투표하겠다는 지지의사를 밝혔다(Stark 1997). 당 내외의 여성조직, 나아가 여론의 강한 압력을 받아오던 사민당은 결국 1993년에 여성 후보 과반수 할당제를 도입했다.

스웨덴에서는 환경당과 사민당 등 좌익이나 사회주의 성향의 정당뿐 아니라 중도나 우익 보수성향을 가진 정당들도 성평등의 중요성을 인식하고 정책적 노력을 꾸준히 해왔다. 대표적인 예로 의회에 진출해 있는 모든 7개 정당이 의회에서의 남녀 비중에 대해 적어도 60 : 40의 원칙을 고수하고 있다. 농민을 대표하는 중앙당의 경우 여성조직의 규모가 다른 당에 비해 컸고, 잠재성 있는 여성을 발굴해서 후보로 지명하는 데에 매우 적극적이었다. 그 결과 중앙당은 1970-1980년대에 여성 의원 비율이 가장 높은 정당에 속했다(Gelb 1989).

자유당(인민당)은 여성 평등에 대한 요구를 여성의 대표성 확대에 대한 요구로 이어갔다. 1936년에 창당된 자유당의 여성조직인 〈자유여성연대〉는 정당 내 모든 기구에 여성이 적어도 40% 수준의 대표성을 확보해야 한다는 목표를 설정했고, 1986년에 성공적으로 목표를 달성했다. 자유당은 스웨덴 여성의 대표성 확대를 위한 첫 번째 여성운동인 '더 나은 민주주의와 더 많은 여성 정치인 논의' 이후 여성의 대표성을 확대하기 위한 지침을 가장 먼저 채택한 정당이었다. 보수당의 경우에는 1920년에 여성조직이 처음 탄생했다. 보수당은 여성 당원은 모두 여성국의 회원이 된다는 원칙을 고수했는데, 이는 여성 당원 수를 늘리는 데 기여했다. 이렇듯 스웨덴의 정당들은 당의 선출직과 임용직 여성의 대표성을 확대하기 위해 정도의 차이는 있지만 꾸준히 노력했고, 이를 주도한 세력은 각 당의 여성조직이었다.

3) 스웨덴 여성정치할당제가 주는 시사점

현재 세계에서 가장 높은 여성 대표성을 확보하고 있는 스웨덴의 경우에 할당제 채택을 결정하는 과정에서 정당 내의 여성조직뿐만 아니라 외부의 여성단체, 정부 소속 여성정책기관 간의 '전략적 파트너십'이 공고했다. 특히 '아래'(시민사회여성운동)의 요구를 '위'(정부와 정당)에서 전략적으로 수용했다는 점, 할당제에 대한 당위성을 국내외에 적극적으로 알리면서 주요 정당과 정부에 할당제를 채택하도록 압박을 가했다는 점은 주목할 만하다.

또한 오랜 여성운동의 결과로 유권자들이 여성의 과반수 대표성 확보를 위해 할당제가 중요하다고 인식하고 있었기 때문에 각 정당은 경쟁적으로 할당제를 채택 · 시행할 수밖에 없었다. 스웨덴의 여성정치운동이 다른 국가들에 비해 비교적 큰 성과를 거둔 데에는 주요 정당들이 여성운동의 요구를 적극 수용했다는 것이 한몫했다. 결국 할당제는 여성운동(페미니스트)과 정당 지도부(비페미니스트) 간에 각자의 정치적 목적을 달성하기 위한 상생(윈-윈)전략에서 나왔으며, 오늘날 스웨덴 여성의 정치적 대표성이 거의 과반수 수준에 이르게 하는 데 결정적인 기여를 했다.

정치구조적인 측면에서 스웨덴의 100% 명부식 비례대표제는 할당제를 통한 여성의 대표성 확대 효과를 크게 했다. 선거제도 연구에 따르면 일반적으로 비례대표제에 할당제가 적용될 경우 그 효과가 최고로 나타난다. 결과적으로 스웨덴의 100% 정당명부식 비례대표제는 각 당의 과반수 수준의 남녀할당제의 성과를 극대화하는 데 기여하고 있다.

스웨덴의 할당제 결정과정에서 또 다른 중요한 사항은 정당이 할당

스웨덴 국회 리크스타크의 여성 의원들

제를 채택한 동기이다. 정당의 할당제 채택 동기가 정당의 할당제 시행 의지를 반영한다는 점에서 할당제의 결과에 영향을 미치는 중요한 요인이다. 스웨덴에서 할당제의 채택은 환경당에서 사민당과 좌익당 그리고 보수정당들로 이어졌다. 이처럼 소수 진보정당에서 다수 진보정당으로, 그리고 보수정당의 순서로 할당제가 이루어질 수 있었던 주요인은 성평등을 중요하게 생각하는 진보정당인 환경당과 녹색당이 일찍 창당되었고, 녹색당이 채택한 할당제가 선거에서 유권자의 표를 좌우하는 정당의 주요 정책으로 자리 잡았기 때문이다. 따라서 스웨덴에서는 할당제의 법제화라는 국가 차원의 정책이 없어도 정당이 자발적으로 당규에 할당제를 명시해서 시행하고 있다. 이러한 현상은 정당민주주의가 발전한 국가에서 나타나는 것으로 '전이이론'(contagion theory)으로 설명되고 있다

(Matland · Studlar 1996, 712).

3. 스웨덴 여성의 정치적 대표성 확대의 한계와 페미니스트 정당 출현

1) FI 창당 배경

정부와 정당에 진출한 여성들이 스웨덴을 오늘날 세계에서 가장 성평등한 국가로 만드는 데 중요한 기여를 했지만 여러 가지 구조적 제약 때문에 정책 형성과정에서 여성의 이익을 온전히 대변하지 못한다는 비판이 여성 내부에서 일었다. 이러한 비판은 스웨덴 최초의 페미니스트 정당인 FI의 창당으로 이어졌다. 역사적으로 독자적인 여성운동이 활발하지 않았던 스웨덴에서 2005년에 페미니스트 정당인 FI가 기존 성평등 정치의 한계를 지적하며 등장한 것은 아주 이례적인 일이었다. 특히 1990년 초에 사민당의 할당제 채택에 압력을 가하기 위해 여성운동계가 여성당 창당이라는 전략을 쓰고 목표를 달성한 이후 현실화하지 않은 예도 있다. FI의 여성 지도자들은 정부와 정당에 포섭된 여성운동이 스웨덴 사회에 팽배한 가부장적 성 위계질서에 도전하는 데 실패했기 때문에 이제 페미니스트들이 직접 정당을 만들어서 독자적으로 페미니스트 문제들을 풀어나갈 것이라고 창당의지를 밝혔다(FI 2006).

FI는 여성만이 아니라 페미니스트는 누구나 남녀 불문하고 FI에 가입할 수 있기 때문에 여성당(women's party)이 아니라 페미니스트 정당이라는 점을 강조했다. FI의 주요 구성원은 주로 학자와 비정당 여성조직

출신들이었다. 가장 대표적인 비정당 여성조직에는 성폭력반대여성조직, 이주여성조직, 동성애여성조직 등이 있다. FI의 의장에는 좌익당 지도자였던 구드런 슈만(Gudrun Schyman)이 선출되었으며, FI는 2006년 9월 총선에 처음으로 리크스다그 진출을 시도했다.[7]

총선을 겨냥한 FI의 정치강령을 요약하면 다음과 같다. 첫째, 여성들이 처한 다양한 상황과 여성들 간의 차이를 인식하고, 젠더에 기반한 불평등과 사회적 부정의(social injustice)를 해소하는 데 초점을 둔다. 둘째, 스웨덴 여성의 평균임금은 남성 평균임금의 83%에 불과하고, 여성의 정치세력화가 이루어지고는 있지만 스웨덴의 291개 기업 중에서 여성이 CEO인 기업은 5개에 불과하다. 이는 스웨덴 사회에 여전히 남녀불평등이 존재함을 의미한다. 셋째, 남녀고용 평등, 부모휴가제 등과 같은 정책이 노동시장에서 성불평등과 여성의 가사 및 돌봄 노동의 부담을 줄이는 데 실패했다. 넷째, 스웨덴 사회에서 포르노, 성매매, 인신매매, 여성에 대한 폭력 등이 증가하고 있다. 이는 스웨덴 사회에 성차별주의(sexism)가 팽배했음을 의미한다. 그리고 이 외에도 FI는 의료 서비스 내에 존재하는 성차별과 여성 난민에게 가해지는 차별의 문제를 제기했다.

이러한 FI의 등장과 주장은 스웨덴의 정치영역에서 여성의 양적인 대표성 증가가 여성의 이익을 대변하는 질적인 대표성 증가로 이어지지 않고 있다는 것을 보여준 사건으로 볼 수 있다. FI의 상임위원으로 선출된 스톡홀름 대학교의 마리아 잰슨(Maria Jansson)은 "기존 정당들이 스스로를 페미니스트 정당이라고 주장하지만 실제로 스웨덴에 페미니스트 정당은 존재하지 않는다"[8]라고 주장했다. 또한 정부의 여성정책기관과 정당의 여성조직에 대해서도 "정당과 정부에 있는 여성들은 여성 사안에 대해 비페미니스트 정치지도자와 늘 타협해야 한다. 그 과정에서 그

구드런 슈만(Gudrun Schyman) : FI 초대의장

여성들의 생각은 종종 변절"한다고 언급했다.

나아가 그녀는 스웨덴을 '성평등의 요새'로 보는 관점에 대해 "스웨덴 사람들은 성평등을 스웨덴의 정체성 중 일부로 생각하지만 실제로 현실과 이론 사이에 나타나는 격차는 크다"고 비판했다. 이러한 격차를 발생시키는 가장 큰 요인으로 그녀는 지나치게 양적인 성평등에 초점을 맞추는 스웨덴 사람들의 성향에 대해 지적했다. 다시 말하면 스웨덴 국민들은 수치로 나타나는 성평등 달성에는 관심을 가지지만 성평등의 질적인 측면, 즉 구체적으로 어떤 여성이 선출·임용되며 또한 공공정책에 성인지성이 반영되는가에 관해서는 그다지 관심이 없다는 것이다. 성평등에 대한 국민들의 이러한 태도는 각 정당의 성평등 정책 형성에 반영되었고, 그로 인해 주로 여성의 양적 대표성을 증가시키는 데에만 초점을 맞추는 결과를 초래했다. 따라서 성평등 정치에 대한 이론과 현실의 격차를 해소하기 위해 FI와 같은 페미니스트 정당이 필요하다고 그녀는 역설했다.

2) 2006년 총선을 통한 FI의 의회진출 실패

창당 초반에 약 10% 이상의 유권자들의 지지를 받았던 FI는 2006년 9월 총선에서 전체 유권자의 0.68%라는 아주 낮은 지지밖에 얻지 못했다. 선거에서 4% 이상을 득표해야 리크스다그에 진출할 수 있기 때문에 FI는 2006년 선거에서 한 명도 의회에 보내지 못하는 참패를 맛보았다. FI가 총선에서 부진했던 원인을 신문기사와 전문가의 의견을 종합해 분석하면 다음과 같다.[9]

첫째, FI는 지나치게 급진적이고 남성배타적인 관점을 보였다. FI 지도부는 현행 결혼제도의 폐지를 주장하면서 그 대안으로 동거법을 제안했다. 동거법은 동성연애자의 결혼뿐만 아니라 다혼제를 인정해야 한다는 내용을 담고 있는데, 이는 이성애자이며 일부일처제를 따르는 대다수 스웨덴 국민의 큰 호응을 얻지 못했다(Sunday Herald 2005/09/18). 더욱이 FI의 급진적이고 남성배타적인 관점은 당 지도자들의 개인적인 발언에서 표출되었고, 이는 많은 유권자들의 반감을 초래했다. 예를 들어 FI 창당 이전부터 스웨덴 남성을 탈레반에 비유한 구드런 슈만은 남성들에게 '남성 세금'을 부과해야 한다고 주장했다.[10]

FI 지도부의 남성혐오적인 발언들은 FI를 곱게 보지 않던 스웨덴의 일부 언론에 의해 집중 보도되었다(*The Local* 2005/05/27). 스웨덴의 한 텔레비전 방송국은 「젠더 전쟁」(The Gender War)이라는 제목의 다큐멘터리를 방영하면서 FI가 '극단적 페미니즘'을 토대로 전투적 여성해방운동을 주도한다고 주장했다. 다큐멘터리는 스웨덴의 유명한 저널리스트인 에빈 루바(Evin Rubar)가 제작했는데, 그는 〈성폭력피해여성보호시설〉(ROKS)에서 일하면서 FI의 일원으로 정치활동을 하고 있는 여성들은 모두 남성혐오적 편견을 갖고 있기 때문에 성폭력피해여성보호시설은 '극단적인 페미니스트 조직'이라고 비판했다. 이어서 루바는 FI가 '페미니스트 근본주의'(feminist fundamentalism)를 추구한다고 비난했다. 루바의 다큐멘터리가 성폭력 피해여성의 실태와 보호시설의 중요성에 대해서는 언급하지 않고 그곳에서 일하는 여성들을 비난하는 데 초점을 맞췄다는 일부 비난에도 불구하고 루바의 'FI 때리기' 식 다큐멘터리는 FI의 이미지를 실추시키는 데 결정적인 역할을 했다.

둘째, 많은 유권자들이 FI에 대한 지지를 철회한 또 하나의 원인은 FI 지도부의 내부 분열과 그로 인한 FI의 분열에서 찾아볼 수 있다. FI의 첫 전당대회 직후 창당 멤버 두 명이 당을 떠났다. 창당 멤버들 사이의 정치적 견해차에서 비롯된 갈등으로 전 자유당원이었던 수잔 린데(Susanne Linde)가 가장 먼저 FI를 탈퇴했다. 떠나기 전 그녀는 FI의 상징적 인물인 티나 로젠버그(Tinna Rosenberg)가 당내의 자유로운 의견을 무시한다고 지적하면서 "그녀에게 백인, 이성애자, 중산층 여성은 전혀 중요치 않다"고 비판했다(*Sunday Herald* 2005/09/18). 그로부터 며칠 후 FI 재정담당이었던 헬레나 브랜트(Helena Brandt)는 당 지도부가 동성애, 양성애, 성전환 이슈에 지나친 관심을 보이는 것에 불만을 제기하며 탈당했다. 그녀는 당원 중에 이성애자들은 당의 의사결정에 관여해서 아무런 말도 할 수 없으며, 남성의 당 지도부 참여는 25%로 제한되어 있어 명백한 차별을 받고 있다고 지적했다. 그리고 또 한 명의 창당 공신인 에바 위트-브랫스트롬(Ebba Witt-Brattström)은 당의 의사결정 과정에 민주주의가 결여

되어 있다고 비판하며 당을 떠났다.

이러한 일련의 탈당사태는 FI가 궁극적으로 다양한 정체성을 가진 여성들의 차이를 수용하고 통합하는 데 실패했음을 의미한다. 결국 이러한 FI 지도부 내부의 갈등과 분열은 언론의 집중 조명을 받았으며, 이는 유권자들에게 당에 대한 불신과 실망을 동시에 안겨줌으로서 지지 철회의 결정적 원인이 되었다.

셋째, 기존 정당들이 FI에 대응하기 위해 당내 여성 네트워크 결성 및 FI와 유사한 정책대안을 제시했다. FI의 창당으로 환경당 및 좌익당과 더불어 지지도에 타격을 받을 것으로 예상된 사민당의 경우 당내 여성들을 중심으로 〈페미니스타스〉(Feministas)라는 여성 네트워크를 조직했다(*Time Europe* 2006/9/26). 페미니스타스는 사민당의 사무국장이었던 마리타 울브스코그(Marita Ulvskog)와 전 EU 장관이었던 마가레타 윈버그(Margareta Winberg)를 주축으로 형성되었으며, 스웨덴의 정치영역에서 페미니즘 확대를 기본목표로 삼았다. FI와 유사하게 남녀 간의 임금격차 완화, 여성에 대한 가정폭력, 교육과 돌봄 시설에서 여아문제 등에 대해 문제제기를 했다.

한편 페미스타스의 울브스코그는 기자회견에서 FI의 창당을 공공연하게 비판했다. 그녀는 "FI 창당은 여성에게 재앙과 같다"고 주장했는데, 왜냐하면 사민당, 좌익당, 환경당에 집결된 여성 표가 FI에 의해 분산될 것이고, 결국에는 보수당과 기독민주당이 정치와 여성 쟁점에 대한 주도권을 잡게 될 것이기 때문이다(*The Local* 2005/3/8). FI에게 표를 주는 것이 사민당을 중심으로 하는 좌익연합의 패배를 초래하게 될 것이라는 주장은 총선에서 사민당, 좌익당, 환경당의 표가 FI로 빠져나가는 것을 견제하기 위한 것이었다.

사민당과 달리 좌익당은 FI와 비슷한 평등 관련 의제를 제안함으로써 FI와의 차별성을 좁혀나갔다(*The Local* 2005/10/4). 가령 좌익당은 스웨덴 정부 내에 독자적인 성평등국을 설치할 것과 정부기금을 받는 모든 단체가 기금 분배시에 '젠더권력 관점'을 가져야 한다고 주장했는데, 이는 FI가 제안한 의제내용과 거의 유사하다. 좌익당은 FI가 집중적으로 관심을 보인 가정폭력에 대해서도 FI와 유사한 의견들을 제시했다. 여성에 대한 남성폭력을 막기 위해 '국가적 비용 산출'을 제안했고, 폭력에 대해 남성이 책임지도록 하기 위해 교육 프로그램을 개발할 것, 포르노 산업을 제한하기 위해 포르노 산업과 여성에 대한 성폭력의 관계를 조사할 것 등을 주장했다.

이와 함께 FI의 구드런 슈만이 주장했던 것처럼 좌익당도 성중립적인 파트너십 법안과 성에 구애받지 않고 독립적인 성에 기반해서 이름을 지을 수 있도록 법 개정을 주장했다. 마지막으로 기업의 상위직급에 성평등한 배치를 위해 공기업을 중심으로 임원급 이상의 직위에 남성이든 여성이든 한 성에 속한 그룹이 40% 이상 대표되도록 해야 한다는 안을 제시했다. 이것 또한 기업의 임원직에 여성할당제를 도입해야 한다는 FI의 주장과 유사하다. 또한 FI의 부모휴가제도 개인화 안에 대해서도 좌익당은 공공연하게 지지의사를 표명했다(Feminist Initiative, 2006/9/11). 좌익당과 FI의 여성정책안이 유사한 데에는 FI의 총수인 구드런 슈만이 전 좌익당 총수였다는 사실과 무관하지 않다.

이처럼 당 내외적으로 제기된 여러 갈등으로 인해 FI는 2006년 총선에서 아주 낮은 지지도를 얻은 것으로 생각된다. 창당한지 얼마되지 않은 신당이었기 때문에 기존 정당에 비해 불안정한 조직과 리더십을 가질 수 있다는 점을 감안하더라도 FI가 보인 당 지도부 내의 갈등과 분열은 국민들에게 FI에 대한 불안감을 가져다 주었다. FI 지도자 간의 내부 갈등은 오늘날 '차이의 정치'가 확산됨에 따라 여성을 하나의 공통집단으로 보는 여성운동이 어디에서도 크게 성공하지 못하고 있는 현실과 맥락을 같이 한다.

FI의 급진적 페미니즘 성향이 언론 등을 통해 편파적으로 전달되었고, 이로 인해 많은 유권자들과 특히 남성 유권자들이 지지를 철회했다. 그리고 FI의 총선 참여에 위협을 느낀 다른 좌익성향의 정당들은 FI와 유사한 여성 네트워크를 형성하거나 FI와 거의 흡사한 정책의제를 제안함으로써 명실상부한 여성당으로서 FI의 존재 이유를 희석하는 결과를 초래했다. 또한 기존 정당의 FI 견제는 그동안 스웨덴을 주도적으로 이끌어 왔던 사민당과 좌익연합의 붕괴를 초래한다는 여론을 형성함으로써 좌익성향의 유권자가 FI로 이탈하는 것을 막았다.

결과적으로 급진적 좌익성향의 페미니스트 정치이념과 운동방식, 그리고 여성이라는 단일 이슈를 내세운 FI는 오늘날 스웨덴 대다수 국민들의 지지를 얻어내는 데 실패했다. 이것은 2006년 총선에서 유권자들이 고용창출과 교육, 의료 등을 가장 중요한 쟁점사안으로 꼽으며 중도 우익성향의 〈스웨덴을 위한 연합〉을 집권당으로 선택한 것과 무관하지 않을 것이다. 또한 여성문제가 오랜 기간 성중립적 입장에서 가족, 보육, 평등 등의 정책 내에서 다루어졌기 때문에 FI가 주장한 여성만을 위한 정책수립안이 유권자들에게 크게 공감되지 못했을 수 있다.

2006년 총선 실패로 리크스다그 진출에는 실패했지만 FI는 해체되지 않고 2010년 지금까지도 꾸준히 조직활동을 전개하고 있다. 2009년 6월에 있었던 유럽의회 선거에 참여했으나 지지율 부진으로 인해 역시 실패하고 말았다. 하지만 구드런 슈먼을 중심으로 한 지도부는 2010년 후반기에 있을 총선에서 안전 지지율 확보를 통해 한 명이라도 리크스다그로 진출시키고자 지속적인 노력을 전개하고 있다.

4. 결론

스웨덴의 사례는 정치영역의 최고 의사결정기구에서 여성의 양적 대표성이 증가하기 위해서는 사회와 정치 전반에 걸친 구조적 및 제도적 지원이 필요하다는 것을 보여준다. 이 글에서는 1980년대 이후 스웨덴의 각 정당이 도입한 할당제를 집중 조명했다. 스웨덴에서는 오랜 기간 동안 점진적으로 여성의 양적 대표성이 확대되었지만 그럼에도 불구하고 여성의 의회 대표성이 비약적으로 증가할 수 있었던 데는 할당제의 역할이 컸다. 또한 스웨덴 사례는 할당제의 제도화를 위해서 정당 내부에서 여성의 지위와 권리 향상에 뜻을 같이 하는 여성들이 함께 조직적인 운동을 전개하고, 다른 여성조직과 '전략적 파트너십'을 구축하여 당의 여성정책 결정과정에 적극적으로 개입하는 것이 중요하다는 점을 보여준다. 이러한 조직적인 여성운동은 점차적으로 유권자에게 여성의 정치세력화를 위한 할당제의 중요성을 인식시키는 데도 기여했다.

이들은 할당제 논의의 초기에는 민주주의와 평등에 초점을 맞춤으로써 남성들로 하여금 할당제가 성평등을 위해서라기보다는 민주주의 제도 내에서 시민 간의 평등을 도모하기 위해 필요하다고 설득했다. 민주주의 평등원칙을 강조한 주장은 남성들의 호응을 이끌어내는 데 기여했다. 그러고 나서 점차적으로 국제적인 차원의 여성 정치세력화 운동에 주도적으로 참여하여 세계여성대회 등에서 강조된 성평등 정책의 논의

틀 안에서 할당제 문제를 해결하기 시작했다. 이 과정에서 진보적 성향을 가진 환경당이 과반수 할당제를 처음으로 채택함으로써 정당의 할당제 채택 여부에 따라 여성 및 성평등을 지지하는 진보적 남성 유권자들의 지지 정당이 바뀔 수 있다는 여론이 스웨덴 사회에 확산되어 나갔다. 결국 선거경쟁을 의식한 주요 정당들은 자발적으로 할당제를 채택하기 이르렀다. 나아가 1990년대 초반에 서포트 스토킹즈라는 여성 네트워크를 통한 여성당 창당 위협은 사민당의 과반수 여성 후보 할당제를 성공적으로 이끌어내는 동력이 되었다.

다른 한편으로 2005년에 새로이 창립된 FI는 제도화된 남녀 혼합조직에서 드러나는 여성운동의 취약점을 해결하기 위해 정당 '안에서' 뿐 아니라 '밖에서' 독자적으로 여성조직을 결성한 예라고 볼 수 있다. 즉 관료화 · 제도화된 스웨덴 여성운동의 흐름을 변화시킬 페미니스트의 새로운 도전이다. 하지만 FI의 인기 하락과 2006년 총선에서의 부진한 성적은 스웨덴에 자율성을 갖춘 독자적인 페미니스트 정당이 성공하기에는 아직 시기상조임을 보여준다. 더욱이 FI의 총선 참여결과는 오늘날 차이 정치의 확산으로 인해 여성을 공통집단으로 두고 전개하는 여성운동이 겪는 어려움을 단적으로 드러냈다. FI는 창설 당시 모든 여성을 포용하고 다양한 페미니스트 관점을 수용할 수 있는 정치를 하겠다는 의지를 밝혔지만 결국 내부 지도자 간의 정치적 견해, 섹슈얼리티, 계급적 차이 등으로 인해 갈등과 분열을 겪었다.

FI의 총선 부진은 여성이라는 단일 이슈를 다룬 FI의 정치적 역량에 문제가 있고, 이것이 다른 정당과의 선거경쟁에 불리하게 작용한다는 것으로 해석될 수 있다. 정당이 아무리 중요한 정책의제를 다룬다고 해도 그 의제가 유권자의 다양한 정책수요를 충족시키지 못한다면 선거에서 외면당할 수밖에 없다는 것을 의미한다. 또한 FI는 기존 정당의 여성조직에 대해 지나치게 비판적이었고, 이들이 여성운동에 미치는 영향을 지나치게 과소평가하는 오류를 범했다. 그로 인해 다른 정당의 여성조직으로부터 배척당하면서 2006년 총선에서 폭넓은 대중적 지지도를 이끌어내는 데 실패했다.

요컨대 스웨덴의 FI 사례는 제도화된 여성운동이 여성의 정치적 대표성 확대에 기여할 뿐만 아니라 의사결정 과정에 여성이 직접 참여할 수 있는 장점이 있는 반면에, 여성운동의 자율성 결여로 인해 여성정책 형성에 비페미니스트인 정당지도자와 타협해서 소기의 운동목표를 온전히 달성하지 못하는 문제점을 안고 있음을 보여준다. FI의 등장이 다른 정당의 지도자와 여성조직이 여성 사안에 보다 많은 관심을 기울이게 하고 그동안 잠재되어 있던 여성문제를 스웨덴 사회 내에서 가시화시켰다는 측면에서 FI 사례는 국가 내 여성운동의 전략적 차원에서 고려될 만한 가치가 있다. 그러나 FI의 시행착오는 지금까지 여성을 하나의 공통분모로 보고 전개해 온 여성운동이 앞으로 여성들 사이의 차이에 대해 어떻게 대처할 것인지, 그리고 페미니즘이 다양한 정치 이슈에 어떻게 주요 정치이념으로 녹아들 수 있게 할 것인지 등에 관해 깊은 고민이 필요하다는 것을 시사한다.

참고문헌

문경희 · 전경옥 · 김미성. 2007. "제도화된 여성운동의 가능성과 한계 : 스웨덴의 페미니스트 정당(Feminist Initiative)을 중심으로." 『국제정치논총』 47집 2호.

문경희 · 김미성. 2008. "한국, 스웨덴, 독일의 여성정책 비교연구 : 정치, 경제 분야." 숙명여자대학교 아시아여성연구소, 중점연구소 보고서(비출판).

정미애 · 문경희. 2010. "여성정치할당제의 대안과 전망 : 스웨덴의 페미니스트 정당과 일본의 지역정당을 중심으로." 『동향과 전망』 79집 2호.

최연혁. 2006. "스웨덴 2006년 총선과 사민주의의 함의," 한국스칸디나비아학회 제15회 학술대회 발표논문. 한국외국어대학교.

Bergqvist, Christina & Anette Borchorst, Ann-Dorte Christensen, Viverca Ramstedt-Silen, Nina C. Raaum, Styrkarsdottir Au_ur. 1999. Equal Democracies? Gender and Politics in the Nordic Countries. Oslo : Scandinavian University Press.

Briskin, Linda & Mona Eliasson. eds. 1999. Women's Organizing and Public policy in Canada and Sweden. Quebec : McGill-Queens University Press.

Burness, Catriona. 2000. "Young Swedish members of parliament : changing the world?" Nordic Journal of Women's Studies 2(8).

Christensen, Ann-Dorte. 1999. "Women in the Political Parties." Bergqvist, Christina et al. Equal Democracies? Gender and Politics in the Nordic Countries. Oslo : Scandinavian University.

Dahlerup, Drude. eds. 2006. "Introduction." Dahlerup, Drude. ed. Women, Quotas and Politics. London : Routledge.

Dahlerup, Drude and Lenita Freidenvall. 2003. "Quotas as a 'Fast Track' to Equal Political Representation for Women : Why Scandinavia is no longer the model." Paper presented at the IPSA World Congress. Durban. South Africa, June 29-July 4.

Feminist Initiative, 2006/9/11. "Parental leave in Sweden : why is it so difficult that fathers take care of their children?", http://feminist.typepad.com/feminist_initiative/parental_leave/index.html (2006/11/11 접근)

Feminist Initiative, 2006. 'Political Platform for a Feminist Initiative', Online : http://www.feministisktinitiativ.se/engelska.php (2006/11/10 접근)

Freidenvall, Lenita. 2006. "The Political Representation of Women in Sweden : Women's struggle for institutional and discursive change," Paper presented for the session of Gender Quotas and Electoral Democracy I at the IPSA in Fukuoka, Japan. July 9-14, 2006.

Gelb, Joyce. 1989. *Feminism and Politics : Comparative Perspective*. Berkeley : Univ. of California.

Kaiser, Pia. 2001. "Strategic Predictors of Women's Parliamentary Participation : A Comparative Study of Twenty-Three Democracies." Ph D Diss., Los Angels : University of California.

The Local. 2005/3/8. "Feminist party could undermine government." http://www.thelocal.se/article.php?ID=1066

The Local. 2005/4/4. "Schyman launches Feminist Initiative." http://www.thelocal.se/1223/

The Local. 2005/5/27. "Comment : Swedish Televisio cheapens the feminism debate." http://www.thelocal.se/article.php?ID=1506

Matland, Richard. E. & T. Studlar Donley. 1996. "The Contagion of Women Candidates in-Member District and Proportional Representation Electoral Systems : Canada and Norway." *The Journal of Politics* 58, No. 3.

Maud, Eduards. 1988. "Gender Politics and Public Policies in Sweden." Draft. Department of Political Science, University of Stcokholm.

Sainsbury, Diane. 2004. "Women's Political Representation in Sweden : Discursive politics and institutional presence." *Scandinavian Political Studies* 27; No. 1.

Sainsbury, Diane, 2005. "Party Feminism, State Feminism and Women's Representation in Sweden." Joni Lovenduski. eds. *State Feminism and Political Representation*. New York : Cambridge University Press.

Stark, Agneta. 1997. "Combating the Backlash : How Swedish Women Won the War." Oakley, Ann & Juliet Mitchell. eds. *Who's Afraid of Feminism : Seeing thro-*

ugh the Backlash. London : Hamish Hamilton.
Sveriges Riksdag. 2006. http://www.riksdagen.se
Sunday Herald. 2005/9/18. "Claws out in feminist party power struggle."
Time Europe. 2006/9/26. "Swedish sisters are doing it for themselves."

주

1 본 글은 저자가 2005학년도 한국학술진흥재단의 지원 하에 저술했던 『한국, 스웨덴, 독일의 여성정책 비교연구 : 정치, 경제 분야』에서 스웨덴 사례를 발췌해서 재편집했다. 또한 2007년 저자 외 2인의 논문 "제도화된 여성운동의 가능성과 한계 : 스웨덴의 페미니스트 정당(Feminist Initiative)을 중심으로", 『국제정치논총』(47 (2), 2007, 149-72)과 저자 외 1인의 논문 "여성정치할당제의 대안과 전망 : 스웨덴의 페미니스트 정당과 일본의 지역정당을 중심으로"(『동향과 전망』, 79(2), 2010, 183-216)의 내용 중 일부 발췌해서 재편집했다.

2 대표적으로 Dahlerup · Freidenvall(2003), Frei-dneval(2006).

3 대표적으로 Christensen(1999), Dahlerup(2006), Sainbury(2005).

4 대표적으로 스웨덴의 〈서포트 스톡킹즈〉와 사민당 여성들 간의 할당제 연대를 들 수 있다.

5 사민당 중앙 여성위원장과의 면담결과(2008년 6월, 스톡홀름)

6 하지만 사민당 내에서 성평등 이슈는 계급평등 또는 평등(반드시 남녀 간의 평등을 의미하지 않는) 이슈의 하부 문제로 다루어졌다. 그러므로 사민당의 여성조직인 사민당여성연합은 여성의 대표성 확대를 요구했지만 다른 당의 여성조직에 비해서 늦은 시기에 할당제 채택을 요구하기 시작했다.

7 구드런 슈만은 소련의 붕괴와 냉전종식 이후 좌익당-공산주의(Left Party-Communists)에서 변모한 좌익당 당대표를 약 10년이 넘는 기간(1993-2003) 동안 지냈다. 그녀의 리더십 기간 동안 좌익당 출신 의원 수가 두 배로 증가할 만큼 많은 유권자의 지지를 받았다. 그녀는 재임기간 중에 자신이 알코올 중독임을 공개적으로 밝히고 잠시 당수직을 떠나 완전치료 후 다시 돌아오겠다고 솔직하게 밝혔다. 이후 알코올 중독을 치료하고 정상인으로 돌아온 그녀에게 유권자들은 그녀의 솔직함과 용기에 큰 박수와 지지를 보냈다. 그녀의 재임기간 중에 좌익당은 페미니즘을 당 이데올로기로 채택했다. 그러나 그녀는 2003년에 약 200만 원 상당의 허위 세금공제 신고로 당수직을 불명

예스럽게 내놓아야 했다(최연혁 2006). 구드런 슈만은 그녀의 노골적인 '남성혐오증' 으로 많은 스웨덴 사람들을 놀라게 한 적이 있다. 2002년 좌익당 당수로 있던 시기에 그녀는 스웨덴 남성들을 아프가니스탄의 탈레반에 견주었다. 나아가 2004년에 좌익당 당수는 아니지만 여전히 의원직을 고수하던 그녀는 스웨덴 남성들이 가정폭력을 막기 위해 '남성 세금' 을 부가적으로 내야 한다고 제안했다. 이러한 그녀의 남성혐오적인 발언은 많은 스웨덴인들의 반발을 샀고, 결과적으로 그녀의 대중적 인기는 떨어졌다. 하지만 구드런 슈만이 2004년에 좌익당을 탈당하고 2005년에 FI의 초대 당수로 돌아왔을 때 스웨덴인들은 다시 한번 그녀를 주목하게 되었다.

8 마리아 잰슨과의 면담내용(2007년 4월 25일)

9 위의 분석은 최연혁(2006), *International Herald Tribune*(2005/10/20), *Sunday Herald*(2005/9/18), *The Local*(2005/5/27) 등의 내용을 토대로 이루어졌다.

10 또한 스웨덴의 가장 큰 〈성폭력피해여성보호시설〉(ROKS)의 회장이며 FI 창당멤버인 아이린 반 와첸펠드트(Ireen von Wachenfeldt)는 "남성은 동물"이라고 언급하기도 했다. 스톡홀름 대학의 여성학과 교수이자 '퀴어권리' (queer rights) 옹호자인 티나 로젠버그(Tiina Rosenberg)는 이성애자 동료인 에바 위트 브랫스트롬(Ebba Witt Brattström)에게 "남성과 함께 잠을 잔다는 것은 여성에 대한 배신"이라는 말을 한 것으로 전해졌다.

제 Ⅳ 부

의석유보 여성정치할당제 국가

보이지 않는 벽에 문을 내다

여성 정치 할당제

WOMEN'S POLITICAL QUOTAS

대만

'의석유보제'에서 '성별비례제'로

신은영

대만은 여성의 정치참여에 상당히 불리한 정치사회적인 조건을 갖고 있다. 우선 문화적으로 한국처럼 가부장적 유교문화에 기초한 사회이고, 정치적으로는 1990년 이전까지 중국공산당식의 일당독재, 북한식 세습통치에다 1987년까지는 줄곧 계엄령 상태에 있었다. 한국의 국회의원격인 입법위원 선거는 1992년에, 그리고 대통령 선거는 1996년에서야 비로소 처음 실시되었다. 그러나 이러한 여러 가지 가부장적이고 비민주적인 요인들에도 불구하고 대만 여성의 정치참여는 상당히 높아서 두 차례나 여성 부통령이 선출되었을 뿐만 아니라, 가장 최근의 총선인 2008년 입법위원 선거에서 당선된 여성 의원의 비율은 30.1%에 이르렀다.

대만의 여성 정치참여가 높은 이유가 1947년 통과된 중화민국 헌법에 명기된 "여성을 위한 의석유보 조항"에 있다고 생각하는 사람들이 많다. 그러나 1987년 계엄해제 이후 대만의 민주화가 진행된 1990년대에 대만의 여성단체들은 이러한 '의석유보제'(婦女保障名額)의 문제점을 지적하면서 '성별비례제'(性別比例提名原則)로 바꾸자는 주장을 하게 된다.

1990년대와 2000년대 3차례의 개헌과 3차례의 선거법 개정 등을 통해 대만의 정치체제가 급변하는 가운데 여성의 정치참여를 높이기 위한 여성단체들의 주장은 일부 받아들여지기도 하지만 무시되기도 했다. 그럼에도 불구하고 각급 선거결과에서 여성의 정치참여율은 계속 상승하고 있다. 여기에서는 대만 선거에서의 여성정치할당제와 여성 정치참여 사이의 관계를 이해하기 위해 다음과 같은 질문들에 답해보고자 한다.

첫째, 여성에게 일정한 의석을 보장하는 의석유보제가 1949년에 대만으로 패퇴한 국민당의 정치적 강압에 의한 것이고, 그로 인해 당선된 여성들이 실질적인 권력보다는 명목적인 대표성만을 가졌던 것이라면 실제로 대만 여성의 정치참여에 기여했다고 할 수 있는가. 여성단체들은 어떤 문제점들로 인해 '성별비례제'로 바꾸자고 했고 이 두 가지 제도는 내용상 어떤 차이를 가지는가.

둘째, 1990년대에 입법위원을 제외한 국민대회(National Assembly), 대만성 의회, 그리고 감찰원 등 입법대표들을 뽑는 선거들이 모두 폐지되고 고위행정직인 성장, 시장, 현·(성 직할)시장, 향·진·(현 직할)시장 등의 선출제도가 새롭게 생겨난 가운데 여성단체들이 주장했던 성별비례제가 실제로 어떻게 적용되고 또 어떤 결과를 가져오게 되었는가.

마지막으로 '의석유보제' 이외에 학자들이 대만 여성의 정치참여율이 높은 이유로 거론하는 급속한 경제성장 혹은 여성의 고학력과 같은 사회경제적 요건들이 대만 여성의 높은 정치참여율에 필요충분 조건인가.

1. 국민당 독재시기 : 의석유보제

1) 국민당 독재시기 대만의 의회 선거

1949년에 국민당이 대만으로 패퇴하여 1987년 계엄을 해제하기까지의 기간이 국민당 독재시기이다. 국민당은 1928년부터 국민정부라는 이름으로 중국을 통치했으나 공산당과의 내전에서 패하고 대륙에서 정치적 기반을 상실했다. 국민당은 1949년에 대만으로 이주한 후 '대륙탈환'을 국가의 목표로 삼고 대륙중국과 통일이 이루어지기 전까지 정당결성을 불허하며 사회적 반대세력의 활동을 허용하지 않았다. 1949년에 대륙에서 선출된 각 성 대표 의원들은 국민당과 함께 대만으로 옮겨와 선거 없이 종신으로 재직했고, 공무원과 정부 요직도 표준어인 북경어를 구사할 수 있는 자들로 제한하여 당시 약 36,000여 명에 달하는 내성인(內省人)들이 강제로 공직에서 물러나야 했다(지은주 2009, 183).

이 시기 중앙단위의 선거는 국민대회 대표와 입법위원 선거가 있었다. 국민대회는 광의적 입법기관으로서 1992년에 그 기능과 인원이 대폭 축소되기 전까지 국가의 최고 권력기관이었다. 원래 국민대회의 기능에는 선거권, 파면권, 탄핵권, 헌법수정권, 인사권, 중앙법제관련 의결권, 영토보전의결권, 정책자문권 등이 있었으나 이후 총통과 부총통의 선출과 소환, 그리고 헌법개정권으로 실질적 기능이 축소되었다(Copper 2000 ; 지은주 2009, 115).

국민대회 이외에도 대만에는 다른 입법기관들이 있었는데 입법원과 감찰원 등이다. 입법원은 일반적인 입법기관의 기능을 수행하고 감찰원은 공무원의 행위를 감시하는 기능을 수행했다. 본래 입법원과 국민대회는 국민의 직접선거로 선출되고 감찰원은 지방의회와 지방수준의 위원회에서 간접선거로 선출되었으나 1997년의 개헌과정에서 감찰원을 입법기관에서 제외시켰고 구성도 대통령이 지명하고 의회가 인준하는 절차로 바뀌었다(Schafferer 2003 ; 지은주 2009, 116).

대만 입법원 선거는 중화민국 남경 정부 시기인 1948년 제1대 선거가 실시된 이후 1992년까지 약 45년간 실시되지 않았다. 중국 본토에서 1948년에 선출된 입법위원은 대만 천도 이후에도 계속 직위를 유지했으며, 자연사하는 경우에 한해서만 그 의석을 보충하기 위한 보궐선거가 3년마다 실시되었다. 따라서 대만에서는 입법원을 '만년국회'라고 불렀다. 그러나 이 보궐선거에서 정당을 결성할 수 없었던 내성인들이 무소속으로 출마하여 조금씩 의석 수를 확보해 나갔다.

2) 의석유보제(婦女保障名額)

대만 여성에 대한 의석유보 조항은 1947년에 만들어진 중화민국 헌법 제134조에 명기되어 있다. 그러나 "각종 선거는 여성을 위한 의석을 유보해야 하며, 그 방법은 법률로 정한다"는 이 조항이 헌법에 포함되기까지는 장기간(1912-1936)의 심각한 논쟁이 있었다(Chou 1990, 81).

대만 선거에서 의석유보제가 작동되는 과정은 다음과 같다. 대만은 단기명 중선거구제 방식을 채택했기 때문에 예를 들어 8개의 의석이 있는 선거구가 있다면 그 중 한 석은 여성에게 돌아가야 하므로 그 여성이 9번째 혹은 그보다 더 뒤쪽에 있다고 할지라도 여성들 가운데 상대적으로 더 많은 표를 얻은 여성이 의석을 차지하게 된다.

국민대회 대표와 입법위원 선거 모두 여성을 위해 1/10의 의석을 유보했으나 그 실행방식에서는 차이가 있었다. 우선 국민대회에서는 정부에 합법적으로 등록된 여성단체들이 하나의 선거구처럼 작용하여 그 안에서 후보를 공천하고 투표는 여성단체 회원으로 등록된 여성들이 했다. 여성단체 회원들은 여성단체 회원으로서 투표할지 혹은 일반 선거구민으로서 투표할지 하나만을 선택할 수 있었다. 국민대회의 구성원은 지역과 직능대표로 분리되어 지역구 외에 티벳종족 종교단체, 해외교민, 직능단체(농민단체, 상공단체, 노동조합) 등을 위한 직능대표들을 따로 선출했는데 여성단체도 이와 같은 것이었다. 여성단체들이 국민대회에 후보를 내지 못할 경우 이 의석은 공석이 되는 것으로 규정되어 있었으나 실제로 공석으로 남은 적은 한 번도 없었다.

국민대회의 여성 의석 유보방식은 공정성과 대표성에 있어 계속 논란이 되었다. 그 이유는 여성단체 대표이기 때문에 여성의 이익만을 반영하려 한다는 대표성의 문제와 여성단체 대표들이 상류층, 고학력 엘리트들이기 때문에 모든 여성들을 대표할 수 없다는 것, 그리고 정권이 선호하지 않는 여성단체들은 등록을 거부하여 선거에서 배제시킬 수 있다는 점 등이었다(Chou 1990, 84-87).

한편 입법위원 선거의 경우 매 선거구에 미리 여성 의석을 지정하였다. 이러한 내용을 구체적으로 담고 있는 선거법 제5조는 매 선거구 당선자 10명 가운데 1명은 여성이 되어야 하며, 선거구가 커서 20명이 되면 2명이 여성이 되어야 한다고 명기하고 있다. 원래 이 의석유보는 교민대표와 직능단체에도 해당되었으나 1972년에 만들어진 임시규정에는 각 선거구와 타이완 성 특별의석인 2석에만 적용되고 교민대표와 직능단체를 위한 의석에서는 배제되었다. 입법위원의 경우에 총선이 아닌 보궐선거만이 실시되었기 때문에 이 보궐선거에서 의석유보는 매 선거구 5명에서 10명 사이 여성 1인, 그리고 10명이 늘어날 때마다 여성을 위한 의석도 하나씩 더 늘어나는 것으로 규정했다. 이는 5명에서 19명 사이는 1석만이 유보되는 것이기 때문에 5명일 경우는 20%이고 19명에 가까우면 5%의 의석만이 유보되는 것이지만, 선거구당 대체로 10명에 가까웠기 때문에 실제로 매 선거구당 1명가량의 의석이 유보되었다.

대만의 정치상황을 고려해 볼 때 위에서 언급한 중앙단위의 두 선거보다 더욱 대표성을 가진 것이 지방단위의 선거이다. 국민대회 대표와 입법의회 위원들은 모두 1947년에 대륙본토에서 선출된 후 종신으로 재직했고, 그들이 사망한 이후에나 보궐선거를 실시했지만 대만성 의회와 성 이하 현·시, 향·진·시 선거는 내성인들이 자신들을 대표해 줄 구성원들을 매번 전원 선출하는 정상적인 선거였기 때문이다. 중요한 것은 이 지역단위의 입법기관 선거에도 '1/10 여성 의석유보제'가 적용되었다는 점이다. 이 시기의 의석유보제와 같은 여성할당제와 여성들의 정치적 대표성의 관계에 대해 몇 가지 비판적으로 고려할 사항이 있다.

첫째, 헌법이 의석유보를 명문화하고 있는 만큼 의원직은 확실히 보장되지만, 이것이 최소한이 아닌 최대한으로 굳어져 버린다면 인구의 50%를 차지하고 있는 여성을 대표하기에는 매우 낮은 수준이다. 둘째, 이러한 의석유보제 하에서 당선된 여성들이 스스로 정치적 영향력을 가진 인물이기보다는 이름뿐인 대표자로 비쳐지는 경향이 있을 수 있다. 셋째, 대만은 레닌식 정당을 모방한 국민당의 일당독재였기 때문에 중국공산당과 마찬가지로 권력이 의회보다는 대통령(總統)과 당 상임위원회에 집중되어 있는데, 이러한 당과 행정 고위직에는 여성이 거의 없었다 (Clark 2000, 56-62).

이러한 여러 가지 한계에도 불구하고 대만에는 1950년대부터 중앙과 지방단위 의회 선거에 10% 가량의 여성 대표자들이 있어왔다는 것은 2000년에 여성비례대표할당제가 실시되기 전까지 국회 내 여성 의원 비율이 3% 이하였던 한국과 비교했을 때 여성 대표성의 정치적 토대가 상당히 달랐다고 할 수 있다.

3) 여성의 대표성 : 선거통계(1950－1980년대)

대만은 국가성립 초기부터 의석유보제를 실시했기 때문에 선거통계의 내용도 상당히 방대하다. 이번 장에서는 대만 선거에서의 의석유보제의 효과를 보기 위해 우선 1950년대부터 1980년대 말까지 선거통계를 살펴보고자 한다. 1990년대 이후의 선거통계는 1990년대의 민주화 시기 동안 세 차례의 개헌과 선거법 개정 등 여러 가지 변화가 있었기 때문에 다음 장에서 별도로 살펴볼 것이다. 다만 1990년대에 국민대회와 성의회가 폐지되기 때문에 이 두 입법기구들에 관해서는 폐지되기 직전까지의 선거결과를 모두 포함했다.

〈표 1〉에서 국민대회와 입법원의 총 당선자 수가 해마다 다른 것은 앞에서 지적한 바와 같이 국민대회 대표와 입법위원들의 임기가 종신직이라는 파행적인 성격 탓이다. 두 입법기관 모두 1969년에 처음으로 선거가 실시되는데, 그 이유는 1948년에 의원으로 선출되어 선거 없이 계속 의원직을 가지고 있던 사람들 가운데 사망자가 생기면서 나오는 결원을 보충하기 위해 선거가 시작되었기 때문이고, 매번 선출하는 총수가 다른 것은 결원의 숫자만큼 뽑았기 때문이다. 여성의 비율 또한 새로 선출되는 의원의 비율에 따라 유보된 의석과 여성 당선자의 비율을 말해주

표 1_ 중앙단위 입법기구의 여성 후보 당선자 수 및 여성 비율

국민대회 대표 선거							
	후보자			당선자			
연도	총수	여성	여성 비율(%)	총수	유보의석	여성	여성 비율(%)
1969	29	2	6.9	15	2	2	13.3
1972	78	10	12.8	53	5	8	15.1
1980	185	17	9.2	76	7	12	15.8
1986	169	25	14.8	84	8	16	19.0
1991	467	76	16.3	225	–	31	13.8
1996	432	79	18.3	234	–	43	18.4
입법위원 선거							
	후보자			당선자			
연도	총수	여성	여성 비율(%)	총수	유보의석	여성	여성 비율(%)
1969	25	4	16.0	11	0	1	9.1
1972	55	6	10.9	36	3	4	11.1
1975	61	4	6.6	37	3	4	10.8
1980	218	17	7.8	70	5	7	10.0
1983	171	22	12.9	71	5	8	11.3
1986	137	12	8.8	100	6	8	8.0
1989	302	26	8.7	101	7	13	12.9

* 출처 : (Chou et al. 1990, p. 90)

고 있다.

1991년 헌법 개정 이후 국민대회 대표는 기존의 3,000명에서 325명으로 감소했으며, 그 가운데 대만의 모든 직할시와 현, 시의 선거구에서 각 2명, 평지와 산지 원주민 각 3명, 교민대표 20명, 전국구 80명을 선출했다. 1991년과 1996년의 선거는 개정된 선거법에 따라 총선을 실시한

표 2_ 성 의원 선거 후보, 당선자 수 및 여성 비율(1951-1994)

	후보자			당선자			
연도	총수	여성	여성 비율(%)	총수	유보의석	여성	여성 비율(%)
1951	140	12	8.6	55	5	5	9.0
1954	110	18	16.4	57	6	6	10.5
1957	118	22	18.6	66	9	9	13.6
1960	126	18	14.3	73	9	10	13.7
1963	137	14	10.2	74	9	10	13.5
1968	129	19	14.7	71	10	11	15.5
1972	121	21	17.4	73	10	12	16.4
1977	125	23	18.4	77	10	13	16.9
1981	199	34	17.1	77	9	10	13.0
1985	158	28	17.7	77	9	13	16.9
1989	157	30	19.1	77	9	14	18.2
1994	176	32	18.2	79	9	16	20.3

* 출처 : 1989년 이전 자료(Chou et al. 1990, 91), 1994년 자료는(黃長玲 2003, 241)

것인데, 당선된 여성 비율은 보유석인 10%보다 더 높은 결과를 보인다.

입법위원의 경우 1969년 최초의 보궐선거에서는 여성 유보의석을 주지 않았으나 11명의 입법위원 가운데 한 명이 당선되었고, 1986년까지 4차례의 선거에서 보장된 의석을 크게 넘지 않다가 1989년의 선거에서 유보의석의 두 배 가까운 여성 의원이 당선된 것을 볼 수 있다. 이러한 경향이 1990년대의 정치변화의 시기에 역류를 만나게 될지 혹은 지속될지에 대해서는 다음 장에서 살펴볼 것이다.

중앙단위의 입법기관들이 대륙출신으로 이루어져 있다는 점에서 대만에 살고 있는 사람들을 실질적으로 대표하기에는 한계가 있다고 한다

표 3_ (성 직할) 시의원 선거 후보, 당선자 수 및 여성 비율(타이뻬이, 까오슝)

타이뻬이 시의원 선거							
	후보자			당선자			
연도	총수	여성	여성 비율(%)	총수	유보의석	여성	여성 비율(%)
1969	77	8	10.4	48	4	7	14.6
1973	63	8	12.7	49	4	7	14.3
1977	61	8	13.1	51	5	8	15.7
1981	83	11	13.3	51	5	7	13.7
1985	74	10	13.5	51	5	9	17.6
1989	100	24	24.0	51	6	10	19.6
까오슝 시의원 선거							
	후보자			당선자			
연도	총수	여성	여성 비율(%)	총수	유보의석	여성	여성 비율(%)
1981	81	15	18.5	42	5	6	14.3
1985	71	13	18.3	42	5	6	14.3
1989	94	14	14.9	43	5	6	14.0

* 출처 : 黃長玲(2003, 242–243)

면 지방단위의 선거야말로 대만 사람들(內省人)을 대표하는, 그리고 지역 정치파벌 간의 경쟁이 수반된 것이었다. 지방단위 선거는 1950년대부터 시작되었고 역시 의석유보제가 적용되었다. 오랜 기간 지방단위의 선거가 진행되면서 대만에서는 선거경쟁이 조직화될 수 있었고, 내성인들과 여성이 민주화 이후 이러한 지역단위의 정치 경험을 바탕으로 중앙단위에 진출하여 경쟁을 할 수 있는 기초를 제공했다.

지방단위 선거에서 가장 대규모 선거는 성의회 선거였다. 1994년의 선거를 마지막으로 폐지된 성의회는 3년마다 대만 섬의 각 선거구에서

표 4_ 현(시)의원, 향진의원 선거 후보, 당선자 수 및 여성 비율(1950-1986)

현(시)의원 선거							
	후보자			당선자			
연도	총수	여성	여성 비율(%)	총수	유보의석	여성	여성 비율(%)
1950	1,827	116	6.3	814	70	69	8.5
1952	1,844	224	12.1	860	74	74	8.6
1954	1,579	142	9.0	928	94	94	10.1
1958	1,621	168	10.4	1,025	102	101	9.9
1961	1,629	162	9.9	929	91	95	10.2
1964	1,563	230	14.7	907	108	123	13.6
1968	1,262	208	16.5	847	100	123	14.5
1973	1,480	206	13.9	850	99	119	14.0
1977	1,271	190	14.9	857	93	121	14.1
1982	1,683	226	13.4	799	89	115	14.4
1986	1,472	209	14.2	837	97	127	15.2
향진의회 선거							
	후보자			당선자			
연도	총수	여성	여성 비율(%)	총수	유보의석	여성	여성 비율(%)
1952	–	–	–	5,695	–	11	0.2
1954	–	–	–	6,397	–	550	8.6
1958	–	–	–	6,834	–	629	9.2
1961	8,833	1,068	12.0	5,260	–	660	12.5
1964	8,510	668	7.8	4,776	–	385	8.1
1968	7,769	736	9.5	4,709	–	497	10.6
1973	5,575	516	9.3	3,757	–	378	10.1
1977	6,460	872	13.5	3,793	–	488	12.9
1982	6,717	878	13.1	3,699	397	490	13.2
1986	6,066	901	14.9	3,754	417	560	14.9

* 출처 : (Chou et al. 1990, 92)

전체 성원을 다시 뽑았다는 점에서 대만인들의 민의를 대표하는 기구로 볼 수 있다. 이 선거에서 대만 여성들은 일찍이 1960년대부터 유보의석을 초과하다가 점진적으로 더 많은 당선자를 냈고, 1994년 성의회가 폐지되기 직전의 마지막 선거에서는 후보 여성의 50%, 전체 비율 20% 이상의 당선자를 냈다.

지역단위 선거에는 성단위의 타이완 성의회 이외에도 중앙직할시인 타이뻬이 시의회, 까오슝 시의회, 현·(성직할) 시의회와 향·진·(현직할) 시의회 등이 있다. 타이뻬이 시의회는 1969년의 첫 선거부터 유보의석보다 더 많은 여성 당선자를 내면서 시작되어 1980년대 말에 이미 20%에 가까운 당선율을 보인다. 시로 승격된 이후 1981년부터 의회대표 선출을 시작했던 남부도시 까오슝은 보수적이고 정치파벌 간의 경쟁이 심한 곳이지만 각 정치파벌들이 유보의석에 여성 후보를 내놓지 않으면 다른 파벌에게 돌아간다는 것을 알기 때문에 항상 자기 파벌의 여성 후보를 여러 명 내놓아 80년대의 당선자 수가 유보의석보다 항상 한 석 더 많은 결과를 보여준다.

성의원 선거보다 하위 단위선거로 타이뻬이와 까오슝 시의회와 동급인 현·(성 직할) 시의회와 그보다 한 단위 아래인 향·진·(현 직할) 시의회에서도 의석유보제가 적용되었다. 1950년대 초반 지방선거에서 의석유보제 효과는 향·진·(현 직할) 시단위 선거에서 가장 잘 드러나는데, 첫 선거에서는 의석유보제가 적용되지 않았기 때문이다. 의석유보제가 적용되지 않았던 1952년의 향·진·(현 직할) 시민대표 선거를 보면 총 5,695석 가운데 여성들이 0.2%에 불과한 11석을 얻는 데 그쳤으나 바로 2년 뒤 의석유보제가 반영되면서 550석을 얻어 8.6%의 당선율을 보인다. 그리고 35년이 지난 1986년의 선거에서는 현(시)의원과 향·진·(현 직할) 시민대표 모두 유보의석을 훌쩍 넘어선 15.2%와 14.9%의 여성 당선자 비율을 보였는데, 특히 향·진·(현 직할) 시민대표의 경우 총 당선자 3,754명 가운데 560명의 여성 의원이 당선되었다.

지방선거의 경우 꽌시(關係)라는 중국 특유의 연결망이 작동하여 여성에게 불리하지만 의석유보제 하에서 여성 유보의석이 다른 정당이나 다른 파벌로 가게 될 것을 우려한 정치파벌들이 여성 후보들을 공천해야 했고, 처음에는 덤으로 의석을 얻게 된 여성들이 실제로 정치경험을 쌓고 난 후에 독자적인 역량을 갖춘 여성 정치인이 되었다. 이것이 지방의회에서도 점차 유보의석보다 더 많은 여성들이 당선된 이유이다.

4) 반정부인사의 탄압과 여성 정치참여

국민당 독재시기의 의석유보제와는 별개로 반정부인사에 대한 탄압이 의도치 않게 여성 정치참여를 야기하는 결과를 낳았다. 1989년 정당설립이 가능하기 이전까지 대만은 국민당 권위주의 체제였다. 장제스 통치시기에 국민당은 군과 경, 의회 등 모든 권력자원을 장악하였고 계엄을 선포하여 정당결성을 금지하는 당금(黨禁)조치를 취했다. 또한 중국대륙과 대만의 양안 사이의 군사적 긴장에 바탕을 둔 반공논리를 가지고 정치적·사회적 적대세력의 결집을 제한했다. 결국 공식적인 정당창당에 실패한 반대세력들은 제도권 밖에서 정치활동을 하거나 지방선거와 입법원 선거에 무소속으로 출마하는 등 제한적인 정치참여를 했고, 지방선거에서 당선된 이들은 서로 협력하여 당와이(黨外)라는 조직을 만들어 활동했다(김영신 2001, 327-335).

장제스 사망 후 1971년 국민대회에서 총통으로 피선된 그의 아들 장징궈는 선거정치의 역할을 확대하는 것을 포함하여 점진적인 자유화 정책을 실시했다. 그는 더 많은 내성인 기술관료들을 고위직에 임명했고, 인권단체와 사회운동단체의 성립을 허용하여 보다 공개적인 반대를 용인했다(Clark 2000, 63). 그러다가 1979년에 '까오슝 사건'이 발생했다. 이 사건은 쟝징궈가 어느 정도의 정치 자유화를 용인하자 당적을 갖지 않은 야당 인사들의 결집체인 '당와이'(黨外)가 점차 민주화와 타이완 민족주의를 지지하는 가운데 발생한 탄압사건이었다. 1979년 12월 10일 국제 인권의 날을 기념하기 위한 거리행진에서 일반 시민이 10,000명이나 참가하자 위협을 느낀 국민당 정권이 이 거리행진을 불법으로 규정하고 관련 인사들을 정부 전복을 기도했다는 이유로 체포했다. 이 시위에 참여한 정치인사 가운데 50명이 투옥되었고 1980년 3월에 이들 중 8명에 대해 12년에서 종신형에 이르는 형량이 선고되었다. 관련된 인사들의 가족이 무참히 살해되기도 했으며 일부 인사는 해외로 망명했다.

정치범의 부인에서 정치인으로 : 쉬룽수

반정부인사들의 체포와 투옥은 이들의 부인들이 반정부집단의 상징적인 지도자가 되는 기회를 제공했다. 남편의 투옥과 재산압류 등 국민당의 직접적인 탄압을 경험한 부인들은 더 이상 잃을 것이 없으니 선거에 후보로 나가 할 말이라도 해야겠다고 결심했다. 정치범 부인들의 선거 캠페인은 투옥된 지도자들에 대한 동정과 불의에 대항하는 연대의 표현이 되었고, 그 결과 1980년 선거에서 까오슝 정치범들의 부인인 처우칭위(周清玉)와 쉬롱수(許榮淑) 등이 선거구에서 압도적인 표차로 승리했다. 그 후 다른 정치범의 부인들도 선거에 참여했고 많은 경우 당선되었다. 당선 후 이 여성들은 그들의 공직을 이용하여 반정부라는 대의를 위해 활동하고, 1986년 9월 28일의 민주진보당 창당을 도왔으며, 남편이 석방된 뒤에도 독자적인 정치활동을 전개했다(Clark 2000, 63).

3. 민주화 시기 : 성별비례제

1) 민주화 시기(1990년대)의 정치제도 변화

1987년 총통 장징궈(蔣經國)가 계엄을 해제하고 1988년에 갑작스럽게 사망하자 내성인(內省人) 출신 총리였던 리덩휘(李登輝)가 대통령(總統)에 당선되었다. 리덩휘는 대통령에 당선된 뒤 전반적인 제도개혁 방안을 마련하기 위해 1990년 국시회의(國是會議)를 소집했다. 여기에서 대통령과 현·시장의 직접선거, 국민대회와 입법원의 재구성, 총통·입법원·내각 간의 관계 재정립 등의 문제를 논의하기 위해 13,000여 명에 이르는 참가자들과 100회 이상의 회의를 가진 끝에 대통령 직접선거, 만년국회 종식, 헌법 개헌 등 수많은 정치개혁안을 만들어 통과시켰다.

1988년에 정당법이 개정되어 새로운 정당설립을 허용하는 입법안이 통과되고 이 법안이 효력을 발한 1989년에는 순식간에 41개의 정당이 등록했다. 경쟁에 참여한 정당은 많았지만 실제로 선거에서 득표에 성공하여 의회로 진출한 경쟁적 정당은 국민당(國民黨)과 민진당(民進黨) 외에 신당(新黨), 친민당(親民黨), 타이롄(臺灣團結聯盟黨) 등에 한정되었다.

1990년대에는 무려 3차에 걸친 개헌과 세 차례의 선거법 개정이 있었기 때문에 여성할당제도 이러한 변화의 영향을 받을 수밖에 없었다. 우선 개헌과정을 보면 1992년의 제2차 개헌에서 국민대회가 뽑은 대통령의 단임을 연임으로 바꾸었다. 1994년의 제3차 개헌에서는 대통령을 대만 주민에 의한 직접선거로 선출하도록 했으며, 임기를 6년에서 4년으로 단축하고 연임을 가능하게 했다. 그리고 입법원의 동의를 얻어 총통이 수락하던 행정원장 지명방식을 1997년의 제4차 개헌과정을 통해 입법원의 동의 없이 총통이 임명하게 했다.

선거법의 경우에는 1992년에 대만 최초의 입법위원 총선(2대 입법위원 선거) 직전에 개정된 선거법에서 직능대표(농민단체, 상공단체, 노동조합) 선출이 전국구 비례대표 방식으로 바뀌어 총 161개 의석 중 30석이 되었고 교민대표 6석도 비례대표 선출방식으로 바뀌었다. 125개 선거구 의석은 29개의 지역구에서 예전처럼 단기명 중선거구제 방식으로 선출하도록 했다. 1998년 제4대 입법위원 선거를 앞두고 선거법이 다시 개정되면서 총 의석이 161개에서 225석으로 확대되었는데, 그 중 전국구는 41석, 교민대표는 8석으로 확대되었다. 원주민의석도 비례대표 방식으로 평지 4석과 산지 4석을 보장했다. 지역구 의석은 168석으로 최소 1석 이상의 단기명 중선거구제로 선출되었다.

이후에도 선거제도의 효과에 대해 계속 논쟁하던 여야 입법위원들은 2004년에 헌법조문 추가 제4조 수정 초안을 통과시키고 2008년 제7대 입법위원 선거부터 적용하기로 결정했다. 그 내용은 의석의 감소(225석에서 113석)와 임기의 연장(3년에서 4년), 그리고 단기명 중선거구제를 단일 선거구 양표제로 바꾼 것 등이다(지은주 2009, 117-120).

2) 성별비례제(性別比例提名原則)

민주화 시기에 들어와 여성단체들의 활동도 활발해지면서 여성단체들은 여성할당제의 명칭과 내용을 바꾸고자 했다. 이들은 의석유보제라는 명칭이 여성을 보호받아야 하는 존재라는 인상을 각인시키고 유보의석과 상관없이 당선된 많은 여성 의원들에게까지도 안 좋은 영향을 주기 때문에 성별비례제로 바꾸어야 하며, 내용 면에서도 이미 1970년대부터 모든 선거단위에서 여성 의원의 비율이 기존의 의석유보제의 할당비율을 넘어섰기 때문에 현실에 맞게 조정해야 한다고 주장했다(黃長鈴 2003, 216). 이 두 제도는 현실적으로는 의석유보 방식을 통해 여성의 대표성을 진작시키려 한다는 점에서는 차이가 없으나 여성단체들은 성별비례제가 남성이 과소대표 될 경우에는 남성에게 유리할 수 있다는 점에서 '젠더 중립적' 이라고 주장하며 국민대회에서 모든 입법기구의 할당의석을 25%로 증가시키도록 헌법을 수정할 것과 이를 정부와 정당의 직위에도 적용할 것을 요구했다.

이들의 요구는 1997년 당시 국민대회 회기 동안 대중매체를 통해 널리 보도되었고 주요 정당들의 합의가 도출되는 등 유보의석의 증가가 예견되었지만 결국 남성 정치가들의 반대로 수정안이 통과되지 못했다. 다음해 1998년 회기에서 통과가 확실시되었으나 국민대회의 존폐가 핵심사안으로 등장하고 마침내 국민대회가 폐지되면서 할당제 관련 헌법수정은 결국 이루어지지 못했다(黃長鈴 2003, 288).

요컨대 이 시기 여성할당제의 문제는 1999년 국민대회 폐지 이후 통과된 헌법 수정조문 제1조와 제4조에서 국민대회 대표 선거에서는 1/7 정도, 입법위원 선거는 약 1/10의 의석유보 조항으로 그 이전과 동일하게 유지되었다. 국민대회의 경우에 폐지되기 전까지 비례대표로 바뀐 부분은 입법위원 선거의 득표율로 결정되었다. 그 가운데 여성 의석유보와 관련된 조문을 보면 각 지역구 및 원주민 대표부분에서 "5인 이상 10인 이하일 때 반드시 여성 당선자가 1명 있어야" 한다고 규정하여 입법위원과 유보의석이 같다. 그리고 교민대표와 전국구 대표에 있어서는 "각 정당 당선자 4명에 대해 반드시 1명이 여성이어야" 한다고 명기하고 있어 합하면 7명 가운데 1명꼴로 여성 의석이 보장되었다.

입법위원의 경우 2004년 제4조에 대한 수정 초안에서 전국구와 교민대표는 합해서 34석으로 축소하고 원주민 위원을 평지 3인, 산지 3인인 총 6명으로 축소했으며, 여성을 위한 유보의석을 폐지한 대신 과거 지역구와 전국구, 교민대표 5-10인 당선에 1명 당선을 보장했던 것에서 비례대표 34인 가운데 절반을 보장하는 것으로 바꾸었다(中國時報 2004, 3월 10일 1면).

지방선거를 보면 성의회는 폐지되고 1998년에 통과된 지방선거법에서는 타이뻬이와 까오숑 시의원 선거, 현시의원 및 향진시민대표 선거의 의석유보 비율은 그 이전보다 높아져서 1/4에서 1/7이 되었다. 지방선거법 제33조 3항은 "각 선거구에서 선출하는 직할시의원, 현(시)의원, 향(진, 시)의원 민의대표가 4인일 때 여성 당선보장 정원은 1인이 있어야 한다. 4인 이상일 때 매 4인 증가시마다 여성 당선자도 반드시 1인이 증가해야" 한다고 규정하고 있다.

이 조항은 1998년 당시 국민대회가 폐지되면서 성별비례제로의 헌법수정을 이루어내지 못한 여성단체들이 내정부가 지방선거법을 제정할

당시 여성 내정부장이었던 예진펑(葉金鳳)을 방문하여 여성 당선보장 정원을 1/4로 해줄 것을 강하게 건의하여 성취해낸 결과이다(Huang 2005, 288).

3) 여성의 대표성 : 선거통계(1990년대와 2000년대)

세 차례의 선거법 개정에도 불구하고 여성의 후보 공천 비율은 1990년대 들어 10% 이상을 유지했고 당선자의 비율도 높아지고 있다. 제4차 선거법 개정안이 나왔을 때 여성단체들은 지역구에서의 의석유보제 폐지와 여성에게 유리했던 중선거구제가 단일선거구제로 바뀌는 것에 대해 심각한 우려를 표명했으나 결과적으로 지역구 당선자 79명 가운데 17명의 여성이 당선되면서 이러한 우려가 불식되었다. 여기에 법적으로 보장된 비례대표의 절반인 17석을 합하여 113명의 입법위원 가운데 30%가 넘는 34명의 여성 입법위원들이 선출되었다. 더구나 2008년 선거에서는 공천을 받은 여성 비율보다 당선 비율이 그 이전보다 높아져 더 많은 여성 후보가 공천을 받으면 더 많은 당선자가 나올 수 있다는 전망을 보여주었다.

〈표 5〉에서는 1990년대부터 입법위원 선거에 비례대표제와 할당비율이 도입되었기 때문에 지역구에서의 여성 공천과 당선 비율을 명확히 하기 위해 지역구만을 표시하고 비례대표와 합한 숫자와 비율을 괄호 안에 분리하여 표시했다. 당선 후보 수가 절반 이하로 줄어들고 단일선거구 양표제로 바뀐 2008년 선거에서는 지역구에서 의석유보제를 폐지했음에도 불구하고 여성의 지역구 당선 비율은 21.5%로 2004년의 18.2%보다 높아졌고, 전국구를 합친 결과는 30.1%로 2004년의 유보의석을 합

표 5_ 입법위원 선거 후보, 당선자 수 및 여성 비율(1992-2008)

	후보자			당선자		
연도	총수	여성	여성 비율(%)	총수	여성	여성 비율(%)
1992	348	36	10.3	125(161)	12(17)	9.6(10.6)
1995	332	40	12	128(164)	19(23)	14.8(14.0)
1998	397	64	16.1	176(225)	35(44)	19.9(19.6)
2001	455	83	18.2	176(224)	39(49)	22.2(21.9)
2004	386	65	16.8	176(225)	32(42)	18.2(18.7)
2008	295	60	20.3	79(113)	17(34)	21.5(30.1)

* 출처 : 臺灣 中央選擧委員會 홈페이지 자료(www.cec.gov.tw) 필자 재구성

친 비율인 18.7%보다 상당히 많이 높아진 것을 볼 수 있다.

〈표 6〉은 1990년대 이후 시의회와 현의회의 여성 참여비율을 표로 만든 것이다. 앞장에서 살펴본 바와 같이 지방선거를 보면 성의회는 폐지되었고 1998년 통과한 지방선거법에서는 타이뻬이와 까오슝 시의원 선거, 현시의원 및 향진시민대표 선거의 의석유보는 1/4에서 1/7이 되었다.

타이뻬이와 까오슝의 여성 당선 비율은 1989년 각각 19.6%와 14%로 상당히 높은 편이었지만 여성 의원의 비율이 지속적으로 상승하여 40%대를 향하고 있음을 알 수 있다. 특히 지방선거법이 통과된 이후 까오슝 시의원 선거의 여성 공천 비율과 당선 비율이 높아지고 있다. 무엇보다도 양 시의원 선거에서는 후보자에 대한 당선자의 비율에서 여성이 남성보다 더욱 높아서 70%를 육박하고 있어 여성 후보 3명이 나오면 2명 이상은 당선이 되고 있다는 것을 보여준다.

현·(성 직할) 시의회 선거는 1990년대까지는 1986년의 당선율인 15.2%

표 6_ 90년대 이후 타이뻬이와 까오숑 시의원 선거 후보, 당선자 수 및 여성 비율

타이뻬이 시의원 선거						
	후보자			당선자		
연도	총수	여성	여성 비율(%)	총수	여성	여성 비율(%)
1994	138	27	19.6	50	12	24.3
1998	108	27	25.0	51	17	33.3
2002	109	28	25.7	51	17	33.3
2006	101	30	29.7	51	19	37.3
까오숑 시의원 선거						
	후보자			당선자		
연도	총수	여성	여성 비율(%)	총수	여성	여성 비율(%)
1994	123	15	12.2	43	6	14
1998	97	14	14.4	43	5	11.6
2002	106	18	17.0	43	10	23.3
2006	73	24	32.9	43	16	37.2

출처 : 臺灣 中央選擧委員會 홈페이지 자료(www.cec.gov.tw) 필자 재구성

표 7_ 90년대 이후 현·시의원 선거 후보, 당선자 수 및 여성 비율

	후보자			당선자		
연도	총수	여성	여성 비율(%)	총수	여성	여성 비율(%)
1990	1,743	265	15.2	842	128	15.2
1994	–	–	–	858	129	15.0
1998	1,952	316	16.2	891	151	16.9
2002	2,057	454	22.1	897	198	22.1
2005	1,689	404	23.9	901	234	26.0
2009	935	241	25.8	592	162	27.4

* 출처 : 臺灣 中央選擧委員會 홈페이지 자료(www.cec.gov.tw) 필자 재구성

에서 크게 증가하지는 않다가 1998년의 지방선거법 개정 이후 당선자 비율이 계속 늘고 있다. 1998년 지방선거법 개정 이후 4명에서 7명 사이에 1명의 여성 의석을 보장하는 규정으로 인해 2002년 선거에서 22.1%로 여성의 당선율이 갑자기 높아졌고, 이러한 의석유보 규정이 탄력을 받아 그 이후의 선거들에서 당선율이 점차 높아졌다. 특히 2009년의 선거는 2008년의 입법위원 선거와 마찬가지로 3년이 아닌 4년 만의 선거로 바뀌면서 당선자 총수의 숫자도 대폭 줄었지만 당선율이 더 낮아지지 않고 오히려 증가했다. 게다가 공천 숫자에 대한 여성 당선율은 2005년의 57.9%(404명 공천에 234명 당선)에서 67.2%(241명 공천에 162명 당선)로 10% 더 상승하여 공천을 받았을 경우 당선되는 비율이 중앙직할시의회와 마찬가지로 3명 중 1명꼴인 것을 알 수 있다.

4. 의석유보제와 여성의 정치 대표성

1) 여성 정치참여의 제도적 확장

1990년대 이후 대만의 여성 정치참여의 특징은 여성단체들이 할당제를 의원 선거를 넘어 정당과 고위행정직으로 확대시키려 했다는 데에 있다. 대만은 국민당이 오랫동안 정권을 장악하여 입법기관보다는 중앙당, 그리고 당의 상무위원회가 정권의 핵심이기 때문에 당의회와 당고위직에 여성이 진입한다는 것은 여성의 정치 대표성을 한층 더 높이는 것이었다. 정부와 정당 직위에 대한 할당제 요구는 여러 가지 다른 결과를 낳았다. 정당의 후보 공천과 당직에서는 할당제가 도입되었으나 내각과 대통령 임명직에서는 제도화되지 못했다.

당내 성별비례제를 최초로 도입한 정당은 새로 창당된 야당인 민진당(民進黨)이었다. 민진당이 이러한 할당을 받아들인 데에는 당시 민진당 여성부 주임이었던 펑완루(彭婉如)의 역할이 컸다. 펑은 1996년 5월에 민진당이 당 내규를 수정하는 전문위원회를 구성했을 때 당직과 당의회 후보의 4명 중 1명은 여성이 되어야 한다는 내용으로 당 내규를 바꾸는 데에 결정적인 역할을 했다(聯合報 1996. 05. 06). 그러나 이 당 내규가 당 상임위원회에서 거부되어 다시 당의회에서 표결하게 되자 펑은 여성단체들과 함께 바로 기자회견을 열어 국민에게 호소하는 등 많은 노력을 기울였으나 당의회는 이 1/4안을 부결했다(聯合報 1996. 05. 09). 펑은 민진당 내 여성 의원들과 여성단체들을 총동원하여 계속 당 내규를 바꿀 것을 주장했고, 마침내 1996년 12월 까오슝에서 열린 민진당 임시 당의회에서 의원들을 설득하여 통과시키는 데 성공했다. 민진당은 다음해(1997년) 의회에서 당직의 1/4을 여성에게 보장하는 당규도 통과시켰다. 이러한 결정이 있은 후 처음 실시되었던 1998년 1월의 현(시)의원 선거에서 민진당은 새로 18석을 얻었고, 그 가운데 15명이 여성 당선자였다는 점에서 당내 성별비례제를 도입한 덕에 새로운 정치적 공간을 얻었다는 것이 확실시되었다(Huang 2005, 290).

당내 여성할당제의 주장은 사실 당시 여당이었던 국민당에서 먼저 나왔었다. 1995년 국민당 중앙여성부 주임인 양솽롄(梁雙蓮)은 여성정책백서를 발표하면서 의석유보제라는 명칭을 성별비례제로 바꾸고 여성 당직 비율을 40%까지 높이자고 주장했으나 전혀 관심을 끌지 못했다. 그러나 국민당은 2000년 대선에서 참패한 후 여성 이슈의 중요성을 자각하고 대선 패배 후 처음 열린 당 상임위원회에서 당 역사상 처음으로 부통령 후보를 여성으로 결정했을 뿐만 아니라 상임위원의 구성에 있어서도 30% 이상의 여성을 포함시켰다. 이후 상임위원회는 국민당의 내규를 바꿔 당의회의 25%를 여성 유보의석으로 할 것과 다가오는 입법위원 선거에서 후보 공천의 25%를 여성에게 할당할 것을 결정하여 여성 정치참여에 대해 민진당보다 더욱 진보적인 태도를 보였다.

민진당과 국민당의 내규에서 당의회 의석의 여성 유보 규정은 상당히 아이러니하다. 국민당은 여전히 의석유보제라는 명칭을 사용하지만 "당의회에서 여성의 비율이 25%보다 낮아서는 안 된다"고 하여 비율제를 사용하고 있는 반면에, 민진당은 성별비례제라는 용어를 사용하고 있지만 '4석당 1석'이라고 의석유보식 규정을 하고 있다. 이 경우에 민진당에서는 남성 7명까지는 1명의 여성 유보의석만 두면 되기 때문에 비율에 있어서도 국민당의 여성 비율이 더 높다.

내각에는 성별비례제가 적용되지 못했으나 2000년 대선 직전 민진당의 대선 후보였던 천수이벤(陳水扁)은 뤼시우롄(呂秀蓮)을 부통령 후보로 하고 여성단체들에게 만약 대통령에 당선되면 내각의 25%를 여성으로 채우겠다는 공약을 하고 당선되었다.

천수이벤 대통령과 러닝메이트였던 뤼시우리엔

당선 후 그는 총 41명의 내각에서 내정부, 교통부, 대륙위원회 등 중요한 부서들에 9명(21.4%)의 여성 장관을 기용하며 공약을 이행했다. 그러나 1년 반 뒤인 2002년 2월의 조각에서 여성의 비율은 총 44명 가운데 8명(15%)으로 감소했고 내정부와 교통부장관이 남성으로 교체되는 등 전통적으로 중요한 8개 부서(내정부, 외교부, 국방부, 재정부, 법무부, 경제부, 교통부, 대륙위원회)가 모두 남성으로 채워졌다(Huang 2005, 291-293).

2008년에 국민당의 마잉지우(馬英九)가 당선된 후 법무부, 대륙위원회 장관을 비롯하여 10명(25%)의 여성 장관을 임명함으로써 가장 높은 여성 내각참여율을 보였다.[1)]

2) 대만의 여성 정치참여에 대한 전망

2008년 대선 이후 내각의 구성(25%)과 입법위원 선거(30.1%), 2006년 타이뻬이와 까오슝 시의회 선거(37% 이상) 결과는 역대 어느 때보다도 높은 여성 비율을 보임으로써 대만 여성들이 1990년대의 민주화 과정과 2000년대의 선거제도화 과정에 성공적으로 대처했고, 앞으로 더 약진할 수 있으리라는 낙관적인 기대를 갖게 한다. 40년간의 국민당 독재와 그 이후 20년간의 격심한 정치적 변화 속에서도 대만 여성들이 정치참여율을 계속 높일 수 있었던 이유는 한편으로 기존의 의석유보제와 다른 한편으로 민주화 시기에 이 제도를 유지하면서 새로운 상황에 맞춰 제도화시키려는 여성단체들의 노력이 결실을 거두었기 때문이다.

대만에서는 첫 의회부터 헌법이 보장하는 할당제를 갖고 있었기 때문에 여성은 남성과 동등하게 오랫동안 정치경험을 쌓을 수 있었고, 이러한 여성 정치인의 존재는 그 이후 여성 정치참여의 기반이 되었다. 게

다가 국민대회 대표들의 숫자가 많았기 때문에(3,000명 이상) 그 10%에 해당하는 300여 명의 여성들은 입법위원 및 성의회의원들과 지방의회 의원들을 합하여 1,000명이 넘는 수적으로 무시할 수 없는 정치세력이었다.

또한 국민대회 대표 여성들은 여성단체 회원들의 투표에 의해 선출되었기 때문에 여성단체 대표들이 정계를 넘나들며 활동하는 것이 자연스러웠다. 이러한 경험이 바로 민주화 시기에 뤼시우렌과 같은 여성 학자가 두 번이나 부통령에 당선(2000, 2004)되고 천쥐(陳菊)가 까오슝 시장에 당선(2006)되는 밑바탕이 되었을 뿐만 아니라, 여성단체 대표들이 각 당의 여성부 주임이 되어 여성할당제를 내각과 당직 등으로 확대시킬 수 있었던 동인이 되었다.

나아가 대만 여성의 정치참여에 또 하나 유리하게 작동했던 것은 대만이 오랫동안 유지했던 단기명 중선거구제 방식의 선거제도이다. 사실 '외성인' 집권당인 국민당은 중선거구제의 선거방식으로 '내성인 파벌'들을 서로 경쟁하게 만들어 분열통치에 이용했지만 여성 정치참여의 측면에서는 유리하게 작동되었다. 이러한 체제에서는 유권자가 오직 한 사람에게만 투표할 수 있기 때문에 상당히 적은 수의 표로도 당선이 될 수 있었기 때문이다. 결국 이런 방식으로 국민대회, 입법위원, 현시의원, 향진의원 등 각급 선거에서 유보된 의석보다 더 많은 수의 여성이 당선될 수 있었고, 이렇게 정치경험을 쌓은 수많은 여성들이 2008년 입법위원 선거가 단일선거구 양표제로 바뀐 이후에도 경쟁력을 갖고 자력으로 당선될 수 있었던 것이다.

5. 결론

대만 여성의 정치참여율이 높은 이유로 학자들은 전후의 급속한 경제발전으로 인해 대만 여성이 고등교육과 그에 따른 경제 및 사회적 지위를 획득했기 때문이라고 주장한다. 급속한 산업화로 여성들은 노동시장(산업→서비스업→전문직 순으로)에 진입하게 되었고, 초등학교에 이어 중등학교까지의 의무교육과 재능에 따른 고등교육 접근 등으로 고학력 여성집단이 형성되어 이들의 정치 및 사회적 의식이 변화되었다는 것이다(Clark 2000).

여성의 고등교육 이수율과 사회적 지위 획득이 여성 정치참여에 중요한 필요조건이기는 하지만 같은 시기 같은 조건을 가졌던 한국 여성들의 정치참여율이 대만에 비해 상당히 낮은 것을 본다면 충분조건이 될 수 없고, 역시 제도적인 측면이 더 중요하다는 것을 알 수 있다. 즉 대만의 경우에 1948년부터 여성에게 의석을 유보했던 것이 오늘날 대만의 여성 정치참여율을 높이는 데 가장 중요한 기여를 했다고 할 수 있다. 중앙과 지방단위의 선거에서 수적으로 많은 여성들이 활동하면서 이것이 여성의 고학력화와 상승작용을 일으켜 정치에 입문하고 당선되는 여성의 비율도 늘어난 것이다. 그리고 마침내 국민당이 계엄을 해제하고 진정한 선거경쟁이 시작되었을 때 여성들은 이에 맞설 여러 가지 기반을 가지게 된 것이다.

또한 대만은 한국과 비교했을 때 건국 초기부터 지방자치를 실시했고, 여성들에게 중앙단위뿐 아니라 지방단위의 선거에 이르기까지 헌법에서 보장한 1/10 할당제를 실시했기 때문에 여성들이 기초단위에서 정치경험을 쌓을 수 있었다. 이러한 의석유보제뿐만 아니라 국민대표 대회에서 여성단체 회원들이 여성대표를 선출하게 한 것과 단기명 중선거구제의 선거제도는 대만이 갖고 있는 정치제도의 특성이다. 이 세 가지는 모두 여성이 초반에 정계에 입문하기에 유리한 제도적 기반이다.

의석유보제 덕분에 정계에 입문한 여성 정치인들이 민주화 시기 이후의 정치적 격변 속에서도 살아남았을 뿐만 아니라, 영역을 더욱 확대할 수 있었던 것은 처음에는 명목적인 대표성만을 가졌다 할지라도 40년의 세월 동안 안정되게 경력을 쌓을 수 있었기 때문에 가능한 일이었다. 결론적으로 한국과 대만이 여러 가지 유사점을 가지고 있음에도 불구하고 대만의 여성 정치참여율이 높은 이유는 역시 젠더 간의 보다 평등한 대표성을 보장한 선거제도에 있다는 사실에 주의를 돌려야 할 것이다.

참고문헌

강경희 외. 2005.『여성정치학 입문』. 서울 : 들녘.

김영신. 2001.『대만의 역사』. 서울 : 지영사.

주완요 저. 손준식 · 신미정 역. 2003.『대만 : 아름다운 섬, 슬픈 역사』. 서울 : 신구문화사.

지은주. 2009.『대만의 독립문제와 정당정치』. 서울 : 나남.

한국여성개발원. 2000.『ASEM 회원국의 정책결정 과정에서의 여성참여 증진에 관한 연구』.

黃長玲. 2003. "婦女與政治參與."『臺灣婦女權益報告書』. 財團法人婦女促進發展基金會. 臺北.

范雲. "政治轉型過程中的婦女運動 : 以運動者及其生命傳記背景爲核心的分析趣向."『臺灣社會學』第5期.

聯合報 1996/05/09.

中國時報 2004/03/10.

Chou, Bi-er & Cal Clark, Janet Clark. 1990. *Women in Taiwan Politics*. London : Lynn Rienner Publishers.

Foundation of Women Rights promotion and Development. 2003. *Report on Women's Rights in Taiwan*. Taipei.

Clark, Janet & Cal Clark. "The Reserved Seats System in Taiwan." Lee, Rose & Cal Clark. 2000. *Democracy and the Status of Women in East Asia*. London : Lynn Rienner Publishers.

Copper, John F. 2000. *Historical Dictionary of Taiwan* (*Republic of China*) 2nd ed. Lanham Scarecrow Press Inc.

Huang, Chang-ling. 2005. "Strength in Numbers : Increasing Women's Political Participation in Taiwan." Lin, wei-hung & Hsieh Hsiao-chin. (eds.) *Women's Studies in Taiwan*. Ewha Women's University Press.

Schafferer, Christian. 2003. "The Legislative Yuan Election, Taiwan 2001." *Electoral Studies* 22.

http://ww.cec.gov.tw

주

1 http://www.gmanews.tv 2008/05/26

제 V 부

여성정치할당제를 넘어서

보이지 않는 벽에 문을 내다

여성 정치 할당제

WOMEN'S POLITICAL QUOTAS

실질적 여성 정치세력화를 향한 전망

김은희

1. 정치적 평등과 민주주의 그리고 여성정치할당제

정치적 평등은 민주주의가 추구하는 이상의 하나이다. 정치적 평등이라는 이념으로부터 국가를 통치하기 위한 정당성과 정치제도를 도출하는 정치체제가 바로 민주주의인 것이다. 그러나 정치적 평등과 민주주의의 관계는 어떤 것인지, 나아가 한 시민이 공적 결정에 영향을 미치기 위해 사용할 수 있도록 자원을 분배하는 문제와 정치적 평등은 또 어떤 관계인지는 여전히 잘 이해되고 있지 못하다(로버트 달 2010, 6-7). 역사적으로 정치영역에서 배제되어 온 여성들은 정치적 평등을 달성하기 위하여 권력의 성별 분배라는 차원에서 단순히 산술적 형태로서가 아니라 정치적 의사결정 과정에서 남녀 구성의 평형적 형태를 이루려는 노력을 지속해 왔고, 그 대표적인 제도 중 하나가 바로 여성정치할당제이다.

한국의 경우 여전히 민주주의를 제도화하기 위한 시행착오의 연속선상에 있고, 절차상의 민주주의는 어느 정도 달성한 셈이지만 민주주의를 공고화하는 데는 아직 시간이 필요한 듯 보인다. 한국 민주주의의 이행 과정에서 여성 정치는 성별에 따른 차별이 은폐되고 평등한 참여가 보장되지 않는 형식적 민주주의를 실질적 민주주의로 변화시켜 나가려는 민주주의 실현을 위한 정치이며, 여성의 정치적 과소 대표성을 해결해야 하는 정치운동이다(오유석·김은희 2010, 284-285). 이러한 여성 정치참여 확대를 위하여 지난 10년 여성정치할당제의 제도화에 주력해 왔고, 그 결과 할당제의 도입으로 여성 국회의원 비율은 2000년 5.9%에서 2008년 13.7%로 증가했고, 여성 지방의원 비율도 2002년 3.4%에서 2010년 18.7%[1]로 증가했다. 여전히 최소한의 임계수치라는 30%에도 못 미치는 수준이지만 10년 전과 비교할 때 분명한 양적 성과가 있었고, 그 성과를 이끌어낸 가장 큰 요인은 '여성정치할당제' 였다고 할 수 있다.

그러나 2004년 총선결과 17대 국회 여성 국회의원의 수적 증가나 2006년 및 2010년 지방선거의 결과는 기존 정치권으로부터 상징적 사례로 '동원' 된 소수 여성들의 정치적 힘이 실질적인 여성 정치세력화를 담보하는 것은 아니라는 점이 극명하게 드러났다. 즉 수적으로 여성 정치인이 늘어난다고 해서 여성이 원하는 이슈를 관철할 힘을 '밑으로부터' 갖게 되는 것은 아니라는 점을 현재 한국 사회는 경험하고 있다. 동질적으로 묶였던 여성들의 생물학적 대표성에 대해 정치적 대표성의 개념을 다시 고민해야 하는 현실이 제기되고 있는 것이다(오유석·김은희 2010, 250). 그러므로 지난 여성정치할당제 제도화 10년의 성과를 분석해 보고 효과적인 제도화 방향과 조금은 더 근본적인 운동적 전망까지를 포함한 향후 과제를 전망해 보는 것은 앞으로 여성 정치의 나아갈 길을 모색하는 의미 있는 일일 것이다.

2. 여성정치할당제를 둘러싼 여전한 고민

할당제 자체에 대한 찬반 논의에는 다양한 논거와 주장이 있겠지만, 대의제 민주주의와 정당정치가 작동하는 현실정치라는 공간에서 살아가고 있는 여성의 입장에서 볼 때 할당을 찬성하는 이유는 그것이 여성의 '과소 대표성'을 극복하는 가장 빠른 길이기 때문이다. 바람직한 대표(representation)에 대한 논의는 민주주의의 핵심을 차지하고 있다고 해도 과언이 아니고, 특히 의회는 국민을 직접 대표하는 기관이라는 점에서 민주주의 발전은 의회민주주의 발전과 동일시되기도 한다. 이때 대의에 가장 기본적인 요소라 할 수 있는 대응성의 충족은 반드시 고려되어야 하는 조건이다. 따라서 바람직한 대응성을 확보하기 위해서는 사회 구성원의 성별, 계층, 연령 등 인구적 속성을 가능한 한 그대로 반영할 수 있어야 한다(Phillips 1995).

앞서 이 책 제2부에서 제4부까지 각 나라의 여성정치할당제를 유형별로 분석한 내용에서도 알 수 있지만, 할당제를 포함한 적극적 조치는 각 국가의 독특한 정치·사회·문화적 상황에 맞게 그 논리를 조금씩 달리하며 실행되었다(Bacchi 1996). 동시에 할당제의 제도화를 통해 여성 정치참여의 양적인 증가를 성취할 수 있었다는 점과 함께 현재 수준의 할당제가 갖는 한계에 대한 지적 역시 공통적으로 제기되고 있다. 할당제로 인해 여성 참여 확대라는 양적 증가는 이루어졌으나 질적 확대는 여전히 숙제로 남아 있다는 점이다. 그 단적인 예가 정당 내 자발적 할당제를 통해 절반에 가까운 여성 참여를 확보한 대표적 여성 정치참여 선진국인 스웨덴에서 페미니스트 정당 FI(Feminist Initiative)의 등장이다. 다시 말해서 여성정치할당제의 법적인 제도화만으로는 여성의 정치적 대표성 공간의 확대에 대한 사회적 합의를 조성하고 이를 실질적으로 실행하도록 하기에는 역부족이라는 것이다.

이로 인해 "여성(생물학적) 대표가 수적(양적 대표성)으로 증가한다고 해서 여성의 이해가 증진(질적 대표성)된다고 말할 수 있는가?"라는 질문이 끊임없이 제기되고 있다. 이 질문에 대한 응답을 위해서는 여성이 남성보다 더 여성의 이익을 대표할 것이라는 논리적 증거뿐 아니라 실증적 증거가 뒷받침되어야 하고[2], 그 실증적 증거를 확보하기 위해서라도 여성이 정치에 더 많이 참여할 수 있도록 할당제를 실시해야 한다(Bacchi 2006, 43)는 주장이 있다. 자유주의에 기반한 반대 의견이나 페미니즘 시각[3]에 입각한 반대 의견까지 여성정치할당제에 관한 찬반 논의는 나름대로 타당성을 갖고 있으며, 한국에서도 논란의 대상이 되는 문제들이 부분적으로 나타나고 있다. 이는 한국에서도 여성정치할당제 도입 이후 지금까지 나타난 효과를 실증적으로 연구 분석하고 할당제를 넘어서는 대안과 전망을 제시할 필요가 있음을 뜻한다(Dahlerup 2003 ; 2006).

3. 여성정치할당제에 대한 사회적 동의

여성정치할당제가 효과적으로 작동하기 위한 방안에 대한 제도적 해답은 실상 먼 곳에서 찾지 않아도 된다. 빠른 경로(fast track)를 통해 할당제를 수용한 경우 헌법 등 보다 상위법에 근거규정을 명시하는 강력한 법적 제도화와 함께 이행강제를 위한 조치를 담보하면 된다(UNIFEM, 2008, 23-25). 반대로 오랜 투쟁의 역사를 통해 여성정치할당제에 대한 사회적 동의가 존재한다면 구성원 내부의 강력한 실행의지를 토대로 정당 내 자발적 할당제를 실시할 수 있다. 하지만 빠른 경로를 통한 법적 할당제의 경우라도 그 제도화에 관한 충분한 토론의 숙성을 통해 사회적으로 합의되지 못한 경우 허울뿐인 제도화로 전락하거나 끊임없는 반대(backlash)에 부딪힐 수밖에 없다.

여성 정치운동의 역사가 오랜 국가들에 비해 한국에서는 할당제가 빠른 경로를 통해 수용되면서 찬반에 대한 심도 있고 활발한 담론이 형성되지 못했다. 할당제 제도화 초기에 현실적으로 여성 정치참여 수준이 매우 열악한 상황이었고, 이로 인해 여성 정치참여 확대가 민주정치 체제로 나아가는 중요한 변수로 작용하면서 반대 의견을 잠재울 수 있었다(조현옥·김은희 2010, 115). 1948년 여성에게 참정권이 주어진 이래로 지금까지 여성의 일반적 지위상승에 비해 여성의 정치참여는 지극히 저조한 형편이었고, 한국 여성의 현황을 보여주는 여러 가지 국제지수들 중에서 특히 여성권한지수(GEM)가 현저히 뒤떨어지는 이유가 바로 저조한 정치참여율에 있었다. 이러한 객관적 상황과 함께 1987년 전후 한국정치의 민주화 과정에서 돋보이는 여성의 참여와 역할이 큰 힘으로 작용한 결과이기도 했다. 따라서 큰 반대 없이 2000년 여성정치할당제가 도입되었고, 지난 10년간 여성운동이 정치참여 확대를 위한 연대활동을 주도하면서 정치적 대표성 증진을 위한 할당제의 제도적 정착과 제도 개선을 통한 지속적인 강화에 주안점을 두고 활동해 왔다.

몇몇 국가에서 성별에 따른 균형적인 참여를 보장하는 적극적 조치의 근거를 헌법에 명시하여 위헌논란을 차단하고 여성 정치참여 확대에 획기적인 효과를 거둔 사례[4]가 보고되면서 최근 한국에서도 헌법에 이에 관한 규정을 삽입해야 한다는 주장이 제기되고 있다.

프랑스의 경우[5] 1982년 할당 시도가 무산으로 돌아가면서 헌법 개정에 관한 필요성이 요청되었고, 헌법 개정을 해서라도 할당제를 도입해야 할 것인가 아니면 문화적인 변화와 같은 소극적인 방법으로 여성의 참여를 증진할 것인가가 논의의 주요 초점이 되었다. 결국 프랑스 의회는 1999년에 "헌법은 선거에 의한 권한 위임과 선출직 공무원에 남성들과 여성들이 동등하게 접근—남녀동수(parité)—하는 것을 장려"한다라는 짧지만 의미 있는 문장을 포함시키는 데 합의했다(아가젠스키 2004, 7). 프랑스 남녀동수법과 남녀동수 운동이 추구한 바가 명확히 일치한다고 할 수는 없지만 프랑스 헌법에 규정한 남녀동수 조항은 단순한 '제도' 가 아닌 '남녀동수 정신' (parité spirit)이다. 또한 남녀동수 헌법 개정 이후 사회적 효과와 인식에 관한 조사에 따르면 프랑스 국민들은 남녀동수제도가 사회적 차별을 줄이는 효과를 가져왔다고 답했다.

한국의 경우 아직까지 여성정치할당제를 포함한 적극적 조치에 대한 사회적 공론화와 담론의 장을 확장할 수 있는 기회가 많지 않았고 그 개념에 대한 사회적 이해의 정도 역시 점검되지 않았다고 할 수 있다. 개별 헌법조항 개정이 통과된다 해도 사회적으로 이에 관한 합의가 충분치 못하다면 또 다시 해당 조항이 삭제되는 헌법 개정도 가능하다. 무엇이 먼저인가 하는 순서에 관해서 입장을 달리할 수 있지만 헌법 개정 논의에 앞서 현재까지 제도화 된 여성정치할당제를 포함한 적극적 조치에 관한 사회적 동의의 수준과 그 효과에 관한 점검이 선행되어야 하는 것이 아닐까?

로저스 스미스(Rogers Smith)는 미국 헌법과 시민권에 관하여 "여성에 대해 헌법은 어떤 것도 직접적으로 말하지 않는다. 하지만 미국 헌법은 미합중국의 하원의원, 상원의원, 부통령 그리고 대통령을 설명하면서 남성 대명사를 30번이나 사용하고 있다. … 명백한 사실은 미국 헌법이 여성의 평등한 법적·정치적 권리를 거부하는 주법을 그대로 수용했다는 것"이라고 적고 있다(Smith 1997, 16-52). 이는 미국 헌법만의 문제는 아닐 것이다. 이제 우리가 고민해야 하는 것은 헌법에 한 줄의 문장을 끼워 넣는 제도화가 아니라 헌법 전체를 관통하는 정신과 구조를 새롭게 구축해 가는 방향이어야 한다.

4. 여성정치할당제의 성과와 한계 그리고 개선방안에 관한 질문들

남녀동수법을 포함해서 여성정치할당제는 제도 도입 자체가 최종목표가 아니다. 사회 전반의 여성 불평등 해소와 불이익 개선까지는 아니더라도 적어도 제도화 자체가 아닌 이를 통한 '실질적인 여성의 정치세력화'로 나아가기 위한 것이다.

하지만 다시 현실적인 상황으로 돌아와 지금 한국의 현 시점에서 여성정치할당제는 어디까지 와 있는가? 한국에서도 할당제가 수적인 여성정치 대표성을 높이는 데는 매우 유용한 수단이기는 했지만 기존의 남성중심적인 정치구조와 문화를 바꾸는 데에는 아직 역부족이었다. 질적 변화를 위해서는 양적 확장이 무엇보다 중요하지만 단순한 양적 확장만으로는 질적 변화를 이룰 수 없다는 점을 확인하고 있다. 이러한 한계 속에서 이제 한국 여성정치할당제 제도화 10년의 결과를 전제로 우리에게 던져진 몇 가지 질문에 대한 답을 찾아보고자 한다.

1) 정당정치와 후보공천 그리고 여성할당

① 선거제도 개혁 전반과의 구조적 연계

할당제와 같은 제도적 도움 없이 여성의 정치진입은 선진국조차 쉽지 않았다. 특히 한국처럼 남성 중심 가부장제가 뿌리 깊은 사회에서는 더욱 그렇다. 그래서 여성이 기성정치의 남성 중심 구조를 깨고 정치에 진입하기 위해서는 할당제라는 제도적 장치가 필요했고, 이를 통해 소수의 여성이나마 들어갈 수 있었다. 한국에서는 2000년 정치관계법을 개정하면서 여성 후보 공천할당을 정당법에 명시한 이래 현재는 비례대표 50% 여성할당 강제 및 남녀교호순번제 그리고 지역선출직 30% 여성할당 권고를 공직선거법에 명시하고 있으며, 2010년 3월에는 지방의원에 한해 제한적으로 선출직 할당을 강제화하는 내용을 공직선거법에 규정했다. 이와 같은 할당제의 제도화를 통해 여성 의원 비율은 괄목할 만한 증가세를 보였다.

그러나 지난 10년에 걸쳐 각 선거 시기별로 보완되어 온 여성정치할당제의 제·개정 과정을 살펴보면 매우 급속하게 법적 제도화라는 성과를 거두었다고는 하나 비례대표 여성할당이라는 규정에서 한 발 앞으로 나아가지 못하고 있다(조현옥·김은희 2010, 121). 대다수 의석을 차지하는 지역구 선출직의 경우 여성들이 후보로 나설 수 있는 기회를 갖는 것조차 쉽지 않다.[6]

비례대표 중심으로 이루어지는 할당제의 효과는 선거제도와 밀접하게 연계되어 있기 때문에 선거제도의 개선 없는 여성할당제만의 논의는 한계를 가진다. 즉 지역구 선출직에 비해 상대적으로 매우 적은 숫자의 비례대표 의석 수만을 대상으로 하는 강제적 여성할당으로는 여성 정치 참여의 수적인 확대에조차 일정 수준 이상을 넘기 어렵다.[7] 사회적 소수자의 정치적 대표성 확보에 기여하기 위한 비례대표 의석비율 확대 자체에 관한 논의나 이를 위한 선거제도 개혁에 여성이 어떻게 참여하고 기여할 것인가, 그리고 아직까지 구체적인 논의가 활성화되고 있지 못한 비례대표 순위 배정방식에 대한 고민이 함께 가야 한다.

이 외에도 여성의 입장에서 지방의회 정당공천제의 존폐 여부에 관한 고민도 좀더 진지하게 공론화되어야 한다. 지난 2006년 지방선거를 앞두고 기초의회에 정당공천제가 도입되면서 비례대표 여성할당을 통해 여성 참여가 확대될 수 있었다. 2010년에도 그 연장선상에서 부분적인 선출직 공천할당 강행규정이 개정되면서 여성들이 지방의회에 참여할 수 있는 제도적 기반이 마련되었으며, 그 효과는 결정적이었다. 하지만 여성들이 변화된 제도에 기반해 수적인 여성 참여 확대를 도모할 수는 있었지만 그 논의과정을 돌아보건대 지방의회 정당공천제 자체에 대한 고민은 철저하지 못했다. 이 말은 정당공천제가 폐지되어야 한다는 말이 아니라 선거제도 개선을 고민하는 논의의 방식과 운동적 입장의 철저함에 관한 지적이다.

② 정당 내 자발적 할당제와 당내 여성운동의 강조

한국에서 실시되고 있는 여성정치할당제는 민주적으로 정당정치가 발전한 유럽 국가에서 폭넓게 실시되고 있는 정당 내 자발적 여성할당이라기보다는 외부의 여성계의 압력과 의회정치의 제도화 과정에서 도입된 중앙집권적이고 권위적인 법적 할당에 가깝다고 할 수 있지만 그 법적 강제력은 매우 미약한 수준이다. 따라서 지금의 제도를 법적 강제력을 갖는 할당제로 변화시키는 것이 한시적으로 필요하다. 정당에 맡기는 정당할당은 약속을 지키지 않아도 제재할 방법이 없기 때문이다. 물론 정당 내부에서 충분한 토론과 이해, 그리고 무엇보다도 필요성을 실감하고 있지 않은 상태에서 이러한 강제는 정당뿐 아니라 의회 내에서 제도 개선을 둘러싼 갈등을 지속적으로 유발할 수 있다. 그러므로 바람직한 방향으로 가기 위해서는 법적 강제뿐 아니라 정당 스스로 자발적 할당을 실시할 수 있도록 하는 것이 중요하다.

여성 정치 선진국인 스웨덴의 경우에도 여전히 할당제를 유지하고 있는데, 그것은 그만큼 양성 평등정치가 실현되려면 오랜 기간 동안 할당제의 제도화가 이루어져야 한다는 점을 보여준다. 이제 스웨덴은 할당제가 없어져도 양성이 균형적인 정치참여가 가능할 것이라고 스스로 평가하는데, 그것은 오랜 기간 동안 제도화된 할당제가 사람들의 의식을 바꾸어 놓았기 때문이라고 한다. 물론 그것이 제도만으로 가능한 것은 아니었다. 스웨덴의 경우 당내 여성조직을 비롯하여 외곽 여성조직들이 밑에서부터 위로 잘 짜여 있고, 각 조직에는 많은 여성들이 활동하고 있으며, 그러한 활동이 정당의 공천에 미치는 영향이 매우 크다는 것이다. 즉 당내 여성조직의 힘과 활동의 강화가 할당제라는 제도만큼 중요한 기능을 하는 것이다. 그것은 독일의 녹색당의 경우도 마찬가지이다. 공천에서 중요한 역할을 하는 것이 바로 당내 여성위원회이다.

한국의 경우 정당구조상 여성 정치인들이 많이 배출되기도 어렵고, 여성할당이 강제되는 비례대표의 경우 공천권을 행사하는 정당의 영향력이 절대적이기 때문에 정치권에 진입하는 소수의 여성 정치인들이 여성 유권자들을 대변하는 정치적 대표권자로서 활동하는 데에는 많은 제약이 있고 정당 내 여성조직의 힘도 매우 미약하다. 이를 보완하기 위해 할당제 실시와 더불어 국가재정에서 정당에 지급하는 보조금 중 10%를 정당 여성발전비로 사용하도록 법제화했지만 여전히 당내 여성운동이라 할 만한 역량을 키우고 있지는 못하다.[8] 미흡하나마 정당정치가 자리 잡아 가고 후보자를 선출하는 것도 공천권을 행사하는 정당을 중심으로 돌아가고 있기 때문에 앞으로는 정당 내 여성운동의 역할이 더욱 강조되며, 지금까지 여성운동이 일부 담당해 온 여성 후보 발굴, 교육, 추천하는 역할도 당내 여성조직이 온전히 수행할 수 있어야 한다. 또한 앞으로의 과제는 보다 많은 여성들이 정치에 입문할 수 있도록 정치에 대한 인식을 바꾸고 정당 안에서 여성의 목소리를 내도록 만드는 것이다. 여성들도 일찍부터 정당 안에서 활동할 수 있도록 해야 하고 그럼으로써 정당문화도 바꿀 수 있는 것이다.

③ 여성 유권자의 힘과 여성 의제의 중요성

지방선거, 국회의원 선거, 대통령 선거까지 2000년 이후 치러진 선거를 보면 여성 유권자들의 정치적 관심이 남성과 비교하여 큰 차이가 없고, 투표성향에 있어서도 여성 후보에 대한 여성 유권자의 지지도가 남성과 큰 차이가 없는 것으로 나타나고 있다. 여성들이 정치적 관심이 낮다거나 여성이 여성을 찍지 않는다거나 하는 주장은 옳지 않다는 것이 실증적 연구를 통해 확인되고 있다. 그러나 앞서 언급한 바와 같이 아직까지 여성의 투표참여가 여성주의적 투표결과로 이어지지는 못해서 정당으로 하여금 여성 유권자의 표를 의식하여 여성 후보를 더 공천하도록 하는 힘으로 작용하고 있지는 못하다.

한국 정치는 그동안 지역주의, 남북문제 등 다양한 의제가 선거의 승패를 가르는 쟁점이 되었고 세대도 중요한 변수였지만 여성은 단 한 번도 변수인 적이 없었다. 앞으로 여성운동의 역할은 정당 내 여성조직들이 제 역할을 할 수 있도록 외부에서 연대하는 일 외에 여성의 입장에서 새로운 선거쟁점을 만들어내는 일에 더욱 주력해야 한다. '여성이 변수가 될 수 있는 정치 이슈를 만들어내는 일' 그것이 중요하고, 여성 정치인들도 이 과제에 성실히 임해야 한다. 그것을 선거결과를 통해 보여줄 수 있을 때 정당은 제도적 강제가 아니라도 자발적으로 여성 참여의 확대와 여성 의제에 대한 중요성을 인식하게 될 것이다.

2) 여성정치할당제를 통해 현실정치에 참여한 여성 정치인의 대표성과 여성운동의 관계 맺기

할당제를 통해 사실상 여성 정치참여가 수적으로 증가했음에도 불구하고 여전히 정치는 (남성들의 정치가 그러했듯이) 특정한 계층의 여성에 의해 소수의 여성들을 위한 정치가 이루어지고 있다는 문제제기가 있다. 여성들이 할당제를 주장하는 것이 단지 여성들만의 이해를 관철하기 위한 요구가 아니라, 여성을 포함한 사회적 소수자의 정치적 목소리를 반영하기 위한 요구여야 한다. 이런 문제를 보완하기 위해 할당제 적용방식에 계급이나 계층을 별도로 고려하는 사례도 있다.[9] 이러한 대안적 방안이 한국에서는 어떤 방식으로 가능할 수 있을까? 나아가서 할당제를 통해서 진입한 여성 정치인이 생물학적 여성의 대표일 뿐만 아니라 여성주의적 대표가 되어야 한다는 지적과 관련하여 여성주의적 대표가 내포하는 실질적인 내용들이 어떤 것이어야 하는지, 그리고 이것이 가능하기 위한 구체적인 방안은 무엇인지에 관해서는 논의된 바가 많지 않다.

물론 공천권을 쥐고 있는 정당의 힘에 영향을 받기 때문이기도 하지만, 할당제를 통해 제도정치에 진입한 여성 의원들이 생물학적 여성을 넘어서 여성주의를 대표하는 여성 의원으로서 자기 정체성을 지속하지 못하는 문제는 제도정치 진입 이후 과정에 여성운동이 적극적으로 결합하고 있지 못하기 때문일 수 있다.[10] 그럼에도 불구하고 할당제 제도화가 지속되어야 한다면 여성 정치인과 여성운동의 관계 맺기에 대한 변화가 요구된다. 여성 정치인의 의정활동 기간 동안 지속적으로 개인 여성 정치인이 아닌 할당제에 힘입은 여성 대표임을 압박하고 여성운동과 여성 정치인의 네트워크를 활성화해서 적극적으로 연대하는 자세가 필요하다. 그리고 여성 정치인의 의정활동과 여성주의적 연대에의 참여를 모니터해서 이를 토대로 각 정당의 여성 공천에 실질적인 영향력을 행사할 수 있어야 한다. 그럼에도 불구하고 여성운동과 무관한 여성 정치인이 적지 않게 존재할 것이고, 어느 정도의 여성 정치인에게 여성을 대표하도록 강제할 수 있을지 여전히 의문이지만 여성 정치인에 대한 여성운동의 관계 맺기에 변화가 필요한 시점이라는 점은 분명하다.

여성 정치인을 의회에 보내는 것을 넘어서 지속적이고 적극적인 관계 맺기를 하는 것은 쉽지 않다. 여성 정치인들은 제도정치에 진입하게 되면 여성운동보다 정당소속감을 더 크게 고려할 수밖에 없는데, 왜냐하면 정당은 권력투쟁의 장이기 때문이다. 권력의 획득을 우선시하지 않은 채 현실 정치인으로 활동하기란 불가능에 가까운 것일 수도 있다. 이를 극복하기 위해서 정당 내 여성조직을 더 강화하고 여성 정치인들의 경력 지속성을 지원할 수 있는 방안을 찾는 것이 필요하다. 또한 여성 정치인들이 단지 여성의 대표인 것만으로 정치활동을 지속하기에는 한계가 있으므로 일상적으로 여성을 대표하는 젠더 이슈 외에 보다 적극적으로 사회적 이슈에 관심을 갖고 해결능력을 발휘할 수 있어야 한다. 여성운동이 그러한 사회적 이슈를 발굴하고 지속적으로 여성 정치인들에게 확산시킬 때 여성 정치인의 정치적 생명력이 강화될 수 있다. 따라서 여성운동은 사회가 요구하는 새로운 이슈를 개발하고 지속적으로 여성 정치인을 자극할 수 있어야 한다.

현재 한국 여성 정치운동은 단일한 공동집단은 아니지만 두세 개의 큰 줄기로 나누어 볼 수 있다. 그 줄기 속에 포함되어 있는 여성의 성격, 지향, 이념은 다를 수 있지만 여성을 더 많이 의회에 보내야 한다는 데에는 동의하고 함께 연대하고 있다. 그런데 그 동의에서 어떤 여성을 보낼 것인가의 문제는 매우 복잡하고 의견 일치가 어렵다. 그럼에도 불구하고 지금과 같은 소수의 여성 정치인 풀(pool)에서 볼 때 각 여성운동 주체의 입장이 다른 만큼 여성 정치인 개개인들의 차별성은 크게 두드러지지 않는다는 평가이다. 입장의 차이는 있지만 여성 정치인들의 출신계층이나 사회적 · 경제적 배경으로 볼 때 몇몇 소수를 제외하면 큰 차이가 나지 않는다는 것이다. 앞으로 보다 다른 넓은 계층에서, 보다 다른 넓은 활동분야에서 여성들을 찾아내고 정치영역으로 끌어들일 수 있도록 하는 여성운동의 노력이 필요하다.

5. 수적 대표성을 넘어 : 새로운 여성 정치운동의 모색

정치영역에서 여성과 남성의 동등한 참여와 공정한 경쟁은 기존의 남성중심적인 인적 충원과 정치 엘리트 형성과정의 변화, 그리고 여성들에 대한 전반적인 사회적 불평등이 해소될 때에만 가능하다. 여성정치할당제 제도화의 단기적인 과제는 짧은 시간 안에 제도정치에 보다 많은 여성들이 참여할 수 있도록 하는 것이었고, 그렇기 때문에 지금까지의 경험은 끼어들기는 가능했지만 기존의 남성중심적인 정치구조와 문화를 재구조화하는 새판짜기에는 한계가 있었다. 이로 인해 수적인 여성 정치참여 외에 질적인 여성 정치세력화를 위한 새로운 여성 정치운동에 대한 요구가 제기되고 있다.

질적인 여성 정치세력화라는 측면에서 일차적인 문제제기가 여성 정치인의 여성주의적 정체성과 의정활동 성과에 관한 문제였다고 한다면, 또 다른 측면에서의 문제제기는 일반 여성들의 실질적인 여성 정치세력화와 함께 갈 수 있는 새로운 운동방식에 대한 고민이다. 여기에서는 대안적인 운동방식의 모색으로 여겨 일본의 지역정당과 스웨덴의 여성주의 정당 모델이 한국에 주는 시사점과 적용 가능성에 대해 간략히 살펴보고자 한다.[11]

1) 여성이 주체가 되는 일본 지역정당

할당제 제도화를 중심의 여성 정치운동에 대한 대안으로 '지역정당'이 주목되기도 한다. 여기에서 지역정당(local party)이란 정당의 활동을 특정 지역에 한정하는 정당을 의미한다. 따라서 지역정당은 지역에서 활동하고 국정선거에 독자 후보자를 내세우지 않는다.[12] 지역정당에 대해서는 제도적으로나 현실적으로 여성할당제도 없고 여성의 정치참여가 한국보다 낮은 일본의 사례가 많이 알려져 있다. 일본의 경우 '지역정당'을 통해 여성의 지방의회, 특히 기초자치단체의 의회진출이 활발하다. 1970년대 후반부터 생협운동을 기반으로 '생활정치'를 슬로건으로 내걸고 여성이 주도적으로 참여하는 지역정당이 설립되었고 상당수의 여성 의원을 배출하고 있다. 이들은 여성할당제라는 제도적 뒷받침 없이 지역구에서 남성 후보자들과 당당히 경쟁하여 승리를 쟁취해냈다. 이러한 이유로 '생활자 네트워크'를 비롯한 지역정당의 사례가 여성할당제에 대한 대안으로 제시되고 있는 것이다. 1977년 생활클럽 생협을 모태로 한 생활자 네트워크가 출범하면서 '대리인운동'은 지방의회에 새바람을 일으켰다. 생활자 네트워크 조직은 여성주의를 표방하고 있는 것은 아니지만 주부들이 주도적으로 참여해서 지역정당을 기반으로 한 여성의 의회진출의 성공사례로 꼽힌다.

더욱이 정치분야에서 여성할당제가 전혀 시행되고 있지 않은 일본에서 여성 후보자들이 오로지 지역정당을 기반으로 선출직에 도전해 지방의회에서 의석을 지속적으로 확보하고 있다는 점은 여성 정치인 대다수가 할당제에 의해 주로 비례대표로 의회에 진출하고 있는 한국적 현실과는 전혀 다른 방식이라고 할 수 있다. 그것은 지역에 기반한 생활정치의 실천과 일반 여성들이 스스로의 힘으로 정치세력화를 도모하고 있다는 점에서 새로운 여성 정치운동의 대안으로 살펴볼 만한 의미가 충분하다.

생협운동이 지역정당의 모태가 되면서 현재 동경(東京)에서 여성 의원의 수가 25%가 넘고 이것이 지역정당의 승리로 이야기되고 있는데, 이들이 주장하는 것이 바로 생활정치이다. 생활자 네트워크 여성 후보들은 여성이 남성보다 더 잘 할 수 있는 분야, 즉 복지, 환경, 육아 등 일상생활의 문제를 정치의 장으로 가져와 '생활자 가치'의 실현을 슬로건으로 내걸고 기초자치단체 선거에서 당당히 승리했다. 여성이 남성과 같은 능력을 갖고 있다는 것을 통해 결과적 평등을 이루려 하지 않고 여성과 남성의 차별화를 통해 '여성 의원'으로서 승리했다. 그러나 대리인운동의 장점은 동시에 젠더적 관점에서의 한계이기도 하다. 우선 대리인운동에서 자신들의 정체성을 '주부'로 규정하여 스스로를 성별 역할분업의 테두리에 가둠으로써 내재적 한계를 안고 출발했다. 또한 지역정치에만 참여하고 국정에는 참여하지 않는다는 원칙 하에 지방의회에서 훈련된 유능한 여성 정치인의 국회진출에 제한을 두었다.

이러한 방식은 어떻게 보면 국회와 지방의회에서의 성별 역할분담의 형태로 드러나고 있기도 하다. 여성들이 특화시킨 생활운동, 재활용운동 등과 같은 가사 및 돌봄노동과 연관된 이슈를 지방의회에서 여성들이 하고 그 외의 중요한 것은 지방의회에서도—국회에서 남성들이 하는 것과 같이—남성들이 맡아서 하는 형태로 분업화되고 있다. 일본의 사례가 보여주는 한계에서도 알 수 있듯이 강력한 가부장제 남녀 역할분업 구조가 확고한 한국에서 '지역정치-작은 정치-여성', '중앙정치-큰 정치-남성'이라는 정치영역에서의 남녀 성별분업을 초래할 우려가 없지 않다.

한국은 여성운동을 포함하여 시민사회의 역량이라는 측면에서 볼 때 상당히 발전되어 있다. 다만 그것이 중앙집중적이고 '시민 없는 시민운동'이라는 비판의 목소리가 나올 정도로 엘리트 중심적 시민운동이라는 면에서 지역정당의 시민사회적 기반이 취약하다. 그러나 지역을 기반으로 한 바른 먹거리 운동, 공동육아, 환경운동 등에 대한 관심이 높아지면서 활발히 진행되고 있고, 이들 지역운동단체에서 활동하는 여성 활동가들이 적지 않은 현실에 비추어 볼 때 한국도 충분히 지역정당이 성공할 수 있는 사회자본은 확보하고 있다고 할 수 있겠다.

2) 스웨덴의 여성주의 정당, 한국적 여성당 실험 가능할까?

스웨덴 여성주의 정당 페미니스트 이니셔티브(Feminist Initiatives, 이하 FI)[13]의 출현은 한국 여성 정치운동에도 적지 않은 관심을 불러일으킨 바 있다. FI는 창당 초기 스웨덴 내에서 높은 정당 지지도를 보이며 성공적으로 출발했으나 여러 원인이 복합적으로 작용하면서 이후 선거에서의 의석 확보에 실패했다. 그러나 FI는 여전히 여성주의적인 정치를 실험하며 제도정치 진입을 위해 노력하고 있다. FI는 성평등과 여성 정치참여 수준에서 세계적으로 가장 앞서고 있는 스웨덴의 사례라는 점 때문이기도 했지만, 당시 한국이 여성정치할당제에 대한 질적인 문제제기가 확산되기 시작한 시점이었고, 기성정당에 참여한 여성들이 자신들만의 정치적 공간을 확보해 나가지 못하고 있는 상황이었기 때문에 더욱 주목받았다고 할 수 있다.

FI에 대한 관심은 "여성당 창당이 정치영역에서 한국 여성의 양적 · 실질적 대표성을 확대하기 위한 대안이 될 수 있을 것인가?" 또는 단도직입적으로 "한국에서 '여성당' 이 성공할 수 있을까?"라는 것이었다. 우선 혼란이 빚어질 수 있는 부분은 '여성' 이냐 '여성주의' 냐 하는 부분이다. FI는 명시적으로 '여성주의 정당' 을 표방하고 있지만 우리의 경우 어떤 선택이 가능할 수 있을까. 한국에서도 이제 여성이 동질적인 집단이 아니고 다양한 내부의 차이가 존재하는 집단이기 때문에 '여성' 이라는 젠더 구성만으로 여성당을 구상하는 것은 매우 제한적인 발상이므로 '여성주의' 를 표방할 수밖에 없을 것으로 판단된다. 유럽 녹색당의 경험을 보더라도 단일한 의제를 목표로 하는 정치운동이 제도정치로 안착하기에는 적지 않은 어려움이 따를 것이다.

독일 녹색당의 경우 집권 자체보다는 '녹색' 이라는 하나의 가치를 지향하는 정당이었기 때문에 쉽지 않은 과정을 거쳤다. 환경문제는 기성 정당에서도 두루 관심을 갖는 정책영역이기 때문에 녹색당은 다른 정당과의 차별화를 위해 지속적으로 급진화될 수밖에 없는 태생적 한계를 가졌다. 문제는 제도정치에의 안착이라는 측면에서는 급진화의 정치적 효용성이 크지 않다는 것이다. 물론 이러한 급진적인 정당이 존재함으로써 사회에서 주변화 된 문제들이 크게 공론화된다. 그러나 운동정치로서는 성공했다고 할 수 있지만 제도정치는 보다 보편적인 이슈 화이팅이 필요하고, 최소한 정당 지속을 위해 일정 수준 이상의 지지율—5% 이상의 지지율—을 지속적으로 확보해야 하는데, 과연 한국의 정치환경에서 그것이 가능할 것인가를 낙관하기는 쉽지 않다.[14]

FI의 경험이 한국의 '여성당' 논의에 던지는 또 하나의 시사점은 '여성당' 에 대한 논의가 한국적 맥락에서 조심스럽게 전략적으로 진행되어야 한다는 것이다. 한국 여성의 정치적 저대표성에 관한 문제는 지속적으로 제기되어 왔고, 상당수 유권자들의 호응을 얻고 있는 사안이기는 하다. 현재 충분치는 못하지만 여성정치할당제가 법적으로 제도화되어 시행되고 있고, 할당제가 여성의 정치적 과소 대표성 문제를 해결할 수 있는 적절한 방안이라는 점을 여성운동이 지속적으로 주장하고 있다. 이런 상황에서 섣부르게 '여성당' 논의를 제기하면 오히려 부정적인 시각을 가진 언론이나 사회집단에게 비판의 빌미를 제공할 수 있다.[15] 이런 점에서 한국에서의 '여성당' 에 대한 적극적인 논의에 앞서 '여성당' 의 시대적 필요성에 대한 여론 확산과 한국적 맥락에서 수용 가능한 논의의 틀과 운동전략 수립이 선행되어야만 한다.

6. 여성 정치세력화와 정치적 평등의 미래

여성들은 기존 정치제제에서 '시민권', '근대적 개인'의 지위를 획득하는 과제와 이를 거부하고 여성의 경험과 가치를 존중하는 정치와 시민권 개념을 새로이 만들어내는 과제 사이에서 끊임 없는 갈등을 겪을 수밖에 없다. 여성정치할당제에 대한 비판은 그동안 기존 정치체제 내에서의 제도화가 가지는 한계에 대한 것이 대부분이었다고 할 수 있다. '제도화'는 그 자체로도 운동의 자발적 힘을 약화시킬 가능성을 내포하며, 그러한 제도화가 여성운동 스스로의 힘만으로 일군 것이 아니라면 더더욱 그렇다. 그럼에도 불구하고 지금 현실에 발 딛고 살아가고 있는 이상 제도정치를 전적으로 외면한 채 우회할 수 없는 지점 또한 존재한다.

새로운 대안적 여성 정치운동의 모색은 매우 중요한 과제이다. 하지만 다시 생각해 보면 여성정치할당제를 포함한 적극적 조치의 제도화 자체가 문제라기보다 어떤 제도화인지가 문제이다. 여성 정치세력화를 위해 '제도화'는 그 자체로 목표가 될 수는 없지만 최소한의 기반으로써 필요하다는 점은 인정하지 않을 수 없다. 그렇다면 기존의 제도를 보완하고 강화하는 전략이 아닌 이를 대체하는 전환적인 전략으로 적극적 조치를 재개념화하는 고민이 요구된다(허라금 2010).

여기에서 다시 한번 확인해야 하는 전제는 여성의 평등한 정치세력화는 여성과 남성의 갈등이 아닌 사회 구성원 전체를 위한 논의라는 점이다. 여성의 평등한 정치참여는 남성들의 정치권력을 빼앗겠다는 시도가 아니다. 미셸 푸코는 정치권력을 "무기와 전장과는 다른 수단을 통해 연속되는 전쟁"이라고 가정하지만 전쟁은 남성들의 수단이지 여성들의 수단이 아니고, 따라서—여성 정치참여 확대 운동에서—'두 성의 전쟁' 은 없다(아가젠스키 2004, 194).

이 글을 마무리하면서 다시 로버트 달이 전망하는 정치적 평등과 민주주의의 희망적 미래를 언급하고자 한다. 이상적 민주주의와 오늘날의 대의제 민주주의 또는 정치적 평등에 대한 수사(rhetoric)와 현실 사이의 거리는 크다. 그러나 정치적 평등은 달성하고자 끊임없이 노력해야만 하는 이상이며, 이를 위해 행동에 나서야만 하는 도덕적 의무가 있다. 매우 근본적이고 강력한 인간적 충동—예컨대 복지나 행복을 향한 욕구—이 문화적 전환을 촉진하여 경쟁적 소비주의(competitive consumerism)라는 지배적 문화가 더 큰 행복을 가져다 주지 못한다는 인식이 확산되면서 (미국 시민들 사이에서) 더 많은 정치적 평등을 향한 움직임을 강하게 지지하는 시민권의 문화(culture of citizenship)가 우위에 서게 될 가능성을 전망한다(로버트 달 2010). 그가 말하는 '시민권의 문화' 가 여성들이 여성정치할당제를 통해 궁극적으로 추구하고자 하는 평등 정치참여와 여성 정치세력화 혹은 새로운 여성적 시민권과 대안적 정치운동이 서로 전혀 별개는 아닐 것이다.

참고문헌

오유석·김은희. 2010. "여성운동의 변화와 분화-여성 정치세력화를 중심으로." 조희연·김동춘·김정훈. 『거대한 운동에서 차이의 운동들로-한국 민주화와 분화하는 사회운동들』. 한울아카데미.

정미애·문경희. 2010. "여성정치할당제의 대안과 전망 : 스웨덴의 페미니스트 정당과 일본의 지역정당을 중심으로." 『동향과 전망』 79, 2010년 여름호.

조현옥·김은희. 2010. "한국 여성정치할당제 제도화 과정 10년의 역사적 고찰." 『동향과 전망』 79, 2010년 여름호.

허라금. 2010. "젠더 전환적 전략을 위한 '적극적 조치' 의 재개념화." 『한국여성학』 제26권 2호.

Agacinski, Sylviane. 1998. *Politique des sexes*. 유정애 옮김. 2004. 『성의 정치-남녀 동수의회 구성의 논리』. 일신사.

Bacchi, C. 1996. *The Politics of Affirmative Action : Women's Equality and Category Politics*. London : SAGE.

Bacchi, C. 2006. "Arguing for and against quotas." Drude Dahlerup ed. 2006. *Women, quotas and Politics*. London : Routledge.

Dahl, Robert A. 2006. *On Political Equality*. 김순영 옮김. 2010. 『정치적 평등에 관하여』. 후마니타스.

Lovenduski, Joni. 1986. *Women and European politics*. Amnerst : The University of Massachusetts Press.

Phillips, A. 1995. *The Politics of Presence ; the Representation of Gender, Ethnicity, and Race*. Oxford : Oxford University Press.

Rai, S. 2002. "Political representation, democratic institutions and women's empowerment : the quota debate in India." in J. L. Parpart, S. M. Rai & K. Staudt (eds.). *Rethinking Empowerment : Gender and development in a global/local world*. London : Routledge.

Sapiro, Virginia. 1981. "When Are Interests Interesting? The Problem of Political Representation of Women." *American Political Science Review* 75.

Scoot, Joan W. 2005. *PARITÉ! Sexual Equality and the Crisis of French Universalism*. The University of Chicago Press. 오미영 외 역. 2009. 『성적 차이, 민주주의에 도전하다』. 인간사랑.

Smith, Rogers M. 1997. *Civic Ideals, Conflicting Visions of citizenship in U.S. History*. New Haven : Yale University Press.

UNIFEM. 2008. *Who Answers to Women?-Gender & Accountability*. Progress of the World/s Women 2008/2009.

주

1 각급 선거별로 나누어 보면 기초단체장 6명(2.6%), 광역의회 의원 113명(14.8%), 기초의회 의원 626명(21.6%)이다.

2 이와 관련한 연구가 없지는 않다. 여성 의원들이 남성 의원에 비해 여성문제에 더 많은 관심을 갖고 여성의제를 진지하게 다루게 된다는 연구보고가 있다. 서구에서조차 여성에 관한 일은 종종 여성 의원이 담당한다고 한다(Sapiro 1981 : 711). 이는 할당제 도입 이전 한국 여성 지방의회의원이나 여성 국회의원의 경우에도 마찬가지 였던 것으로 드러났다(한국여성정치연구소, 1991). 특히 여성 의원의 중요성은 여성운동단체들이 젠더 이슈를 위해 의회에 접근을 시도할 때 쉽게 응해줌으로써 접근을 용이하게 해준다는 것이다(Lovenduski 1986 : 712).

3 여기서 페미니즘 시각이란 정치영역에서 여성들의 대표성이 증가되어야 한다는 당위성과 여성이 정치영역에서 배제당하기 때문에 남성과 동등한 대표성을 가지지 못한다는 견해에는 동의하지만 할당제가 여성에게 불리하게 작용하기 때문에 할당제를 반대하는 사람들의 시각을 말한다(문경희 2007 : 287).

4 이 책에 소개된 프랑스의 사례 외에 대표적인 사례로 르완다를 들 수 있다. 여성 정치참여 수준이 그다지 높지 못했던 르완다는 헌법에 각 부문에 여성 참여비율을 보장하는 규정을 삽입하면서 여성 정치인 비율 세계 1위 국가가 되었다.

5 이와 관련한 내용은 이 책의 프랑스편에서 설명하고 있으며, 보다 자세한 내용은 다음의 책을 참조하시오. 조앤 W. 스콧, 오미영 외 역, 『성적 차이, 민주주의에 도전하다』, 고양 : 인간사랑, 2009(원제 : *PARITÉ! Sexual Equality and the Crisis of French Universalism*, The University of Chicago Press, 2005).

6 지역구 선출직의 경우 이미 기득권을 갖고 있는 남성 후보를 밀어내고 여성 후보를 공천하는 것은 정당의 지도부로서도 쉽지 않은 일이다. 당내 민주주의라는 이름으로 '경선'이라는 경쟁제도를 실시하고는 있지만 '경선' 자체

가 여성에게 매우 불리한 제도로 작용하고 있는 현실이다.

7 전체 의원정수 대비 비례대표 의석비율을 살펴보면 국회 18.1%(2008년 총선 기준 299석 중 비례대표 54석), 광역의회 10.6%(2010년 지방선거 기준 761석 중 비례대표 81석), 기초의회 13%(2010년 지방선거 기준 2,888석 중 비례대표 376석)로 전체적으로 1/5 수준에도 못 미치고 있다. 참고로 독일의 경우 지역구 선출직과 비례대표 의석비율이 50 : 50이다.

8 이 지점에 바로 여성 정치운동의 고민이 있다. 지금까지는 여성운동이 준정당적인 기능까지를 맡아왔지만 이제 정당 내 여성조직과 일정 부분 역할조정이 필요하고, 외부에서 여성운동이 정당 내 정치역학에 영향을 미칠 수 있도록 하기 위해서는 중간 매개자 역할을 중요한데, 그 역할을 담당해 줄 정당 내 여성조직이 너무 취약하다는 것이다.

9 인도의 경우 여성 정치할당제를 규정하면서 역사적으로 고유한 신분계급제도를 고려하여 이를 극복하기 위한 방안으로 하층계급 여성을 위한 보완적인 할당제(sub-quota)를 실시하고 있다(Rai 2002, 139 ; Bacchi 2006, 44).

10 그것은 운동으로서의 정치와 현실정치의 경계를 분명히 하고 있는 한국 사회운동 진영의 딜레마이기도 하다. 사실 여성운동은 현직 여성 의원들과 직접적인 관계 맺기에 적극적이지 못했고, 할당제의 제도화와 여성 후보 추천운동의 경험 이후 제도정치에 진입한 여성 정치인의 의정활동이 일부 기대와는 다른 결과를 보이면서 할당제와 후보 추천운동 자체에 대해 회의적인 입장을 갖는 측면도 생겼다.

11 새로운 여성 정치운동의 모색으로 정미애·문경희(2010)의 최근 연구가 있다. 두 사례의 세부적인 내용은 해당 논문 참조.

12 한국은 지역갈등의 골이 깊고 지역주의에 편승한 정당정치에 대한 강한 거부감이 있다. 지역주의가 한국 정치의 큰 병폐라고 인식되고 있는 상황에서 '지역(정)당'이라고 할 때 부정적인 오해의 소지도 존재한다.

13 FI는 여성들만이 모여서 만든 '여성당'이라기보다는 남녀를 불문하고 페미니스트들이 모여 만든 정당이라는 의미로 '페미니스트 정당'이라고 스스로를 밝힌다(Feminist Initiative 2006). 한국에서는 편의상 '스웨덴 여성당'으로 칭하기도 한다.

14 한국과 같이 변화무쌍한 사회에서는 오히려 자극성이 강한 '여성당'을 띄워서 선거에 임하는 것이 유권자에게 어필할 수 있는 가능성 있다는 의견도 없지는 않다. 특히 남성 중심 정치에 분노한 많은 여성들의 참여와 조직적 힘이

모일 수 있다는 것이다. 그러나 과연 한국 사회에서 그 정도로 조직화된 여성의 힘이 있다고 볼 수 있을까라는 조심스러움으로 인해 아직은 시기상조라는 의견이 지배적인 것 같다.

15 가장 성평등한 사회라고 평가되는 스웨덴에서도 FI의 지지지도가 추락하여 의석확보에 실패한 원인이 바로 언론의 부정적인 시각 때문이었다는 분석도 없지 않다.

저자 소개

김민정

서울시립대학교 국제관계학과 교수

저서 : 『여성정치학입문』(공저), 『세계가 주목하는 여성정치인의 리더십』(공저), 『한국민주시민교육론』(공저) 등

이메일 : mjkim@uos.ac.kr

강경희

제주대학교 정치외교학과 부교수

저서 : "멕시코의 페미니스트 운동과 낙태정책", "라틴아메리카 제2기 여성운동의 특징", "신자유주의 하에서 멕시코 농촌여성의 삶" 등

이메일 : khkang625@hanmail.net

김경미

서강대학교 국제지역문화원 연구교수

저서 : 『여성정치학입문』(공저), 『세계가 주목하는 여성정치인의 리더십』(공저), "체제전환 이후 동유럽국가 여성의 정치참여" 등

이메일 : kimirosa@hanmail.net

김은희

한신대학교, 경희대학교 NGO대학원 강사

저서 : 『여성이 당선된다』(공저), "공직선거법상 여성정치할당제의 효과 분석 : 2010년 동시지방선거 결과를 중심으로" 등

이메일 : imhyunjoom@naver.com

문경희

창원대학교 국제관계학과 전임강사

저서 : "여성정치할당제의 대안과 전망", "제도화된 여성운동의 가능성과 한계", "A comparative study of electoral gender quotas in Sweden, Germany, and South

Korea" 등
이메일 : khmoon@changwon.ac.kr

신은영

(사)동아시아 여성정치연구소 소장
저서 : "개혁시기 중국여성의 지위변화", "중국가족의 변화와 국가의 대응", "베트남 전쟁에서의 여성의 역할" 등
이메일 : shiniy63@hanmail.net

조현옥

이화여자대학교 정책과학대학원 특임 교수
저서 : 『여성이 지방의회로 간다』(공저), 『한국에서의 녹색정치, 녹색국가』(공저), "여성의 정치적 역량 기르기 방법론" 등
이메일 : hocho2002@hanmail.net

여성정치할당제, 보이지 않는 벽에 문을 내다

초판1쇄 / 2011년 8월 20일

지은이 **김민정/강경희/김경미/김은희**
문경희/신은영/조현옥
펴낸이 **여국동**
펴낸곳 **도서출판 인간사랑**
인 쇄 **백왕인쇄**

출판등록 1983. 1. 26. / 제일 3호

(411-815) 경기도 고양시 일산구 백석동 1178-1
TEL (031)901-8144, 907-2003
FAX (031)905-5815
E-mail igsr@yahoo.co.kr / igsr@naver.com

정가 17,000원

ISBN 978-89-7418-029-4 93340

※ 잘못된 책은 교환해 드립니다.